水

木　　金

火　　土

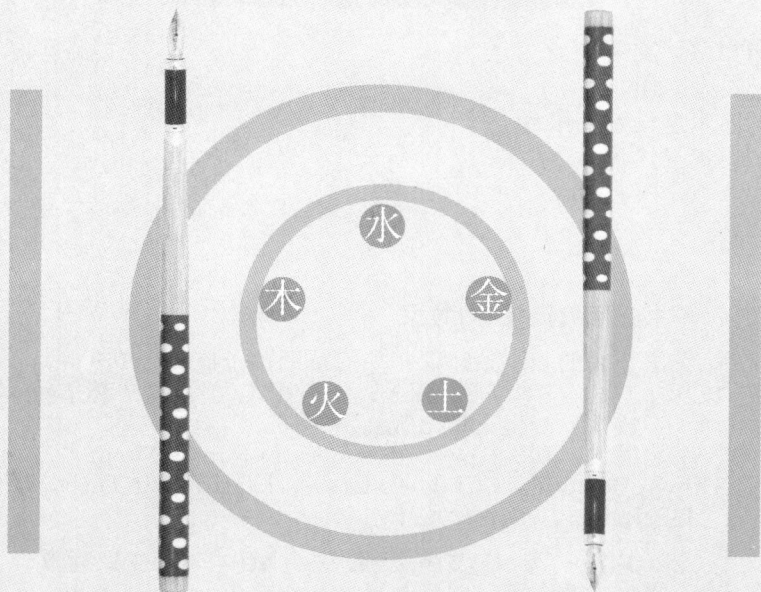

美国兔妈®的|○|条建议

——如何帮助孩子成长、成才、成功

101 Tips from American Rabbit Mom:
How to Help Your Children
Grow, Learn, and Thrive

〔美〕艾米·佛格斯多姆·蔡　著 / 朱玉珊　斌·赫尔曼　译

四川大学出版社

责任编辑:敬铃凌
责任校对:余　川
封面设计:米迦设计工作室
责任印制:王　炜

图书在版编目(CIP)数据

美国兔妈的 101 条建议:如何帮助孩子成长、成才、
成功/(美)艾米・F. 蔡著;朱玉姗,(美)斌・赫尔曼
译. —成都:四川大学出版社,2016.5
书名原文:101 Tips from American Rabbit Mom:
How to Help Your Children Grow, Learn, and Thrive
ISBN 978-7-5614-9571-1

Ⅰ.①美…　Ⅱ.①艾…　②朱…　③斌…　Ⅲ.①家庭教
育　Ⅳ.①G78

中国版本图书馆 CIP 数据核字(2016)第 125766 号

书　名	美国兔妈的 101 条建议——如何帮助孩子成长、成才、成功
	Meiguo Tuma de 101 Tiao Jianyi—Ruhe Bangzhu Haizi Chengzhang, Chengcai, Chenggong
著　者	艾米・佛格斯多姆・蔡
译　者	朱玉珊　斌・赫尔曼
出　版	四川大学出版社
地　址	成都市一环路南一段 24 号 (610065)
发　行	四川大学出版社
书　号	ISBN 978-7-5614-9571-1
印　刷	郫县犀浦印刷厂
成品尺寸	170 mm×230 mm
印　张	20
字　数	343 千字
版　次	2016 年 6 月第 1 版
印　次	2016 年 6 月第 1 次印刷
定　价	48.00 元

◆读者邮购本书,请与本社发行科联系。
电话:(028)85408408/(028)85401670/
(028)85408023　邮政编码:610065
◆本社图书如有印装质量问题,请
寄回出版社调换。
◆网址:http://www.scupress.net

导言

在我的上一本书《美国兔妈——巅峰是怎样跨越的》里，我介绍了中西结合教养方式的五行元素（该书已由四川大学出版社发行）。这五个元素分别是：火代表激情，土代表家庭，水代表灵活性，木代表学业成长，金代表道德品质。在这一本书中，我展示了如何汲取东西方教育中的精华，并将两者结合起来以达到健康的成功的平衡教育。当父母将五行元素结合起来，孩子将更有可能成长为身心健康、学业进步的人。

在访谈了不少中美父母之后，我发现大家都在寻找一种实际的、简单易行的方式，希望能将东西方教育中的精华结合起来并付诸实践。比如，有些父母希望能够帮助孩子点燃"学习之火"（帮助孩子发展内在动力），但是却不明白在家里应该采取什么样的措施；有些父母想要建立强而有力的家庭纽带，却无从下手。

这本书将解答以上这些父母的疑问。书中所有的建议都源自个人的经验、对其他家庭的观察，以及相关的研究。每条建议均与中西结合教育方式的五行元素相关。孩子缺乏主动性，请参考"火"这一章中提到的建议。想要增强家人之间的联系，请参考"土"这一章中提到的建议。想要在学术上给予孩子更多的帮助，请参考"木"这一章中提到的建议。希望孩子有足够的灵活度来应对瞬息万变的未来，请参考"水"这一章中提到的建议。希望孩子能够继承你的道德观，请参考"金"这一章中提到的建议。

我们应该怎样来"读"这本书呢？

（1）101条建议只是一个起点。希望书中的建议能够激发你的灵感，多和其他父母交谈，勇于分享你的育儿心得。

（2）选择有用的建议。不是每一条建议都适用于你的孩子或你的家庭。

（3）不要期望"一口吃成个大胖子"。希望你最好一次只采纳一条建议！

（4）采纳建议也不妨"因地制宜，因时制宜，因人制宜"。

（5）把有价值的建议写下来，制订你自己的教育计划。

什么是"成功"？成功不是试卷上的分数！总的来说，我认为成功应该是将个人潜能发挥到极致并成为一个有品格的人！要想发挥自己的能力需要教育，要想成为一个有品格的人需要教养。愿天下所有的孩子都能成功！

在下一页，你将看到一张表格。我在表格中简述了东西方关于文化和教养的不同观念，及如何将东西方教养观融合在一起形成五行教育法。通过表格，展示了东西方教养方式在情感、家庭生活、学习、变化和社会价值等方面的侧重点。正如你所看见的，不同的文化有不同的价值观。没有任何一种文化是完全正确的，也没有任何一种文化是完全错误的，但是每一种文化都有其优点和缺点。在中间这一栏，是东西方教养融合产生的五行教育法，本书将对不同的元素进行简要的介绍。

Culture and Parenting Beliefs 文化信仰和教养方式

Eastern Virtue 东方美德	Rabbit Virtue 兔式美德 Balanced Virtue 中庸之道	Western Virtue 西方美德
Hard Work 勤奋 Easternparenting: Creates Proficiency 东方教养方式：强调熟能生巧 "Tiger" extreme: Loss of child's internal motivation, replaced by parent's motivation 极端的虎式教养方式：扼杀孩子的内在动力，取而代之的是父母的主观意愿	**Fire** 火 Passion: Passion is internal motivation, effectively applied 激情：激情是内在动力的有效应用 Proficient and Creative 既重视对知识的熟悉程度也重视创造力的培养	**Natural Aptitude** 天赋 Westernparenting: Creates Creativity 西方教养方式：强调创造力 "Whatever" extreme: Lack of discipline, child becomes ineffective 极端的顺势教养方式：缺乏纪律，孩子的学习没有效率
Duty 责任感 Easternparenting: Creates Respect 东方教养方式：制造"尊重" "Tiger" extreme: Child becomes dependent or alienated 极端的虎式教养方式：孩子和父母之间要么过度依赖，要么分道扬镳	**Earth** 土 Family: Family is the medium for growth, producing healthy adults 家庭：家庭是成长的媒介，生产健康的成年人 Dutiful and Independent 责任感和独立性兼具	**Independence** 独立能力 Westernparenting: Creates Individuality 西方教养方式：制造"独立" "Whatever" extreme: Child becomes undisciplined and selfish 极端的顺势教养方式：孩子们会变得不遵守纪律和自私自利

Challenge 挫折教育	Wood 木	Encouragement 赏识教育
Easternparenting: Creates Performance 东方教养方式：听话 "Tiger" extreme: Child becomes anxious and depressed 极端的虎式教养方式：孩子会过度焦虑和自卑	Growth: Growth is reaching the maximum potential of our unique abilities 成长：成长意味着发挥我们的特长，释放我们的极限潜力 Finding best environment 找到最好的环境	Westernparenting: Creates self-worth 西方教养方式：自恃 "Whatever" extreme: Child becomes overconfident 极端顺势的教养方式：孩子会过于自信
Uniformity 统一性	**Water** 水	**Diversity** 多样性
Easternparenting: Creates harmony in society 东方教养方式：强调社会的和谐 "Tiger" extreme: Child is unable to adapt to new ideas 极端的虎式教养方式：孩子无法适应新的思想	Flexibility: Flexibility is the ability to harmoniously adapt to change 灵活性：灵活性是一种能力，使得我们能够自如地顺应环境的变化 Vanguard of the future 成为时代的先锋	Westernparenting: Creates progress in society 西方教养方式：刺激社会的发展 "Whatever" extreme: Child fails to respect social norms 孩子不太尊重社会规范
Be the Best 做最好的自己	**Metal** 金	**Do your Best** 做最好的自己
Easternparenting: Creates Striving for excellence 东方教养方式：奋勇争先 "Tiger" extreme: Child develops arrogance or loss of self-worth 极端的虎式教养方式：孩子变得自大或者自卑	Character: Character is the idea that who you are on the inside is of primary importance 品格：品格决定我们的内在，对为人处世有着决定性的作用 All people deserve the same respect, rich or poor 无论贫富，每个人都是值得尊重的。	Westernparenting: Creates respect for those who try 西方教养方式：尊重勇于尝试的人 "Whatever" extreme: Child values externals and does not try hard 孩子相信天赋而不愿意努力

目录

火

火元素主题：本章主要是帮助孩子们学习自我激励的方法。通过连接（榜样的树立、团队的认同感）、自治（树立目标、自主选择）、适度挑战（不要过于简单或复杂）、适度自豪感（目标达成后的奖励）等方式，家长可以帮助孩子将外在动力转变为内在动力。

土

土元素主题：价值观、连接、交流、关系。在这一章中，我们选择了许多家庭共同面临的问题进行了讨论。每一条建议都将帮助大家解决相应的问题，建立更强大的家庭。

木

木元素主题：当家长做好下列事情的时候，能够帮助孩子提升学习上的表现：（1）找到解决学习问题的办法；（2）为快速成长的孩子提供足够的学习资源；（3）为学习困难的孩子提供支持；（4）找到让学习变得快乐的办法。本章节的建议将帮助家长提升自己以促进孩子的教育。

水

水元素主题：交叉训练以适应未来，灵活思维以促进创新，灵活沟通以增进合作，灵活处置以适应环境，都是与灵活度相关的理念。世界变化太快，我们只有懂得灵活应对，才不会一遇到挫折就感到失望。这一章的建议对于培养孩子的灵活度非常有帮助。

金

金元素主题：要培养孩子正确的道德观和良好的品行，孩子们首先需要正确认识自己并正确看待他人。本章中的建议将帮助孩子避免自恃过高和轻视他人。孩子的性格通常在很小的时候就逐步养成了，因此家长要尽早开始灌输你的价值观，但是也不要求全责备。

第101条建议

第101条建议主题：你也许不知道，2/3的父母在回顾自己的育儿之路时，都希望自己能够采用不同的方式。

火

火元素主题： 本章主要是帮助孩子们学习自我激励的方法。通过连接（榜样的树立、团队的认同感）、自治（树立目标、自主选择）、适度挑战（不要过于简单或复杂）、适度自豪感（目标达成后的奖励）等方式，家长可以帮助孩子将外在动力转变为内在动力。

1 一起读个故事吧!

你知道吗?亲子朗读,是培养孩子良好阅读习惯的第一要素。

假如有一种魔药,可以把一个普通孩子变成一个热爱阅读的好学生,那该多好啊!如果真有这种药水,我相信每位父母都会不计成本,趋之若鹜。这里有一个令人振奋的好消息:我们虽然没有魔药,但是我们却有帮助孩子提高语言技能的办法,而且是免费的!这种"魔药"就是花点时间和孩子一起大声朗读。这一点,任何识字的父母都可以做到——无关贫富,无关教育程度。

亲子朗读为什么这么重要呢?学术研究早已给出了答案。美国教育测试服务中心的研究数据[1]表明:在家中阅读时间更长的孩子不但在阅读考试中成绩更好,在数学考试中也同样能够获得更高的分数。可见,朗读能够促进孩子的智力发育。有研究人员[2]发现,亲子朗读是使得孩子成功爱上阅读的最关键的因素。和父母一起阅读会让孩子在不知不觉中认同自己"阅读者"的身份。孩子们认为"阅读时间"是他们与自己喜欢的人一起度过的快乐时光。作为"一家人",亲子阅读的好处不胜枚举,就连儿科医生也会建议家长以此来帮助某些早期儿童病患者进行康复训练。那些喜欢和孩子一起大声朗读的父母能帮助提升孩子的阅读能力与理解能力——而这些能力将帮助孩子们在课堂上表现得更为出色。

书本的魔力并不仅仅表现在培养更为优秀的学生上。舍得在书本上投资的家庭还能为孩子们创造更美好的未来。一项在27个国家的家庭中开展的主要研究[3]发现,如果想要预测孩子未来能否在学业上取得成功,其概率恰好与家庭的藏书量成正比。喜欢买书的父母所培养的孩子往往比那些从不买书的父母所培养的孩子平均要多接受三年的教育。而这一优势与父母的经济条件、阶层和教育程度无关。这一数据在中国的影响力则更为明显。藏书500册或更多的家庭中的孩子,其受教育年限甚至可以超过其他同龄人约6.6年。

在您看来，这些数据也许挺神奇。其实，朗读之所以给孩子带来好处有一个再简单不过的原因：那就是"激情"。孩子们渴望成为自己最爱的人——妈妈和爸爸。这也是为什么父母一定要花时间和孩子一起去共同完成那些他们认为很重要的事情的原因。与父母一起，做着和父母一样的事情，不但能够增强孩子对家庭的归属感，同时也能使孩子学会尊重父母。从小，孩子就喜欢模仿，他们看到父母做什么自己就会依葫芦画瓢，所以生活中才会有这么多儿童玩具都是依照成人世界的工具来设计的。从洋娃娃到小汽车，玩具让孩子们可以模拟成人世界的生活，从而培养对社会的认知。既然每个父母都知道自己的孩子正在模仿自己的所作所为，那为什么不能够通过模仿把孩子引上正轨呢？

家长在进行亲子朗读的时候有没有什么注意事项呢？您可以参照下面几条基本原则。首先，允许孩子选一本自己感兴趣的书。其次，确保书的内容适合孩子的年龄层次。幼儿往往喜欢故事简单的图画书，大孩子则更喜欢惊险刺激的章回小说。记住，听爸爸妈妈朗读使得他们能够理解自己无法阅读的书籍，所以你所选择的书本可以超过孩子的阅读水平。第三，请饱含感情地朗读。孩子们希望听到每个角色都有自己独特的声音，而且不同的场景也应该用不同的声调和音调来表现。用你声情并茂的朗读来赋予这个故事以活力。即便是你觉得自己听起来有点傻气，没关系，这不正是亲子朗读中最有趣的部分么？

如何构建家庭亲子阅读的传统？如何借此机会发展孩子的自主思考能力？

"接下来会发生什么呢？"

当我们读到图画书中某一页的末尾时，当我们读完了长篇小说中的一个章节时，停下来问问孩子："想象一下，接下来会发生什么呢？"为孩子创造一个续写故事和思考故事结局的机会。假如你正好和孩子读着一本大部头，而你们每晚只能完成一个章节，那就想象一下下一个章节将要发生的故事吧。这种训练对孩子阅读能力的提高将会有极大的帮助。孩子的答案可以很认真也可以很搞笑，但是无论如何，我们培养了孩子的预测能力。

编个自己的故事

有时候孩子会爱上某本书中的某个角色，可能会用想象赋予这个角色新的冒险之旅。让孩子插上想象的翅膀，画出或者讲出他最喜欢的人物的新故事吧！有时候孩子会要求父母编故事，他们在一旁添砖加瓦，让故事变得生动起来。编故事可以帮助孩子培养想象力和语言表达能力。

猜测词意

书中难免出现一些孩子不认识的字词，不要直接告诉他们这些字词的意思，让他们先猜一猜，孩子们往往能够通过故事的上下文准确地猜出这个词的意思。如果猜不出来，也不要强求，千万不要把游戏变成一种负担，直接把这个词的意思告诉孩子就好了。孩子在猜测词意的过程中，既能够培养对上下文的理解能力，又能够增加其词汇量。

看图说话

即使是在幼儿时期，孩子也在一刻不停地提升着基本的理解能力并累积着词汇量。他们喜欢牢牢地盯住图画书上那些色彩鲜艳的图片就是证明。有一个好办法可以极大地提高这些小小读者的参与度，那就是试着让他们描述所看到的东西。如果孩子实在是太小了，你可以一边说一边让他指出你所说的东西，如"给我指指树在哪儿啊"或者是"指指红色的气球"。幼儿通过这种互动可以很好地掌握图片所代表的物品，也能够逐渐理解它们的意思。

即使孩子进入了青春期，也不要取消亲子阅读活动。当我的孩子慢慢长大，我就陪着他们读一些青春小说，我们不再大声朗读，但是却经常一起分享故事中有趣的细节。如果我们不慎选了本破书，我们就一起取笑故事中的一些情节或人物吧。如果我们有幸看到本好书，我们就相约去参加作者的发布会或者等着小说改编成电影。我们甚至还常常一起构思自己的小说。长此以往，任何年龄阶段的孩子都会因为亲子阅读而留下美好的回忆。

如果你希望为孩子创造美好未来的同时为他留下一段美好的回忆，那就牵起孩子的手，一同开启亲子阅读的魔法旅程吧！

2 自编自导的舞台剧

你知道吗？具备认图能力就表示孩子已经准备好学习阅读了。

"坐好，别动！"这句话我儿子听得耳朵都起茧子了。无论是在学校里还是在日托所，老师们都经常这样冲着他喊。确实，他不太坐得住，常常会因为随意在学校操场上跑来跑去而被责罚。

当时，即使是年龄很小的孩子往往也需要在课堂里安静地坐上好几个小时，被动地盯着电脑屏幕或者是没完没了地做作业。随着孩子们慢慢长大，他们已经失去了享受自由玩乐的能力。经过了一天漫长的伏案学习，对于孩子们来说，最放松的时刻莫过于用智能手机打打电子游戏以及和朋友们发发短信了；至于户外活动，还是省省吧。我们正在培养着这样一代人，他们坐得住，他们只关注电子屏幕！但是这样真的有益于孩子们的成长吗？

有些孩子，特别是男孩子，生来就好动。这类孩子的课堂表现往往不尽如人意。因为课堂需要孩子们在一段时间之内保持安静，集中注意力。也就是说，孩子们必须忽视自己身体迫切的需要。精力过剩的孩子们讨厌阅读，讨厌做作业，甚至要让他们完成任何一项学校布置的任务都可能变成一场艰苦卓绝的战斗。父母们认为：如果我可以让孩子安静一会儿，认真学习，他就能成功！但是，您有没有想过，也许您的想法错了呢？

研究证明，大脑中控制精细动作技能的部分与控制认知功能的部分是紧密联系的。如果我们不允许孩子们通过游戏来发展他们的身体技能，也就限制了他们思维能力的发展。曾经有一项研究[4]发现，精细动作和常识才是孩子阅读、数学和科学能力的重要预测因素，而不是早期的数学和阅读的考试成绩。这就意味着，如果我们鼓励孩子通过自己的身体来感知世界，而不是通过冷冰冰的电子显示屏，孩子们将更加聪明。这就意味着，如果成天都要求孩子们"安静地"坐在桌子旁，除了学会了"坐好"外孩子们学不到任何有用的知识。

阅读就一定要安静吗？阅读就一定要一动不动吗？答案是否定的。阅读者可以调动身体的每一个部分和每一种感官来把自己最喜欢的书中的一段对话或者独白、一个场景变成一出舞台剧。孩子们是否喜欢阅读并不是关键，即使是再讨厌阅读的孩子都会喜欢表演。米林和瑞恩哈德（Millin & Rinehart, 1999）的实验表明，用戏剧的方式对所学内容进行演绎，将极大提升孩子们的阅读理解能力、单词量和表达的流利程度；更为重要的是，通过戏剧表演能够促使孩子们爱上阅读，因为"兴之所至"！

好了，现在你愿意来参加我们舞台剧的演出了吧？接下来该怎么做呢？想要创作出你自己的舞台剧，不妨听听我的建议吧！

学龄前儿童的戏剧：幼儿们虽然没办法把剧中角色的台词读出来，但是他们仍然可以成为优秀的演员。如果要给他们编排节目，最好选一本他们最喜欢的书，书中最好只有一个主要角色。把孩子按照这个主角的样子装扮起来，把场景布置得和书中一样。要知道舞台剧表演中大半的乐趣都来自制作道具和布景了，孩子们会非常乐于参与其中的。现在，舞台已经就绪，开始大声朗读吧！我们读一段，就停一停，让孩子们进行表演。假如这本书主要是讲一只迷路的小狗，就可以让孩子扮成小狗装出一副找不到路的样子。而爸爸妈妈是天然的临时演员，爸爸这时候可以扮成小狗的主人，正在到处寻找他的小狗。幼儿特别容易受到音效（比如几声狗叫）的感染，而且非常喜欢一些可笑的小幽默。准备好吧，孩子们会喜欢编写自己的故事并且把这些故事搬上舞台表演出来的。也许你会觉得和孩子们一起表演既辛苦又麻烦，但是请您尽量参与其中，因为孩提时代的这些舞台剧最终会给你和孩子留下难以磨灭的美好记忆。戏剧表演的另一个好处是可以提高孩子们的语言表达能力，并进而提升他们对阅读的兴趣。

小学生的戏剧：当孩子进入小学之后，大都能够进行自主阅读，就可以自己编排一些更复杂的剧目了，同时，父母也可以适当减少对孩子的帮助。市面上有很多为这个年龄段的孩子准备的名著简写本。而只要愿意，任何一本书都可以改编成剧本。孩子们最需要做的事就是阅读一本书并且用一种非常戏剧化的方式来复述这个故事。让孩子们自己来分配角色，编排剧目。另一种流行的家庭活动是全家一起表演童话故事或者是一些经典的故事。这些故事家喻户晓，人尽皆知，比较容易编排也容易让人接受。在我们家，孩子们最喜欢表演的就是那些圣诞故事，装扮成天使、牧人或国王。

如果孩子在学外语，可以让他们把故事书中简单的外语对白背诵下来，再用夸张地方式来进行表演。这种学习技巧被称为"读者剧场"，在学习外语特别是英语等语言时非常有利于提高学生的学习兴趣。如果你的孩子正好在上语言学校，如果你的孩子正好对学习不感兴趣，你可以找几本简单的书籍，试试用戏剧表演的办法来排一些简单的故事，这也不失为一种有效的激励方式。也许你还可以给你孩子的语言老师提提类似的建议。

如何让中学生参与戏剧？如果你的孩子已经十几岁了，戏剧表演可能远不如拍摄电影有吸引力。你可以让孩子拿起手机拍摄几个书中的场景，并且用电脑来进行后期制作。另一个增加孩子对戏剧表演兴趣的办法是，邀请他们的朋友来参加聚会，让每个人都承担一个角色。当然，送孩子去参加暑期戏剧夏令营或者是参加学校戏剧节的演出也都是很好的选择。

调动身体各个部位来学习语言的其他方法：大脑只是身体的一部分，运动和认知都能够促进神经反射的发展。从发展心理学来讲，让孩子一直安静地坐着并不利于他们的成长，甚至还会影响他们能力的自然发展。

您希望把孩子培养成一个从小就喜欢阅读的人吗？让他们跳吧，拍吧，唱吧，让他们用身体来阅读吧。童谣、歌曲、拍掌游戏都能帮助孩子们掌握语言的发音和韵律。如果孩子们以后要学习英语，这些技能就显得尤为重要，因为我们都知道英语非常强调"读出来"的节奏和音韵。跳跃运动可以帮助孩子通过锻炼交感神经来达到掌握阅读技巧的目的。如果孩子们能够掌握更多的体感学习方式，他们将从身体的各种动感中受益无穷，而不是只能被迫乖乖地坐在座位上学习。

你希望孩子在数学等理科科目上表现优异吗？放手让孩子们用身体去探索外面的世界吧！只有当孩子掌握了更多的常识，他们才能在后期的理科科目上取得更好的成绩。户外运动可以发展孩子的精细动作能力，给孩子提供观察自然现象的机会，唤醒孩子对自然世界和自然法则的好奇心。开动脑筋，调动所有的感官系统，你一定能够成功地激发孩子的学习热情！

3 和孩子一起学习新知识

你知道吗？置身于一个积极热爱学习的群体有助于激发孩子的学习热情。

我小时候非常喜欢抬头仰望夜空，给天上的星座命名。我想要了解在遥远的光年以外那些散布在宇宙中的各个星系。仰望星空很浪漫，但是真要研究这些星星，学习天文学，我发现其实非常难。在我费了九牛二虎之力组装好一个小型反射型望远镜以后，我对天文学的热情几乎都被燃烧殆尽了。高中的学习任务本来就重，还得花时间来学天文学，似乎太辛苦了。但是当我朋友带我加入当地的一个天文学社团以后，一切都改变了。这个社团里全是中年人，大家常常聚集在社区图书馆，一起学习和探讨天文学的问题。当他们表示愿意接纳我们两个对天文学一窍不通的高中生加入时，我着实吃了一惊。我非常钦佩他们，因为他们聪明、专业——大多数人都是工程师。他们的学历都很高，即便如此他们还是愿意带着我们这些"初学者"共同进步。我成了这个社团的一分子，对天文学的学习兴趣空前高涨，我乐于和其他成员一起分享我学到的新知识，并且为此而深感自豪。

如果孩子的价值观能够得到自己所尊敬的人的认同，他们的内在动力也会受到激发。置身于一个积极热爱学习的群体中，他们的学习热情也会得到相应提升。这个群体里面的人对孩子越重要，孩子的学习动力就越大。这也正是为什么我们的孩子都希望能够成长为他们生命中最重要的人——父母——的样子。近朱者赤，近墨者黑，你的价值观会复制到孩子的身上。在孩子的成长过程中，对你而言重要的，对孩子亦然。如果孩子有一对热衷于学习新知识的父母，他们也会对学习新知识怀有更热情的态度。

冲着孩子不断地唠叨"学习很重要"就一定有用吗？行动胜于空谈。如果你口口声声强调学习的重要性，结果自己又说一套做一套，那你就给孩子树立了一个错误的榜样。家长应该努力给孩子树立一个"终生学习"的榜样，帮助孩子成长为热爱学习的一代。

我们一家有着许多共同学习的美好回忆，其中印象最深刻的是我们一起研究了18世纪水手的生活状态。在巴尔的摩，有一所用古代的木船改装的博物馆，永久地驻扎在港口。博物馆会不定期地邀请学生登船夜游，学习这些船在过去的运行模式。我们全家登记参加了博物馆的活动，作为船员在船舱中过夜。在这个过程中，我们学习了如何在远洋航行中保存食物，了解了水手们平常需要承担些什么工作，学会了怎么收起沉重的绳索，还学会了发射加农炮，整个过程妙趣横生，让我们全家都感觉受益良多。更重要的是，当父母放下架子，愿意学习全新的知识时，孩子将充分认识到父母的价值观并且更愿意接受这一类教育。与此同时，孩子也更能领会到学习的乐趣。

怎么来确定你的学习项目呢？在我看来，选择无所谓正确或者错误。不过，我有一些小小的建议也许能帮助你找到正确的方向。

从"提问"入手

日常生活中每个家庭都会面对很多不同的问题。我们家曾遇到的一个问题是："怎样做一个健康的巧克力蛋糕？"我们一边讨论，一边寻找可能的答案。我们开始浏览网页，寻找替代品来代替那些不太健康的配料，还找到了不少食谱和建议。我和女儿照着食谱做了一些实验。但我的女儿明显干劲儿更足，她不但照着做，还开发了不少新食谱，甚至还教会了我几种新做法呢。

这些问题也许对您的家庭会有点启发：我们的家族历史能够追溯到多远呢？最想去的一日游地点是哪里？该如何节约日常生活的开销呢？

从"创造机会"入手

生活中的学习机会多如繁星，你只需要随便抓住一两个就行，比如参观博物馆，参加一些户外活动，等等。在参观博物馆和参加户外活动的时候，不要把自己当成一个无关紧要的过客，一定要时刻准备好学习新知识，体验新乐趣。假如你准备带孩子去看某个知名画家的画展，事前不妨了解一下这名画家的生平、画风，以及他对艺术界的贡献等相关知识。这样，你才能在参观画展的时候用全新的眼光去观察，并且有全新的欣赏角度和体验。

从"项目"入手

也许你的车该修理了，本来这没什么问题，不过你可以换一种做法：把孩子们发动起来，让他们帮你一起诊断车况，让他们去找找看有没有更经济的维修方案。即使你正在进行的工作，孩子们插不上手，你也可以耐心地给他们解释一下你正在做的事情，以及你为什么要这样做。

想找一些适宜的家庭项目吗？帮爷爷奶奶写他们的回忆录吧！找些盒子或盘子搭一个室内花园吧！在家里建一个太阳能发电设备吧！……相信你还能想出更多更有趣的主意来！

从"某个科目"入手

也许你特别喜欢某个学科，例如古诗或者计算机编程。那就花时间找这方面的书来读一读，找人聊一聊你感兴趣的话题，演练一下你新学到的东西。为了创建更好的网页，我对编程产生了兴趣。当我和女儿聊起这个话题时，她突然意识到自己对计算机编程一点也不熟悉。于是我给她买了一本计算机编程书，她立刻照着书上的步骤成功编写了自己的程序……我想说的是，如果你对某个科目感兴趣，而且能够把这种学习和自己的生活、工作联系起来，这将不仅能帮助提升孩子们的学习动力，还能够帮助全家培养共同学习的家庭传统。

牢牢记住"共同学习"的重要性。当下一次孩子从学校回家，带着学习新知识的任务时，为什么不和孩子一起学习呢？每个家庭成员都会享受这个过程，而作为家长，你也许可以发现一个全新的家庭学习领域。

4 即使孩子处于婴儿期，父母也必须坚持对着孩子说话

你知道吗？如果父母经常对着孩子说话，那么在孩子3岁的时候，他已经比其他的孩子多听了大约3000万个词语。因此，即使在孩子还非常小的时候，父母也应该保持经常和孩子交谈的习惯。

在我的成长过程中，经常会有别的小孩这样问我："你为什么不说英语呢？"我当然说的是英语，问题在于我的词汇量比其他孩子大得多；即使我们说着同一种语言，他们也无法有效地和我进行交流，因为他们听不懂很多他们本来应该掌握的词汇。不管你相信与否，许多以英语为母语的人在SAT词汇这一类考试中的成绩非常糟糕，因为他们无法流畅地用母语来表达自己。问题何在呢？

小时候，我的妈妈常常花很多时间对着我说话，而且从来不用"儿语"。她对着我说话，仿佛我就是个成年人。这也正是我小小年纪讲起话来却非常老成的原因。一项教育研究的数据合理地解释了我早期"成人词汇"的发展轨迹。研究表明，如果父母保持经常和孩子交谈的习惯，到3岁时，与没有交谈习惯的父母带出来的孩子相比，这些孩子听过的词语要多大约3000万个。这是一个巨大的数字！由于学习新单词需要多次重复才能记住，所以父母在交谈的过程中一定要有意识地多次重复这些新的词汇。家长要学会和孩子分享自己的词汇量，忽略这种分享简直就是在剥夺孩子的学习机会。

小时候妈妈与我的这种交流，或者说是妈妈对着我说话的这种行为，对我的一生都产生了深远的影响。高效的交流能力，以及能在各种考试中取得优异的成绩将在很大程度上决定着孩子未来受教育的质量，而受教育的质量又决定着孩子未来的职业。奇怪的是，妈妈从来没有想过"教"我，她不过是滔滔不绝地对着我说啊说啊。她从来没有研究过数据，也不知道SAT考试和词汇量大的好处。她之所以这样，只是因为我们太穷了，我们家没有电视，妈妈希望给我找点乐子。因为没电视看，我们只能聊

天或者看书。当然，在我那个年代，个人电脑还没发明出来呢。那时候，有多少漫漫长夜，我们点着蜡烛，一起聊天编故事（点蜡烛是因为有时候我们会缴不起电费）。

眼下，我们身边的电子世界正在渐渐取代人际交流。今天的孩子全都成了电子屏幕一代，他们坐在电视屏幕前、电脑屏幕前、智能手机屏幕前。今天的财富和科技使得我们失去了诸多往日的单纯快乐，人与人之间不再交流，父母不再和孩子说话，这给我们的家庭和教育带来了巨大的危害！

作为一个母亲，我意识到我和孩子们之间的交流远远不如当初妈妈与我之间的交流。正是由于这个原因，我的孩子们主要是通过阅读来扩展词汇量。于是问题就来了，英语单词并不是每个都遵循发音规律，所以有时候他们难免会读错很多单词。每次他们读错单词，我都会想，这是因为他们是通过读而不是听来学习这个单词的。每次我纠正他们的读音时，我就提醒自己必须要多和他们对话才行。要改变我的过去已经太迟了，不过要改变你的未来还不晚！

在交谈时请尊重孩子的智慧

我听到过很多父母在和小孩子交流时会情不自禁地使用"儿语"，有些父母甚至会故意模仿孩子而乱读某些词语，而有些父母和孩子说话时会选一些非常简单的词语。当然，这样说听起来挺可爱，还有趣，但是这种谈话方式却不能帮助孩子学习。这当然不是说我们就完全不能使用"儿语"（有时候确实很有趣），但是我们确实应该尽量减少使用"儿语"的频率。父母与孩子的交谈应该尽量为孩子提供更多的学习机会，帮助他们学习并掌握新的词汇。1到3岁是孩子语言发展的关键期，别浪费了！

把交谈变成日常生活中不可或缺的一部分

什么叫作"语境"？在学习语言的过程中，孩子们必须要在日常生活中通过反复使用新词汇来理解它们的意思。比如说孩子是怎样学会和家具有关的单词的呢？还不是因为他们的妈妈常常说："别把脚放在沙发上！"当然，有些和家具相关的单词他们可能听不懂，因为这些词从来没有出现在他们的语境中，比方说"贵妃椅"（chaise）或者是"中长沙发"（settee）。学习名词的时候如此，学习其他生难词也是如此。如果孩子在生活中经常听到这个词，他们掌握起来就会更快，通过日常对话学习单词当然比从枯燥的单词表上学习要容易得多。

因此，作为家长，你应该把与孩子的交谈变成日常生活中不可或缺的一部分。这种习惯在孩子成长的早期尤为重要，因为这个时期的孩子"捡拾"语言的能力特别强。一边做事情一边给孩子描叙，讲讲这一天发生的事情……给孩子创造一个语言的"浸入"环境。

鼓励孩子成为"十万个为什么"

如果孩子喜欢问问题，鼓励他！我承认，孩子进入"好问期"后，确实挺烦人的，但是，请不要降低他提问的热情。花几分钟关注他的问题，让他明白喜欢提问是一个良好的学习习惯。如果你总是说："一边去，没看见我在忙吗？"长此以往，孩子们就不会再问你任何问题了。如果孩子们发现自己提出的问题很重要，很值得回答，在他们进入学龄期以后，他们也会更有好奇心和专注力。

如果你的孩子不喜欢说话，你可以让他给你解释词语的意思，如果你在交谈中使用了一个不熟悉的词语，你可以停一下，确保孩子听懂了。

树立一个"爱查字典"的榜样

我们能对孩子说的最好的一句话是什么？"我不知道！"我们必须承认，父母也有不知道的事情，父母也需要学习新知识。如果我们无法回答孩子的问题，不要觉得没面子，这正是我们给孩子树立榜样的绝好机会。如果遇到你不认识的词，就和孩子一起查查字典吧。当孩子发现自己的父母都还在不懈地学习、扩展自己的知识面时，他们一定会以你为榜样的。当然，这个建议比较适用于较大孩子的家长，榜样的力量对青春期的孩子无疑是巨大的。

外在动力以及学习的激情都来自于内在，自己想学和被逼着学的效果完全两样。如果学习新的词汇这种习惯从家庭一脉相承，孩子会自然而然一以贯之地学习新的知识。

5 让孩子选择接受惩罚的方式，加深孩子对规则的理解

你知道吗？选择面越广越能激发孩子学习的动力。

你是在做自己选择的事情时更有动力呢？还是在被迫去做事情时更积极？答案显而易见。成年人尚且能从自主选择中受到激励，我们当然也会看到同样的事情发生在孩子身上！

众所周知，选择的内在动力来自于自主权。但常识告诉我们，每个人都要承担一定的责任，无论我们是否想做我们都必须做。当我们被迫完成某些事情的时候怎么可能激发内在动力呢？如果我们做事情不情不愿怎么可能有激情呢？

教育工作者和家长每天都必须要面对这些问题：孩子对自己必须学会的东西缺乏热情，孩子对必须做的事情不感兴趣，在孩子不热衷的事情上给予他们选择权看起来似乎非常矛盾。如果你是家长，如何规范孩子是一个比较难解决的问题。也许孩子不愿意完成学校布置的功课，也许孩子拒绝打扫卧室，也许孩子宁愿磨洋工也不愿意做点实际的事情……如果我们愿意承认，事实上，成年人对于工作、家务和责任的态度和孩子们没有什么不同。很多时候，我们只是觉得没有选择罢了，我们在日常的生活和工作中同样缺乏动力和激情。

当我们在评估孩子和我们自己的动力和纪律性时，我们需要考虑两个问题：第一个问题是，这个活动真的是绝对必要吗？如果第一个问题的答案是肯定的，那么我们继续提出第二个问题。第二个问题是，如何让这个活动的参与者拥有最大自主权？

我们知道，内在动力随着自主权的增加而增加，所以当我们在从事一些自己不喜欢的事情时，努力争取更多的自主权是有积极意义的。

这个任务是不是非做不可？在一些无关紧要的事情上，给予更多的选择是非常重要的。例如，如果孩子对我们帮他选的课外活动不感兴趣，我们就应该承认这类

活动可有可无，你可以选择暂停，也可以让孩子选择参加其他活动，甚至让孩子什么都不做。

如何在孩子们必须完成的任务中增加自主权呢？有些事情是他们必须完成的，没有讨价还价的余地。比如，孩子必须在上课前完成老师布置的作业。我们是否可以在必须完成的任务中给予孩子一些选择呢？我们可以让孩子们自己选择什么时候做作业以及完成作业的方式。如果孩子需要承担家务，你可以让孩子用自己的方式完成。即使是一些很简单的改变，比如让孩子自己选择干活时播放哪种音乐，都能够有效地提高其自主性和内在动力。增加自主性的另一种方法是直接给必须完成的任务附上选择。比如，如果孩子完成了强制性任务，就允许他选择晚上自由时间的活动。此时，选择成了激励孩子完成任务的奖品。

随着孩子年龄的增长，他们会越来越成熟，在完成每天的目标和任务时，赋予他们更大的自由和更多的选择是合情合理的。这个过程可以从一些小小的选择开始。例如，你可以问："你认为你需要多少时间完成这个作业？你愿意在晚饭前还是晚饭后做作业？"当孩子逐渐成熟后，你可以逐渐增加其他的选择。例如，你可以问："你觉得要处理好这件事，最好的方法是什么？你为什么不用自己的方式来做这件事呢？等你做好了我们再来看看结果如何？"如果这项任务特别让人不喜欢，你可以说："如果你完成了任务，就可以在睡前玩会儿游戏。"渐渐的，对于特别成熟的孩子，你只用把一周应该完成的任务清单给他们，让他们自己决定什么时候完成以及如何完成。最终，孩子就能够制订自己的任务清单了。当然一般要十几岁之后才能达到这一效果。

邀请老师参与，增加孩子的选择。家长应该和老师商量增加学生自主权的策略：比如老师可以提供两个或更多的作业选择，老师可以让学生自由选择学习伙伴或上课时的座位，甚至阅读书目的选择也可以基于学生的兴趣爱好；当学生们在学习某个课题的时候，可以允许他们选择写论文或研究报告。为了提高学生的课内学习动力，我们有很多办法来增加学生在课堂内的选择。不过，为了保证实现教学目标，老师也需要一定的指导。

教导学生提高生活中的自治力。如果有一天孩子希望成为领导者或管理者，认识到选择对员工的激励作用是非常重要的。这将使他成为一个更好的领导者。询问你的孩子，让他给出一些意见和建议来增加他的日程表中的自治程度。允许他通过新的方法来增加自主选择。当你给予孩子更多的自由来决定每天需要实现的目标时，你也在提升孩子追求成功的内在动力。这样的教育对孩子的未来至关重要，因为今天越来越多的企业正在寻求激励员工的方法以期获得更高的效率。如果你的孩子懂得了自治原则，在未来他将更能够胜任领导者的位置！

6 确保孩子接受适当的挑战

你知道吗？太容易或者太困难的任务都会损害孩子完成的动力。

我家地下室里有很多玩具，有些玩具只使用过一两次就闲置了。它们有一个共同的特征，就是这些游戏对孩子们而言太容易了，一旦孩子们"赢得"了游戏或者想出了谜题的解法，就失去了玩耍的动力。它们就会被搁置，因为缺乏娱乐性和挑战性。堆在地下室一段时间后，我们就会把这些玩具收集起来捐赠给慈善机构。

地下室里还有一个从来没有开封的玩具，一个氢燃料电池汽车。这个玩具的拼装看起来很有趣，但是当我拿出说明书一看，足足三大本，全是复杂的与氢化学相关的知识。化学水平相当先进，技术难度也很高，即使是我也要花很多时间来阅读和消化说明书的内容。毫无疑问，孩子们对于这个过于复杂的玩具一点兴趣都没有。

太容易的任务没有意思，因为缺乏挑战性；太困难的任务也没有意思，因为无法掌握。通过解决问题——既能提供令人兴奋的挑战又不会困难到无法成功的问题——孩子们既能得到锻炼又能找到乐趣。

有些人认为孩子都不喜欢努力。这是不正确的，孩子喜欢接受挑战。你见过孩子们在打游戏和练自行车时的样子没有？为了通过游戏的某个关卡，为了掌握自行车的某个技术动作，他们可以花上好多个小时来学习和练习，只是为了迎接挑战。孩子是天生的学习者，他们的脑子里装满了各种各样奇奇怪怪的想法，喜欢用全新的方式来寻找问题的答案。孩子失去动力的原因不是因为懒惰而是因为没有找到适合他们自身水平的挑战。

父母应该支持孩子。如果孩子落后了或者无聊了，你可能需要评估孩子在学校里接受挑战的水平。挑战太大或太小，或是与孩子的能力和发展水平不匹配，都不利于孩子追求成功的进取心。

什么情况下，任务设置得太难？

出生月份会影响孩子在学校应对挑战的能力。美国学校一般在9月份开学。近期的研究证明，8月出生的孩子明显比9月份出生的同龄人表现差：辍学的可能性更高，在标准化考试中成绩更低，最后找低薪工作的概率更高。这是因为8月份出生的孩子基本上是一满5岁就上学，而9月份出生的孩子普遍上学年龄要大上一岁。由于年龄差距，最小和最大的孩子在发展上的差距会直接导致显著的学习方面的问题，而这类问题甚至会持续到高中阶段。由于男孩子成熟较晚，这种差异就更加明显。如果你的孩子是班上年龄最小的几个孩子之一，绝对不要让别人给他贴上"学得慢"的标签，这将对孩子的学习动力产生永久性的伤害。作为父母，你要帮助他树立信心，他只是年龄比较小，他一定会赶上大家的。如果情况没有好转，建议延迟一年入学。

学习障碍（LD）将影响孩子应对挑战的能力。在美国，学习障碍，如阅读障碍，影响了5%～10%的儿童。中国也有学习障碍的儿童，但是目前中国还比较缺乏对这类孩子的支持。当他们需要获得特殊教育的时候，可能会遭到他人的歧视。通常，教育对这类孩子置之不理，虽然他们的智力水平一样能够保证他们获得成功。如果孩子在学习上存在困难，并且一直落后于大多数同学，就应该对他进行学习障碍评估。现在有很多基于计算机和软件的辅助技术能够帮助学习障碍的孩子获得成功。如果孩子不会做笔记，可以为他选一只录音笔来帮助孩子录下老师的话。如果孩子书写有困难，可以使用语音文字转换程序。如果通过这些渠道仍然得不到所需要的帮助，还可以考虑医疗评估或者听取阅读专家的建议。在美国学习障碍儿童可以参加特别设计的暑期项目，帮助他们获得基本的学习技能，掌握有效学习的策略。

如果孩子有学习障碍，必须尽快诊断并治疗。当问题得到关注并且有效地治疗之后，有学习障碍的学生能够正常地进行学习。但如果任其发展，这些学生很容易放弃自己，认为自己"不聪明"，一落千丈之后要再赶上就更是难上加难了！

说话晚，难以集中注意力，诵读困难，精细动作困难，无法听懂指令都是学习障碍儿童的典型特征。

随着孩子年龄的增长，他们会记不住新单词。学数学的时候，常常混淆数学符号，比如"＋""－"不分。他们可能动作不协调，经常出点小事故；握不住笔，字母书写混乱；等等。

进入高年级后，尚未确诊的学习障碍儿童会逃避阅读和写作作业。他们握铅笔的姿势可能还停留在"一把抓"的阶段。他们不会制订计划，很难参与社交活动。如果你的孩子出现了这些迹象，一定要带他去检查一下，并接受相应的治疗。

什么情况下，任务设置得太简单？

学习和发展速度太快的孩子可能会觉得学校里的功课太没有挑战性了。因为课堂实在是太无聊，孩子可能会变成捣蛋鬼，他们会在上课时讲话，会拒绝完成无聊的作业。需要为这类孩子设置有趣的任务来保持他们的积极性。

如果孩子觉得学习很无聊，你应该请求老师的帮助，为孩子的课程增加乐趣和挑战性。也许可以让老师给孩子提供一张高年级的阅读书单，允许孩子在完成课堂作业的情况下阅读。这样一来，既能够阻止孩子捣蛋或者做白日梦，也能够让其他的学生能够安静地完成他们的学习任务。

另一个选择是设置在线课程或超纲活动。额外的活动可以为孩子增加挑战和兴趣。如果班上有同学学习情况超前很多，老师可以在课堂里引进一些超纲课程。比如某个孩子如果已经掌握了课堂上其他同学正在学习的内容，就应该允许他在上课的时候学习一些超纲课程。这样一来，他必须好好坐在教室里，却不会浪费时间！

7 描绘人生蓝图

你知道吗？制订计划和寻找目标是激发动力的有效方法。

每个人的生活都要过得有意义，每个人都想过得开心。但是"快乐"到底意味着什么？怎样在所做的事情中找到"意义"？通常情况下，学生似乎只想着下一场考试，认为只要考到了好成绩就会感到开心满足。但是，事实并非如此。如果你今天的目标是考试得高分，又有什么用呢？明天又会有下一场考试。你人生的目标和快乐难道就是考试然后拿高分吗？如果真的是这样，那你的人生看起来不会那么有意义。没有人生目标的人，也不会有前进的动力。

我小的时候，很少去想我的目标到底是什么。我只是一门心思上学，考SAT，上大学。我甚至没想过要去医学院读书，只是听从了朋友的意见而已。我从没想过我到底想要什么样的生活，也从没为实现目标制订过计划。一路走来，生活中的一切就这么自然而然地发生了，我也没有仔细想过未来。许多学生都是这样走过来的，他们从一个目标走向另一个目标，从来没有描绘过完整的"人生蓝图"。

父母不该只应该只关注考试和大学，还要帮助孩子更多地思考人生中必须要进行的选择。当他们展望未来时，要帮助他们思考自己作为人的价值，生活的重点，自己的优势和劣势。

当孩子在描画自己的人生蓝图时，他们会备受激励，想要实现自己的目标。如果孩子知道每天上课学习知识是实现人生蓝图的必要准备，他们就知道上课的目的所在了。因为勾画蓝图的人是自己，孩子会知道，朝着目标奋斗不是为了"听妈妈的话"或者"听老师的话"，而是意味着更多。他们会知道自己有责任为实现梦想而努力。

当孩子在思考未来的时候，父母坐下来和孩子谈谈个人价值，不失为一个好主意。人的一生什么是最重要的？幸福的家庭，充实的精神生活，健康的身体，有能力帮助他人，这些都是重要的方面，值得我们思考。一般情况下，孩子在学校里的表现是否良好与这些方面并没有直接关系。在学校表现好就能在将来过上更幸福的家庭生活吗？充实的精神生活和身体健康与平时的学习习惯有着必然的关系吗？有能力帮助他人又取决于哪些因素呢？

孩子要勾画出自己的人生蓝图，第一件事就是写下人生中对他最重要的事情。第一步，让孩子写下10件他认为人生中最有价值的事情。

孩子要了解自己，知道自己想成为什么样的人。问一问孩子，他如何看待自己？可能他觉得自己是一个"有趣的充满爱心的人"，或者是一个"有趣的人"。让孩子列出他的性格特点，然后选出其中最突出的10个。接着，问一问孩子，将来想成为什么样的人？可能他想成为"一个好爸爸"，也有可能是"一个著名的音乐家"或者"一个健康的运动员"。让孩子写出10种自己未来最想成为的人。

让孩子想一想，他想怎样度过每一天。他想住在大城市，每天匆匆忙忙吗？他想在乡下过清净的日子吗？他想要花多少时间和家人在一起，花多少时间在兴趣爱好上，在帮助他人上，在精神世界或者感情生活上？可能他热爱旅游，想要看遍世界，可能他只是想待在家里，和大自然相处。让孩子想象一下他所向往的未来生活的画面。

孩子对什么样的职业感兴趣？把孩子感兴趣的行业都写下来。如果孩子喜欢数学，上网查一查和数学相关的职业。如果选择了某种职业，生活会变成什么样子呢？作息规律吗？经常出差吗？工作稳定吗？……如果你的孩子喜欢音乐，有什么工作和音乐有关呢？研究和各种职业相关的可能性选择非常重要。人生规划到这一步需要花费大量的时间，要做许多研究和调查，才能找出可能与孩子兴趣能力相匹配的各类工作。可以肯定的是，必须要考虑到随着时间的流逝，许多工作会消失，许多新的工作会出现。如果未来的就业市场发生了变化，怎样做才能让你有一技傍身，灵活就业？

当孩子找到自己的兴趣和可能的职业选择，列一张表。在每一种职业下面，写上价值、能力、生活方式，以及其他关键词。试试看，哪种职业选择能帮助孩子实现最多的个人目标。选出职业目标的"前五名"，然后列一张表，把所有实现这些目标所需要的步骤写下来。如果孩子的目标是"医学院"，那就必须要上大学，要在医学院入学考试中取得好成绩，去医学院读书，申请医师实习。这些步骤会引导你走上成为医生的道路。简而言之，要为每一个可能的职业选择做一份计划步骤表。

制订一个全面的计划，把最重要的价值和目标写进人生蓝图。当然，人生的蓝图可能会随着时间而改变，但这种做法却有助于思考并确立最终的目标。举个例子，我的女儿汉娜有许多的人生目标，她甚至想好了她要在什么年龄实现什么目标。了解孩子的价值观如何影响他的人生目标有助于加深父母对子女的认识。汉娜希望在将来有自己的孩子和幸福的家庭，所以她希望工作比较灵活，不要经常出差。因为未来的就业市场在不断地变化，所以她决定要专攻数学。她知道许多工作都会用到数学方面的技能，包括和计算机相关的工作。有些工作比较随意，对于那些要照顾家庭的人比较适合。汉娜还觉得健康和艺术气质非常重要，所以她一直在学习舞蹈。她觉得医学院不适合她，因为当医生需要投入太多时间，而且医生的生活习惯和她梦想的生活方式相差甚远……这些对未来的思考能有效防止孩子在选择职业时犯错误，也能帮助他们更有目的地去追求自己的理想。

描绘人生蓝图。一旦所有的信息事先都考虑到了，调查过了，孩子就能在脑海中播放出目标实现时的生动画面，可以让孩子把这些画面艺术地描绘在画卷上，也可以让孩子整齐地写下来或者放进电脑文件里。把这幅蓝图贴在家里显眼的位置，提醒孩子他应该朝着什么目标努力，想必很有意思。一旦孩子知道了自己未来的生活将朝着什么方向发展，他会更有动力去寻找实现目标的方法。

8 为进步而庆祝

你知道吗？进步比奖励或贿赂更能鼓舞人心。

原则：适当的自尊心

　　父母常常用奖品、钱或者玩具来鼓励孩子，希望他们在重要的考试里取得好的成绩。我在读小学的时候，许多朋友在成绩单上得到一个优秀后就能拿到五美元的奖励。一般情况下，如果孩子不愿意完成某项任务，父母常常会许诺事后给他们一颗糖果（如果不能完成任务的话，得到的就是惩罚了）。贿赂孩子一般都非常有效。但是，当我们用奖品收买孩子的时候，我们在给孩子传递什么样的信息呢？我们是在告诉他们：任务本身是不值得去做的，你们完成任务就是为了得到一颗糖。甚至在教他们：你们引以为傲的是他们能得到的东西（糖果、高分、钱），而不是你们能获得的成就（学到的知识，承担的责任，帮助了他人）。

　　若一个人只是为了钱而工作，通常这个人不会喜欢自己的工作，他做这份工作的唯一目的就是为了赚钱。这是最低级的工作形式，在生活中获得的是最低级的幸福感和满足感。钱是很重要，但是如果生活中缺乏快乐，人生该会多么无聊啊！这个人因为赚了钱，因为他能用赚到的钱买到东西而感到骄傲，但是他不是为自己和自己的工作而感到骄傲。

　　当一个人为自己取得的进步和成就而感到骄傲，他的生活也会变得更加快乐。他会因为开创了事业而激动，他会因为自己在疾病治疗研究方面取得了进展而自豪，他会因为班上的学生学业进步而开心，他甚至可能因为自己能种出高质量的新鲜蔬菜而得意扬扬，又或者，他因为学会不使用化肥来种植有机粮食而高兴了好一阵……不论从事什么样的工作，人们会因为自己所做的事情取得成绩而感到骄傲，而不仅仅是因为做这件事情所带来的奖励和回报。

同样，为自己学有所成而自豪的学生更愿意努力去实现每一个新的目标。当然，他们也想要有好的成绩，但是当他们看到自己正朝着个人目标勇往直前、一路凯歌的时候，他们会更加干劲十足。那些只惦记着高分和父母奖励的学生，更关注的是奖励，而不是自己的进步。

如果父母为了孩子实现目标取得进步而祝贺，而不是用奖励和惩罚来激励孩子，这样更能提升孩子的正能量。因此，必须限制奖惩的使用，更加关注如何实现目标。父母应该如何称赞孩子的进步呢？

将庆祝与孩子的个人目标结合起来。你帮助孩子描绘过人生蓝图吗？在前一条建议里，我们讨论了如何结合孩子的个人价值、能力和愿望设立目标。要实现所有目标，孩子必须一步步前进。有时候，进步太小，我们似乎很难看到自己在向目标靠近。这就是为什么我们要把每一个人生目标分解成一个个小的目标的原因。当孩子实现了一个小目标时，他就更接近自己的终极目标。父母可以为孩子每次实现的小目标而由衷地庆祝。如果孩子的目标是"考上好大学"，在读初中高中的时候，他很容易会觉得这个目标太遥远。作为一个为家长，你在给孩子描绘远大理想的时候，也要制订一些小的目标。比如，为了考上好大学，孩子可能需要提高阅读能力，小目标就可以设立为每学期读完十本书。可能孩子需要提高数学成绩，那小目标就可能是每天练习半小时数学题。关键在于，当你设立小目标的时候，一定要让孩子认同这个目标，让孩子觉得这个目标是可以实现的。当小目标完成后，回顾一下，为他所做出的努力而庆贺。

用新颖的方式庆祝孩子的进步。在健身节目里，我们常常会看到"前后对比"的照片。人们喜欢上传自己健身前后的对比照片，展示自己取得了多大的进步。他们为自己达成目标而感到自豪。例如，一个瘦骨嶙峋、弱不禁风的男子在开始健身运动之前照了一张自己的照片，接着在小有成就之后再照一张照片。后一张照片里他已经长出了肌肉，拥有了强健的体格。我读一年级的时候，老师把我的名字写在一张纸板做的火箭上。在教室的墙壁上有1到100的数字，最上面是一个用纸板做的大月亮，上面写着100。我每完成一次作业，老师就把我的火箭往月亮上的数字移动一格。我想要实现登陆月球的目标，所以每次都非常积极地完成作业。我给自己儿子也做了一个类似的登山小人儿，他需要帮小人儿登上山顶。如果想要小人儿到达最高点，他就需要完成每天的任务来帮助小人进步。往进度表里面贴星星或者贴便利贴也是庆祝孩子们取得进步的一种方式。当目标实现时，你还可以想出其他新颖的方式来展现孩子的进步，庆祝他们的成功。

和孩子讨论他的进步。把孩子努力的成果或者其他能证明孩子进步的东西保留下来，让孩子们清楚地看到自己的成长。可以是音乐录影带或者运动训练的视频，也可以是装着论文和考卷的文件夹。问问孩子他们对自己所做努力的感受，让孩子告诉你他们的进步是如何一步步带领他们接近最终目标的。接着，你再说说你的观点。告诉孩子你还记得他刚刚起步时努力的样子，以及你现在能看到他已经取得了多大的进步。能够看到和听到自己实实在在的进步，这对孩子来说是一种极大的鼓励。

夸奖孩子学到了知识，表现得好。与其在亲朋好友面前炫耀孩子的高分和好成绩，父母更应该夸奖的是孩子学到了知识，取得了进步。你可以告诉孩子的奶奶，孩子学到了新的知识，你为孩子感到骄傲自豪。孩子想要父母为自己感到自豪，如果孩子听到自己的妈妈告诉奶奶他学习有进步，他就会更把学习当回事儿；如果孩子听到父亲告诉爷爷奶奶他养成了良好的学习习惯，那他就会努力保持住。如果孩子知道父母更看重学习本身，而不仅仅是成绩和分数，他们也会更有学习的动力。

找到运用新知识和新技能的方法。如果孩子学到了新的东西，让他学以致用。如果孩子能把学到的知识运用起来，他们会觉得很自豪，也会认识到知识是非常有用的。比如，一个刚学会百分数的孩子能帮你算出商店里打折商品的价格，一个刚学会一些英语的孩子能给祖父母做些简单的翻译……简言之，如果孩子觉得自己是有用的人，并得到了肯定，他会更有动力学习更多新的知识。

9 给孩子自由支配的时间

你知道吗？联合国发现自由支配的时间对孩子的发展至关重要。

这些年来，世界变了许多。小时候，我有大把自由的时间。妈妈唯一的要求是天黑之后必须要回家。我用这些自由支配的时间做了很多的事情：爬树，丛林探险，寻找有趣的昆虫，读书，这些都是我日常的活动。我了解了生活在溪水里的生物，也知道怎么用树枝搭棚子。那时候我们没有电视，没有家庭作业，也没有课后活动。一个孩子遇到了问题就找其他孩子帮忙解决。后来，我开始给其他孩子读书，以此作为消遣。有时候我也会帮他们包扎伤口，调解纠纷。那是个孩子的世界，而最大的孩子或者最聪明的孩子统领着这个世界。

我的孩子是在一个成人监管的世界中成长起来的：不允许他们独自外出，不允许他们独自进入丛林，课后练习、家庭作业、各类竞赛成了孩子们日常生活不可或缺的一部分，每天的活动都排得满满的。现在要考上大学越来越难，全国各地的孩子都必须参加标准化考试。没有自由的玩耍时间，孩子们的日程表排得比大公司总经理的日程表还满。他们变成了成人世界中的小大人，没有时间去探寻自己的人生道路。

没有自由支配的时间，对孩子有什么坏处呢？研究表明，自由时间的减少会使孩子产生更多的焦虑、抑郁和自恋的情况。同时，与压力和抑郁相关的青少年自杀率不断攀升，这也是因为过于紧密的安排和来自大人的压力。自由支配的时间能够促进孩子的身心健康，帮助孩子学会自己解决问题，帮助他们更加自立，减少压力，这对于孩子的发展至关重要。

孩子有许多学习和充实自己的好机会，但问题在于，他们今天面对的是一个过度安排的世界。作为父母，为孩子参与的活动数量设置上限是非常必要的。但是，每天应该让孩子拥有多少自由时间才适合呢？

要给所有孩子设定一个固定的自由时间是不可能的，因为每个孩子的情况都不相同。但是如果某个孩子看起来对每天要参加的活动感到非常紧张，这可能表明给他安排的活动实在是太多了。我建议自由时间从每天1小时开始，逐步增加。如果平时的自由时间不足，可以在周末适当增加一些。

要确保不能减少睡眠时间。睡觉对孩子来说非常重要，他们比成年人需要更长的睡眠时间。小学生和初中生通常需要9至11个小时的睡眠，但是初中生往往睡眠不足，因为他们要早起上学，而身体机能又决定了他们不会像幼儿园小朋友那么早睡。所以，保证良好的睡眠是基础，自由支配的时间必须建立在这个基础之上。

做出一些艰难的选择。看起来，似乎所有的人都比你更努力，学习时间更长，成就更大，知识更渊博。我们压力很大，要参加更多的社团，上更多的课，参加更多的考试，拿更高的分数。但是我们不能毫无节制，而作为父母，有时候确实需要帮助孩子做出一些非常艰难的选择。

让我和大家分享一下我做出过的两个艰难选择吧！我女儿汉娜从四年级开始，每晚都有很多家庭作业要做。她事事都力求完美，有一次她哭了，仅仅因为当时我包里只有钢笔，而她不得不用钢笔代替铅笔来写字。总是想把作业做得更完美使得汉娜非常紧张，甚至大大影响了她，让她无法开心地参加舞蹈和音乐等课外活动了，她再也没有自由支配的时间了。所以我做出了一个艰难的选择，这绝对是一个"坏妈妈"才会做的选择：有时候若汉娜有其他安排，我就会帮她完成作业，再塞回她书包里。我这么做是因为我对孩子有这么多作业感到很愤怒，我不希望她承受过大的压力。我也不会为自己这样做而感到愧疚，因为作为家长我有权利让自己的孩子自由支配她的时间。18岁的汉娜如今就读于美国排名前20的研究型大学，她知道如何平衡自己的学习和自由时间，根本不觉得大学的学习压力会大到让人疲惫不堪的地步。

我不是建议你帮孩子做家庭作业。我只是举个例子，说明有时候有些选择确是非常艰难，甚至是不可思议的。我曾经做出过这种让人不可思议的选择，不止一次。另一次选择是让女儿放弃所有费时费事的课外活动。无论这些活动有多么诱人，一旦成为孩子和家庭的负担，就要果断放弃！你的孩子是不是每天都有"太多"活动？你的孩子感到焦虑和抑郁吗？是不是很多时候你的孩子都看起来昏昏欲睡或者闷闷不乐？如果你的回答是肯定的，那么你可能需要削减一些活动了！你的决定可能需要做出很大的让步。但是如果孩子没有自由支配的时间，或者晚上不能好好休息，这些安排对他而言都是非常不利于身心健康的。

　　有自由时间就要鼓励孩子参加户外活动。虽然在城市里要做到这一点很难，但是让孩子有时间亲近自然却很重要。让孩子一直待在室内肯定是不对的，即使是在操场或者公园里玩耍，欣赏自然美景，也不失为打发自由时间的好办法。

　　鼓励孩子和不同年龄的孩子玩耍。如果孩子总是和同龄孩子玩耍，缺少与哥哥姐姐或弟弟妹妹相处的经验，他们就会不知道如何教育或者保护小孩子，也不会知道如何跟大孩子竞争。但是生活本身却包括了不同年龄层次的人，孩子们和比自己大或者比自己小的孩子玩耍是一件好事。

　　即使有自由时间也要鼓励孩子少用电子设备。试试把孩子的电脑、手机、电子游戏的电源都关了。我最近有次乘船旅行，没有无线网络也没有手机信号，全程都不能上网。刚开始的时候，我觉得很紧张，但过了一会，我觉得没了电子产品反而轻松多了。脱离了电子设备的束缚，解放了我们的思维，让我们获得安宁。

　　鼓励孩子享受无所事事的感觉。看到这个建议时，你可能会比较惊讶。为什么要让孩子觉得无聊呢？因为无聊是对孩子思想的一个考验。只有当孩子觉得无聊之后，才能激励他们去努力。处理好无聊这个问题是学会自我激励和解决问题的第一步。一开始，你可能需要给孩子一些建议。美国有句俗语："只有无聊的人才会觉得无聊。"这意味着有创造力的、有趣的人常常能从无聊中获得灵感，不用多久就能找到一些新的乐趣。

10 给孩子一个重要的任务，让他用自己的方式去完成

你知道吗？责任是激发孩子内在动力的最好方式。责任能激发孩子的自豪感，让他们融入集体，学会选择，直面挑战。

当我们赋予孩子责任时，他们会发自内心地受到激励。为什么孩子会努力完成一项任务呢？因为他必须这么做吗？有些人认为促进孩子努力的最佳方式是强迫他们完成任务，如果他们懈怠懒惰，就惩罚他们，但是，内在动力是不能依靠奖励和惩罚来驱动的。当孩子承担了责任，他们会有一种自豪感，会对工作产生责任感，让孩子承担更多的责任将产生更大的动力。

这让我想起了自己读小学的那些日子。那时候学校有些苦差事要同学们去做，其中一件就是把黑板擦干净，还要把黑板擦上的粉笔灰弄干净。我们不得不用两个黑板擦互相拍打，把白色的粉尘抖落，然后再把黑板擦干净。虽然这个差事枯燥乏味，但是班上所有的孩子都争着做，因为老师说这是一个重要的任务。老师每周都会选一个孩子，承担起擦黑板这个重任，被选中的那个孩子会因此而感到非常骄傲，也会非常努力地把任务完成好。让孩子有责任感的关键在于被选中的孩子觉得自己在帮助老师和班上的每一位同学，这种对于集体的责任感使得孩子想要竭尽全力做到最好。即使平时在学校里表现得非常叛逆或者懒散的孩子，在获得了擦黑板的机会时，也会激动得跳起来，而且很积极地承担起这个重任。

责任是触发孩子内在动力的关键。责任给孩子带来挑战，让他们体会到自己的行动对于集体的作用非常重要。责任首先是种选择，当孩子们完成了任务之后，一种适当而健康的自豪感便油然而生。让孩子承担责任是提升内在动力的最好方式。接下来，我会给大家一些建议，让父母们知道应该如何让孩子承担责任。请记得一定要告诉孩子，你对他所做出的努力感到多么的欣慰！

确保孩子所承担的责任是有意义的。孩子想要成为集体的一部分，而承担责任

会让他们感觉到自己在照顾家庭，照顾同学，照顾邻居，照顾那些对他而言非常重要的人。最好让孩子意识到你给他的任务是十分重要的。打个比方，为家人准备一顿饭就是一项非常重大的责任，这个任务给了孩子选择食材、选择烹饪方式的自由，但准备好这顿饭对孩子来说也是一个挑战。煮饭帮助了家庭，孩子也会为自己努力的成果而感到骄傲。

布置任务时要考虑到孩子的年龄。不要让孩子去完成一些过于艰难、压力太大的任务。如果你要让孩子准备一顿饭，应当确定孩子是能够完成的。年纪小的幼儿可以帮忙想想需要准备什么样的食物，但是却不适合用刀子和炉子。年纪稍大的小学生应该知道如何在预算内挑选食材，学会如何用有限的资金准备一顿尽可能好的饭菜。至于初中生，完全可以去市场购买食材，考虑营养搭配了。年长而成熟的孩子可以给其他孩子分配任务。给孩子任务的关键在于任务必须富有挑战性，但同时又不能给孩子太大压力。你信任孩子能够用自己的方式完成任务，将极大地增强孩子的自信心。试着不要过多干预，也不要过多"帮助"。

养宠物也不失为一种好办法。许多父母亲喜欢用养宠物的方式来教会孩子承担责任。养一只有生命的动物是一个很严肃的任务。如果你决定让孩子养宠物，要保证孩子饲养宠物的难度和孩子的年纪相当。年纪小的幼儿可以养鱼或养仓鼠，但是大型宠物需要孩子承担更多的责任，对小学生而言可能不太适合。如果你愿意让孩子养宠物，要确保孩子不需要太多协助也能照顾好宠物。

将教育目标融入孩子的责任中。教育目标是非常重要的，作为家长，如果你对把自己对孩子的教育目标巧妙隐藏，孩子可能根本意识不到你是在教育他，但结果却受益匪浅。如果你要求孩子把本周的购物清单列出来，就要让他把总价算出来，同时把打折商品省下的钱算出来。如果你要求孩子策划一次出游，就要让他把和旅行相关的信息，如距离、花费、沿途的景点等都查出来。你给了孩子任务，就不要告诉处理的方式，让他们平日里学到的知识在实际生活中派上用场。当孩子明白了"学以致用"的道理后，将更能够受到激励。

让孩子承担起家庭的责任。为了家庭的正常运转，父母承担了很多的责任，甚至很多无趣的、不轻松的责任。孩子也应该尽其所能，为家庭分担一些家务事，比如倒垃圾之类的。但是，让孩子帮忙做家务有时候反而是没事找事，特别是当你放手让孩子去做的时候，还不如自己去做更容易。孩子第一次，甚至是第二次做家务的结果都可能很糟糕。但即使这样，你也应该克制住自己，不去帮忙。你只要告诉孩子怎样完成这项任务，站到一旁，让他自己去尝试就好！

　　让孩子安排一次家庭出游。为一家人策划一次开心的活动是件很有意思的事情，而且很有教育意义。也许你刚好周六有空，也许你刚好有点闲钱，该怎么安排这一天呢？让孩子开心地去策划这次家庭活动吧。曾经我女儿的一次家庭作业就是做一个旅行计划及预算。刚开始，她做了一个非常详细的计划，但是当她把住宿、油费、门票、食物的费用全部加起来的时候，她发现自己苦心策划的行程根本不现实。于是她开始不断调整计划，直到策划出一条住平价酒店、参观国家公园的可行路线。她做了许多有趣的调查，研究各类活动可能需要的花销。因为她从这次活动中学到了许多，所以我们决定以后都让她来策划我们的家庭活动。她很享受这种信任，此后便经常为我们策划野炊、爬山之类的活动。现在，只要她有时间，她就会为朋友的婚礼和聚会出些点子。虽然她这么做完全是出于兴趣，但是策划和预算是非常有用的技能，适用于未来的各类职业规划。

11 如何防止孩子沉迷于游戏

你知道吗？预防沉迷比治疗心瘾要容易得多。

在年轻人当中，沉迷游戏是一个日益严峻的问题，而男生比女生更容易沉迷于游戏之中。最初，父母亲并不了解游戏"瘾"，觉得染上游戏瘾的孩子可以轻易戒掉。但是最近的研究表明，常玩游戏的孩子当中，有1/10的孩子出现了沉迷的迹象。而游戏沉迷是一种很难改变的习惯，当孩子沉迷其中后，需要靠玩越来越多的游戏才能得到满足。这是一个非常严重的问题，因为过于沉迷游戏可能造成孩子学业上的问题，也可能导致家庭冲突。

父母知道现在游戏无处不在，孩子们也喜欢玩游戏。一旦孩子沉迷游戏，就很难戒掉了。没有父母想让自己的孩子沉迷于游戏，最后成为学校甚至人生中的失败者。但是怎样才能让孩子玩游戏却又不沉迷其中呢？

最近的一项研究表明，出现游戏沉迷，一个非常重要的原因是玩家有一种"逃避现实"的需要。人们逃避现实，常常是因为现实生活的某些方面让人感到特别痛苦。这种对现实的逃避造成了一系列的问题。比如，一个孩子用玩游戏来逃避写作业，他会落下很多作业；但是落下作业后，又会有另外的更大的问题出现；孩子的成绩变差下滑，让逃避变本加厉；成绩不好又会引起更大的问题，接着孩子需要逃避的是父母，因为他们成绩下滑父母一定会愤怒……正如你所看到的，"逃避现实"的连锁反应导致了一系列问题。

最让人上瘾的游戏是多位玩家共同参与的网络游戏。这种游戏能通过网络组队进行，或者在网上和其他玩家互动。孩子能够完全"逃"到另一个不同的世界当中去，在这里，他们会建立起新的人际关系，这种游戏会为一些心理脆弱的孩子建立起一个全新的世界。

怎样才能够防止游戏上瘾呢？基于游戏成瘾和儿童行为的相关知识，我希望以下的建议能够提供一定帮助。

不要让游戏成为孩子的保姆。有时候，孩子很吵，还蛮不讲理，这很正常。但是有些父母亲很忙，很容易用游戏来安抚孩子，让他们安静下来。我曾经为此感到非常内疚，特别是当我感到压力大的时候，比如有时候要坐上几个小时的飞机，我就不得不给孩子玩游戏。如果把游戏当成孩子的保姆，孩子会和他的电子"关爱者"产生联系。下次当孩子孤单难过的时候，他不会扑向父母的怀抱，而会找寻他的电子伙伴。

不要让孩子无聊。这也意味着给孩子一些自由支配的时间。只给他们一些书或是简单的玩具、绘画工具，让他们自娱自乐——不要给他们任何电子产品。孩子必须要学着自娱自乐。不要用事先计划好的娱乐活动来限制他的思维，以及自我思考的能力。如果孩子跟你抱怨无聊，让他读读书或者自己主动提出和他玩一玩（非电子产品游戏）。让孩子发挥自己的创造力来找乐子。

禁止孩子玩大型多人参与的网络游戏。可能学校里所有的孩子都在玩多人参与的网络游戏，但因为你知道这种游戏是最让人上瘾的，所以你必须禁止孩子玩这种游戏。让孩子邀请朋友来家里玩，如果他们很想一起玩，就只能让他们玩一些单机游戏，如此，你才清楚孩子和谁在一起玩游戏。你肯定不可能允许孩子和陌生人出去玩，所以最好也不要让他们在网上和陌生人一起玩游戏。

设置时限。每天给孩子规定一段合理的上网时间，例如，允许孩子每天上一个小时的网，可以用来聊天、看视频，或者玩游戏。让孩子自己决定怎么使用这一个小时，怎么分配时间。放学之后，你的孩子可能想上网聊半个小时的天，然后玩半个小时最喜爱的游戏。给孩子各种各样的选择，让孩子更有自控力，更有责任感。

多陪陪孩子。这是最重要的一条建议。因为逃避现实是沉迷网络的首要原因，所以如何让孩子不再逃避现实是避免游戏成瘾的关键。这就意味着孩子需要一个幸福的家庭，和爸爸妈妈一起度过快乐的时光。如果孩子和父母关系非常好，他沉迷网络的可能性会小很多。

确保孩子有足够的户外活动时间。适当的户外活动不仅有利于身体健康，也有利于心理健康。如果孩子喜欢户外活动，他可能就不会成天想着上网。而且，多参加户外活动也能促进心理健康。当孩子心情好的时候，他们不会觉得抑郁，也就不那么可能沉溺于一个虚拟的世界当中而无法自拔了。

如果孩子已经出现网络成瘾的问题。怎么才能不让孩子玩游戏呢？最直接的一个办法就是关掉电脑，把这个"罪魁祸首"藏起来。把游戏机从孩子手里"抢"过来，让他知道什么叫规矩。只是，切记处理的时候要冷静，明确地告诉孩子规矩，说明以后他还有赢回电脑的机会。比如，你可以说："我把游戏机拿走了。如果这周你每天都按时把作业完成了，你可以每天玩1个小时。"

如果孩子需要用电脑。当孩子使用电脑的时候，他很可能是假装在为家庭作业查"资料"，实际上却偷偷在上网玩游戏。在这种情况下，你可以购买一款网络监控软件，把网络游戏"锁"起来。这项服务费用不高，你可以在网上找一款适宜的家长监控软件。

如果你的孩子要离开家庭去读大学或者要出国留学。我的儿子意识到自己可能会管不住自己玩电脑游戏，所以他离家去上大学的时候，决定不带上自己的高配置电脑。他不想因为电脑而分散精力，他也知道一旦离开家，他就得自己拿主意了。当你远离电脑和游戏机的时候，要抵御电脑的诱惑就变得容易起来。让孩子离家时带一台低配置的电脑，那样他就玩不了那些大型网游了。

12　计划一次国外的夏令营

你知道吗？大多数美国大学都有学术夏令营项目。

你对美国大学的了解有多少？如果没有机会亲自考察，就连美国人自己也不可能完全了解某个特定的学院或者某所特定的大学。当地的天气如何？行程艰难与否？校园有多大？生活条件舒适吗？生活方便吗？要了解一所大学，除了看学校排名和课程设置，还有太多东西需要了解。如果你想要申请美国的学校，提前考察是个好主意。要想感受某个大学，最好的方法是参加那所大学的学术夏令营。如果孩子完成了高一的课程，夏令营对他而言是个理想的选择。

如果孩子能够熟练掌握英语，或者正在国外留学，或者能在托福考试中考个高分，他就具备了申请国外大学学术夏令营的条件了。夏令营常常收费不菲，但是在很多情况下却允许孩子提前修取大学学分。如果孩子的英语不好，出国不一定适合，因为听不懂教授讲课就很难在课堂上有所收获，拿不到学分，参加夏令营就成了既浪费金钱又浪费精力的一件事儿。

想为孩子找一个好的夏令营，首先需要确定学校——帮孩子找一所他梦寐以求的"绝配"大学。孩子的成绩在班上是不是名列前茅？如果是的话，可以试着申请排名前20位大学的夏令营。最好是找一所适合孩子就读的、孩子可能会申请的大学去参加它的夏令营。先问问学校的老师孩子的班级排名和表现，再来看这些是否和孩子想申请的大学相关。亲自察看适合孩子的大学非常重要，因为如果孩子下定决心要申请这所大学的本科学位，你一定想全面了解这所大学是不是真的适合你的孩子，所以选择一所孩子有机会被录取的学校去参加夏令营显得至关重要。

一旦你锁定了几所合适的学校，就必须要想清楚孩子的兴趣所在。孩子对什么样的专业最感兴趣？孩子会考虑什么样的职业？选择夏令营的过程也是了解学校的过程，适当关注学校的特色和专业对孩子的选择非常有帮助。新闻传播学方面的顶尖大学不会同时是建筑学方面的顶尖大学，以工程设计闻名的大学也不会有顶尖的法学院。上网查一查，确定哪个大学在哪个领域比较优秀，能够提升孩子哪一方面的才能。搜索"顶尖大学"加上孩子感兴趣的专业，搜索引擎里自然会列出高校排名。

孩子能找到几所感兴趣的高校是一件好事。上网搜索每一所孩子感兴趣的学校，方式如下：输入"高中夏令营项目"，再加上孩子感兴趣的大学或者学院的名称。网上应该会找到这些大学或学院提供的各种暑期项目的信息，从中找到相关的日期、费用和申请要求。如果孩子申请成功，大多数的夏令营项目会在几周之内发出通知。

不要指望夏令营会给你的入学申请带来任何优势。虽然参加大学的夏令营不能直接带来任何入学申请上的优势，但是由于这样或那样的原因，还是会对孩子的申请有所帮助。首先，它会帮助孩子决定是否要申请该所大学。在申请之前就能有所了解是非常必要的，万一孩子觉得他不喜欢那里的校园环境呢？要知道大学四年的学费可是非常昂贵的！第二，夏令营可以让孩子提前修取大学学分。这些学分会使得孩子的入学申请显得相当"漂亮"，让大学招生办公室的老师们清楚地认识到他已经完全具备了大学所需的英语能力，向大学传递了非常重要的信息。第三，参加大学夏令营表示你对这所大学"很有兴趣"。一般来说，学校都想知道为什么孩子想要申请他们学校。如果你说："因为你们是名校。"太糟糕了，这个答案非常不合时宜。但是如果你说："我参加过一次贵校的夏令营，之后便爱上了你们的校园。"效果大相径庭。如果你把这一点写进入学申请当中，会是一大亮点。这样，学校就会知道你的孩子是真的对他们学校感兴趣，有助于优先获得入学通知书。

参加名校夏令营最主要的原因一定是因为你打算申请这个学校。到底参加耶鲁大学夏令营还是参加哈佛大学夏令营，其实真的不重要。事实上，没有哪所大学会因为孩子参加了某所名校的夏令营就决定给他发录取通知书。一两次名校夏令营的经历并不能真正帮助你申请其他学校。所以，除非你想要申请某所"名校"，否则，去一次名校的夏令营并不比去其他学校的夏令营更有利。在下列情况下，你可以考虑名校夏令营：名校夏令营的某个项目和孩子的兴趣爱好相匹配；这所学校的地理位置很方便；你希望借此机会考察周边几所学校。例如，我女儿参加了约翰·霍普金斯大学的一个化学夏令营，因为她想上高级化学课程，恰巧这个夏令营地点离我们家又很近。虽然她不打算申请约翰·霍普金斯大学，但是这个夏令营很适合她。所以，孩子不一定非要参加自己准备申请的学校所主办的学术夏令营。

提前找好学术夏令营项目。最好在前一年秋季就开始收集次年夏令营的信息。每所学校的申请日期可能略有不同。考虑到孩子可能出现申请被拒的情况，准备好第二志愿学校的申请材料是很有必要的。考虑到签证问题，提前计划也很重要，要知道学校也不可能让签证流程走得更快些。也许从秋天就开始准备看起来有点早，但是你一定要提前准备。如果你无法在网上查到夏令营的申请时间，可以给办公室发电子邮件（网站上通常附有邮件地址）要求他们提供最新信息。然后，你就可以成为第一批申请夏令营的学生了。

在美国期间，计划好其他大学之旅。如果孩子去参加夏令营，时间大约为3~6周。在夏令营开始之前或者之后，可以考虑参观其他几所孩子可能感兴趣的大学。不要只想着参观少数几所美国名校，应该多看看孩子感兴趣的大学、适合孩子的大学。孩子喜欢哪所大学，讨厌哪所大学，结果可能会让你十分惊讶。比如，我女儿参观了哥伦比亚大学，却不喜欢这所大学。但是她却非常喜欢乔治梅森大学，虽然不是特别"出名"，地理位置却特别好。要想预知孩子喜欢哪所大学，哪所大学适合孩子，是非常困难的。不要把这么重要的选择过程留给"缘分"来决定。如果孩子特别喜欢某个地方，挑一些位于同一地区的学校来进行比较。不要简单地根据学校的名气来申请学校。学术夏令营给孩子提供了一个绝佳的机会去验证自己的选择。

13 制定一个适合高中生的暑期计划

你知道吗？在美国高校的入学申请当中必须提到你的暑期经历。

我读高中的时候，大多数学生都有暑假兼职。我也从来没有在暑假期间学习过，我修剪过草坪，当过清洁工、服务员。不过这些兼职真的挣不了多少钱！而我不工作的时候，就泡在离家不远的公共游泳池里。

以前，没有人规定学生该怎么过暑假，好像除了做几份报酬不高的兼职就只能无所事事了。整个夏天，除了和家人一起度假，没有什么很特别的。但现在，人们的观念已经发生了改变。大学申请要求学生提交在高中期间参加的暑期活动。不用说也知道，"啥也没干"绝对不是大学想看到的答案。父母可以抱怨，但却改变不了这个事实。现在，爸爸妈妈必须帮助孩子寻找一些有意义的暑期活动。还好，申请大学并没有要求你每次花多少时间参加这类活动。因此，我的孩子们通常花2～3周时间去参加那些可以写进大学入学申请中的暑期活动，然后他们还会剩下大把时间可以"啥都不干"或者"当保姆"（另一件没什么"意义"的事情）。不过你必须拿出至少2～3周的时间来参加一些暑期活动，到时候才能把大学申请书写得好看一点。

但是，我想要提醒你，在申请大学时，有些活动是不能提起的。"SAT考前培训班"这类经历从始至终都不应该出现在你的大学申请中。你一定不想让学校知道你居然花时间在补习班上面。在美国，很少有学生会花时间在正式的考试培训班或者培训学校上面。如果你打算暑假去参加考前补习班，就必须计划另外一次暑期活动以备申请学校之用。我建议在参加考试补习班的同时，去参加一些体育运动、户外活动，或者暑期志愿活动。把整个夏天用来参加各类学术夏令营是一个相当糟糕的选择，因为孩子将得不到真正的休息。孩子也需要放松放松，不如给孩子安排一些和学习无关的活动更有价值。

那么，什么样的活动对于想要申请大学的学生来说最有用呢？在下文里，我会介绍一些暑期活动，以供参考。

让孩子参与夏令营申请的全过程，孩子需要思考未来。他的人生目标是什么？他的兴趣在哪里？让他抽出时间来思考这些问题，并和他一起讨论。让孩子知道哪些暑期活动是他可以参加的，哪些活动是家里负担得起的。然后，你们就可以一起提前计划好暑期活动了。不要等到最后一刻才开始计划，因为许多夏令营这时早就满员了。秋季学期一开始就该考虑这个问题了！

户外夏令营。如果孩子一整年都在努力学习，或者他打算在暑假去参加考前补习班，你最好为他选择一个户外活动夏令营，比如运动夏令营和野外夏令营都是不错的选择。这么做的原因有两个：第一，太多的学习任务可能会让学生有"崩溃"的感觉，努力到了一定程度后，加大学习强度不一定能带来良好的效果；第二，大学希望看到学生还有一些学习之外的兴趣。此外，对大自然和户外活动的热爱会激发人们对环境的保护意识。我认为，可持续发展和环保工程（"绿色"工程）将成为大学毕业生乐于投身的新兴领域。如果你们当地的林业部门或者农业大学经常提供相关的暑假夏令营项目，你可以让孩子积极参与，使他们在户外活动中学会帮助他人，学会关爱自然。

学术夏令营。为高中生设置的学术夏令营越来越受欢迎。更多相关信息请参阅前一条建议，了解如何选择学术夏令营。

天才少年夏令营。如果你的孩子在12岁之前就参加了SAT考试并拿到了高分，那他就有资格申请天才少年夏令营。一旦孩子具备资格，就可以参加像约翰·霍普金斯这类大学的夏令营了。他们还可以申请约翰·霍普金斯大学的网络AP课程，这类课程只向SAT高分学生开放。即使孩子的英语成绩不及格，只要数学成绩合格了，他也可以申请天才少年夏令营的数学课程和其他自然科学课程。CYT夏令营的网站是http://cty.jhu.edu/summer/。

暑期工作。让孩子在暑假去打工吧。不管工作本身如何，孩子有份暑期工总是好的。通过暑期兼职，孩子能够体会到每天为了薪水而劳动的辛苦，学习如何为雇主负责。高中生一般喜欢去服装店、餐厅、游泳池和夏令营做兼职。夏令营对高中生来说是一份特别好的工作，因为他们常常有机会教那些小孩子，让他们在学习怎么赚钱的同时也体验了如何教育孩子。我的孩子非常享受在假期圣经学校工作的经历，虽然只是当志愿者，但是在工作中他能感受到其他孩子对他的崇拜，这让他非常自豪。

服务项目。 夏天是投身大型暑期志愿活动的绝佳时期。在美国有一个大受欢迎的项目，叫作"仁爱之家"，学生们志愿帮助低收入人群，为他们修建房子。虽然学生们不是建筑工人，但是他们可以做一些简单的工作，比如粉刷墙面或者做一些扫尾的工作。现在中国也开放了一些此类项目的附属活动，学生们可以在暑假期间去贫困地区的家庭和学校做一些维护工作（具体详情可点击http://www.habitatchina.org/eng/）。孩子们通过努力帮助不幸的人们，培养了慷慨大方和关爱他人的美德。此外，这也向孩子未来的大学展示了他希望创造美好世界的志向。

暑假研究。 孩子的兴趣是什么？如果孩子对科学有着浓厚兴趣，他可以找一份暑期研究助理的工作。通常，这些工作都是无偿的。实验室工作人员常常要花费大量时间去教高中生，所以这类工作常常被视为学习经历，而不是该拿工资的"工作"。如果学生对某个学科的某个主题有着非常浓厚的兴趣，他可以向教授提出申请，在暑假期间加入当地大学的实验室，做相关主题的研究。如果有人帮你推荐一下更好，不过你也可以自己写信给教授，之后记得打电话或者发邮件以保持联系。暑期研究对于学术能力强、非常积极又非常独立的学生来说是比较好的选择。

观摩。 你的孩子对什么职业感兴趣？让孩子自己去询问当地从事此类职业的工作人员，看他们是否同意让孩子观摩他们工作一到两周。如果孩子对医学感兴趣，他可以问问能否去医院观摩工作。如果孩子对商务感兴趣，他可以去观察当地商人的工作。让孩子写一篇观察日志，记录下他了解到的东西。这类观摩在美国被称为"影子计划"，在申请大学时学生常常会提及这类活动。在结束观摩后，一定要记得给你的观察者送上一个小礼物，以示感谢。

14 学会参与课堂讨论

你知道吗？在美国，课堂参与占成绩的很大一部分。

加入一个你感兴趣的小组，是提升动力的一个好方法。老师们深知这一点，所以课堂讨论在美国是普遍使用的教学方法。如果你知道你要在课堂上和同学们讨论某些材料，你可能更有兴趣进行预习。这种技巧也常见于现在流行的"翻转课堂"上。在这类课堂里，学生课前独立学习，然后把课堂时间用以讨论和解决问题。学会积极有效地参与课堂讨论是大学学习中一个非常重要的技巧，这在商场和职场上也同样重要。

美国老师发现了国际学生有一个共同的问题，就是都不爱参与课堂讨论。一部分原因可能是语言障碍，但更多的是文化差异。例如，在某些文化里，学生在课堂上的习惯是不说话，恭恭敬敬地听老师讲课。在另一些文化里，提出和其他人相左的意见可能是非常不礼貌的事情。于是美国老师才会觉得有时候国际学生在课堂上并不是积极参与而是在"试图表现出有礼貌的一面"。但这种做法既不利于他们的成绩提高也不利于他们的学习进步。对于天生文静害羞的学生来说，课堂讨论可能也是一个问题。

在参加课堂讨论前先想好需要达到的目标是非常重要的。首先，必须要有一份"课堂表现成绩单"。有些课程，学生们在课堂上的参与程度将在期末成绩里占到很大的比重。第二，积极参与课堂讨论是和老师建立良好关系的主要方式。老师总是先记住那些能提出有水平的问题和做出有内涵的点评的同学。课堂里有这样的学生总是让老师们兴奋不已。这种学生在找老师给他写推荐信的时候也更容易一些。最后，每个学生都要有自己的想法，要为实现课堂目标做出贡献。当课堂上的所有学生都很积极地学习并参与到讨论当中时，每个人都会更有成就感，每个人的学习经验都会有所提升。

在工作中，小组讨论也是有目的的。如果拥有好的想法和出色的沟通技巧，一些天生的领导者会在讨论中脱颖而出获得提拔。而且当企业的领导者会面时，为了公司的成功，他们常常需要就某些重要的观点达成一致。这也正是为什么学生在学校里学习和掌握沟通技巧如此之重要，因为这有利于日后他们在职场或集体中成为优秀的领导者。

如何建立自信心。如果你不自信，你也必须在小组讨论中表现得很自信。自信不等同于傲慢、粗鲁。自信是在讨论时，给人以有思想的感觉，并能够提出有价值的问题。在讨论中建立自信的第一步就是要事先认真阅读所有的材料。想好需要提出来的问题，提前写下来。思考一下自己的观点，也写下来，为自己的观点搜寻一些例子和证据。自信在很大程度上源于准备。如果你没有准备，也不知道自己在说些什么，那么你永远也找不到自信。在做好观点准备之后，你可以在镜子前练习，大声重复自己的观点；或者把自己的练习过程录下来，观察自己，看看如何让自己表现得更加自信。你应该微笑吗？应该向前看吗？是不是应该有更多的眼神交流呢？如果你对自己的语言能力不够自信，提前准备好发言稿，提前练习。

如何反驳他人的观点。有些人对反驳别人很过意不去，但是这样是不对的，反驳和异议能帮助我们批判性地思考问题。如果每个人都完全同意他人的观点，每个人的观点都可能是错误的，而且也无法就当前问题进行深入的讨论。每件事都有值得讨论的正反两面。所以，我们第一步是要认识到有异议是好事，不是坏事。我们需要做的第二件事是学会尊重那些持不同意见的人。在你要反驳对方观点之前，你可以先说诸如"我很欣赏你的观点""这个观点很好"，或者"在很多情况下你是对的"这样的话。最后，你可以加一句："我是这么认为的，但是我很愿意听听其他人的看法。"关键在于，谈话必须开放以接受更多的讨论。如果大家都没有异议，通常情况下也就无话可说了。

如何加入谈话。如果你足够自信，有自己的观点，这表示你已经做好了加入讨论的准备。但是，如果你依然害羞依然尴尬，你必须找到办法把自己的观点植入讨论中去。有时候，这得取决于讨论的主持者如何掌控整个局面。有些时候很简单，学生只需要举手等着老师点名。但是越是高级的课程，举手这种方式就用得越少。如果你参与的是一次开放式的讨论，那你就要大胆地站出来，说"我还想补充一下"，或者说"我能说几句吗？"，再或者"我想谈一下我的看法"。有人可能比你先站起来表达自己的观点，没关系，多重复几次直到小组里的其他成员都注意到你。

如何避免被打断。你可能会遇到一些不太礼貌的人，你还在说话，他们已经跃跃欲试地想打断你了。你应该这样回应他们："不好意思，我马上就说完了。"或者说："请让我说完好吗？谢谢。"当你说这些话的时候，一定要冷静。举起手来，手掌朝前做一个"停止"的手势，保持微笑。如果有人质疑你，或者有人不同意你的观点，不要觉得他们在冒犯你，这是很正常的。

如何避免失礼的言行。在有些讨论中，很难在坚持观点的同时保持风度。你想在讨论中表现活跃，坚持自己的观点，又不想表现得没有礼貌，应该注意以下三步。第一步显而易见——使用礼貌用语。保持微笑，不要大喊大叫，充分尊重你不赞同的观点。第二步是不能吹嘘。要做到这一点并不容易，因为有时候准备充分的人总是难免被那些疏于准备的人怨憎。准备充分肯定不是不礼貌的，但是如果你在评论的时候表现出一副高人一等的模样就非常不礼貌了。完全不理会别人的观点，认为自己百分百正确，统领整场讨论，这些表现都会让别人觉得你很傲慢。第三步是不要一个人说得太久。你应该一次只说一个观点，把自己的发言时间控制到和其他人的发言时间相接近。如果没讲完，后面总有时间给你补充，你也不想让大家觉得讨论变成了你的"一言堂"吧？

接下来该怎么做。如果你想和老师、同学搞好关系的话，我可以给你一些建议。对于老师，你可以留一个比较难或者比较有争议的问题，在课后单独去问他。"讨论的时候我没有机会提出这个问题，但是我想听听您对这个问题的看法……"课后用这种方式提问比较好。当你和班上同学讨论的时候，多多夸奖他们，告诉他们："我喜欢你提问题的方式，可以问问你关于这方面的问题吗？"你认真倾听同学们的观点会使他们很开心，继而更喜欢你。还有，邀请他们喝咖啡是一个好办法，与他们交朋友也是。

15 学会做自我介绍，给人留下好印象

你知道吗？第一印象永远没有第二次机会。

当学生觉得自己是团队的一部分时最有学习动力。当孩子转去一个新学校或者新班级的时候，他们可能缺乏归属感。如果孩子不能给老师和同学留下一个好印象，可能会给他以后交朋友带来更多的困难（参见第75条建议"如何与来自不同文化的人交朋友"）。良好的第一印象有助于孩子更好地融入新的环境。

国际学生常常抱怨无法融入当地的社区，很难交到朋友。初来乍到，新的学校、新的学习环境、新的生活环境，给遇到的每个人都留下良好的印象非常重要。你希望被人视为一个自信、友好、可靠的人，我相信每个人都会认为这点很重要。你还希望别人注意到你想要展现出来的特点，比如时尚、智慧、擅长运动等，以体现出你的独一无二和你特别的兴趣爱好。

提前准备，打造自身的第一印象。准备充分能让你更加自信。如果你去一个新的地方，肯定会遇到新的朋友，请提前想好你该如何展示自己。你想要突显自己哪方面的特质呢？认真思考，把想法写下来，以防忘记。想想发生在自己身上的趣事，再想想怎么把这些故事说出来。如果你不太擅长语言表达，提前准备尤其重要。如果你想让新朋友知道你是一个资深的音乐家，那你就得事先准备一些关于音乐的知识。对于要见面的人，你也要做些准备。如果你去见校长，你可能要看看他的照片，查查他的名字，了解一下他的职业生涯。如果你知道他认识你以前的校长，你可能得事先了解一些以前校长的最新的动态。因为这个人你们俩都认识，可以让你和新校长多一些联系，也能多一些共同语言。

人靠衣装。第一次去见别人的时候，你应该把自己打扮成希望呈现的形象。如果你想展现一个聪明、时尚的形象，你可以戴一副眼镜，穿一身入时的套装。当然，穿得自信非常重要。这意味着你应该避免穿着不舒服的衣服，而要穿着得体，

衣服合身好看。在美国，身材高挑的人看起来更有自信，你可以通过一些小技巧来让自己看着更高，比如穿纯色的衣服，穿带垂直条纹的衣服，或者窄翻领的衣服。女孩可以穿高跟鞋。干净和整洁是给人留下好印象的着装准则。

注意肢体语言。在美国，最重要的肢体语言是大方的眼神交流和挺拔的身板，这传达出一种自信的感觉。再加上一个开心的微笑，就能让你看起来更加友好。不要低着头，一副没精打采的样子，也不要一走进房间就左顾右盼。和人打招呼要认真专注。不要摆弄你的手也不要抖腿，否则会显得你很紧张或不可靠。在见面之前，你可以提前暖手，因为一次温暖而坚定的握手能表现出你的友好和自信。有些肢体接触在第一次见面时是适宜的，握手是第一次见面时最常见的肢体接触。

展现你的自信。在美国，信心常常是通过外在表现出来的，而且往往与友好、开朗、热情的性格联系在一起。昂首阔步，眼神交流，微笑，挺拔的姿态，都能展现出一个人的自信。不要自卑，也不能自傲，更不要因为过分谦虚而低估了自己。如果你有自己的长处，谦虚地承认没有什么不好。太过害羞或者太过文静都不是一件好事，尤其对于男生而言。

展现友善可靠的一面。如果你对刚认识的人表现出很感兴趣的样子，他们会觉得你很友好，很真诚。问他们一些小问题，认真倾听。用眼神交流，时不时点点头表示你在仔细听。当有人告诉你一些关于他自己的事情，你可以提出一些相关的问题。如果有人告诉你，他们曾经去过你的家乡，你可以问问他们是去出差还是去度假的。这样的话，你可以更了解他们，也许还能马上找到共同话题。如果你们不是在谈论特别严肃的话题，记得多微笑。

另一种展现友善可靠的方式是适当地赞美对方，但是要真诚。不要用一听就很夸张的方式来赞美别人，比如"你太棒了"或者"你太有名了"。相反，关注一些不经意的小事，再从小处入手赞美他人，这样显得更真诚。例如，你可能发现老师有一条漂亮的项链，或者笑容很美丽；你可能很欣赏校长办公室里的照片，或者你觉得新认识的朋友说了某个很有趣的故事，或者一句令你印象深刻的话。在这些情况下，你都可以小小地赞美一下。切记，赞美务必要真诚，而且不能太过夸张。同时，不要恭维别人的身材，这样可能会让人觉得你不怀好意哦！

记住别人的名字。我很难记住别人的名字，一直以来我都被这个问题困扰着。

当我参加社交活动的时候，我常常依赖我的丈夫，让他提醒我别人的名字，因为他记人名记得特别清楚。但当我一个人的时候，我就不得不用上一些技巧了。能够响亮地喊出新朋友的名字非常重要。而且还要保证喊对哦！如果有名片，交流完之后，你可以在名片的背面写上简短的注释来描述一下这个人。青少年们没有名片，不过你可以给他拍一张照片，然后把名字输到手机里。当然，你也可以把照片和名字导进电脑，然后看着他的照片回忆名字和个人信息。在参加聚会之前，如果我认为自己不记得某个人的名字，我会把他的照片和信息翻出来看看。用照片记人名是一个很有用的办法。

坏的第一印象可以弥补吗？这可不是一件容易的事。坏的第一印象可能需要好几个好印象才能弥补回来，但也不是不可能。如果你做了什么别人不能接受的事情，道歉就是了（不要想得太过严重）。你可以说："我希望你对我的第一印象不要太差，但如果你对我印象真的很差，我为此而感到抱歉。我希望以后我能表现得好一些！"美国人很重视诚信，坦白和诚信是一个人非常宝贵的品质。如果你觉得你的性格比较文静，尽量表现得外向些。如果你觉得自己有点笨，就认真一点。试着找到自己的平衡点。另外，如果你对他人一直表现出很感兴趣的样子，或者你懂得征求他人的意见和建议，也会增加别人对你的好感。不要太嚣张，但要言行一致。过不了多久，大家就会发现你其实是一个很不错的人！

16　想要出国留学，先学会自我激励

你知道吗？在新的环境中，自我激励对很多学生而言都是一件困难的事情。

在家时，你的孩子可能学习非常努力。但是当他离家在外，他还能继续保持良好的表现吗？有些学生在家里非常听话，学习也很努力，因为时时有人耳提面命。但是当需要完全依赖自制力的时候，他们就做不到了。这类事情常常发生在高中就出国留学的孩子身上（远离父母），当然也不乏大学生。孩子们太过依赖父母和老师的激励，一旦只有自己可以依靠的时候，他们很难进行自我激励。

如果孩子决定留学美国，教育更像是一段"沉浮由己"的经历（成败由人）。就像被扔进水里，如果你的孩子沉下去了，那是他自己的错，因为没人会强迫他向前游。同样的道理，在美国，没人会强迫孩子学习。你的孩子是懂得控制自己还是整天整天地玩游戏呢？有什么办法能够帮助孩子养成自我激励的习惯呢？如果孩子离开家去求学，不论是去寄宿学校，去大学，去美国还是其他国家，你都应该给他一些建议，帮助他激励自己。

设立目标。我们在前面讨论过设立目标这个问题，但是我必须再次重复——目标设立对自我激励非常重要。一个目标的达成对学生来说是一种莫大的奖励。在制定目标的过程中，孩子需要付出很多时间和精力。要确保设立的目标不是"妈妈或爸爸的目标"，而是孩子自己真正想要实现的目标。把目标写下来，然后把实现目标的各个步骤写下来。如果没有目标，激励也就失去了意义。

时间管理。列计划表是实现目标的好办法。每天都做一个行动计划，对学生而言，每划掉一个"完成"选项都是一种奖励。当每天的任务都有明显的进展时，孩子将更有动力完成这些任务。如果孩子面对任务无从下手，帮助他把每项任务都拆分成更易完成的小任务。举个例子，如果孩子现在很担心托福和SAT测试，那你就帮他列一个日程表，规定每天用15分钟时间来复习托福单词。当孩子每天划去"复习

单词15分钟"这项任务之后，就会看到自己的进步。这样他自然就能够放松心情，卸下来自托福备考的沉重包袱，减轻焦虑，接着完成计划表中的下一项任务。当日程表中的安排一项一项划掉，他的任务也就圆满完成了，他也不会再感到焦虑了。他知道自己已经完成这一天需要做的事情，而这对他来说也是一种奖励。我的建议是，要求孩子每周交一次"计划表"，可以用电子邮件把一份完成了的计划表和下周的计划表发给你。这既能让你了解孩子的学习进程，又能让孩子有效地管理自己的时间。高效的时间管理也能激发孩子的内在动力。

控制上网时间。上网非常浪费时间，而孩子们可能一不小心就"中了圈套"！当孩子需要通过电脑来完成家庭作业时，更是避无可避。令人头疼的是，想要聊天和玩游戏只需要动动鼠标就成了。因此，让孩子们断网学习就很有必要了。比如，如果你的孩子有网上的作业，应该让他把作业打印出来，先做在纸上。等到作业完成后，再上网把答案输入进去提交。如果孩子需要使用文字处理器，那就要求他关闭网络。用Kindle或者Nook（电子书）这类专业阅读设备来做阅读的作业。电子书上往往没有社交媒体应用软件，只能用来做阅读题和背单词。如果孩子住在寄宿家庭中，可以考虑让寄宿家庭的家长在睡前收走孩子的手机，因为如果孩子整晚熬夜聊天就不好了。如果必须上网，就让孩子选择一个白天的时段作为上网时间。让孩子自己选好时间，但是必须提前做好计划以避免浪费太多时间在网络上。可以用计时器帮助孩子控制上网时间，设好时间（比如30分钟），铃声一响，必须下线。如果你的孩子有办法抵御网络的诱惑，那么他就能更高效地集中注意力进行学习了。

安排休息。当你的孩子知道不断鞭策自己努力的时候，你也应该学会帮他安排时间休息。如果他必须花3个小时来完成学习任务，先计划一下多长时间之后休息一下，一次休息多长时间，而不要想着"等到所有学习任务完成之后"再去休息。

17 如何在自我激励的过程中培养强大的内心

你知道吗？精神力量为自我激励创造出积极的心态。

常言道"精神远胜物质"，这句话太对了！如果你意志坚定，必能够克服许多困难。事实上，积极的心态——对未来充满信心和希望——常常引导人们迈向成功。如果你坚信自己能够获得成功，你将更有可能成功。如果你认为自己不能成功，你可能离成功越来越远。看待困难和机遇的态度将极大地影响你的积极性。

如果你希望孩子积极上进，掌握积极正面的思维方式非常重要。有些思维方式取决于孩子的先天性格，但还有一些却可以后天习得。家长应该有意识地培养孩子积极进取的态度。

什么最能激励你？这是一个简单有效的办法：想一想那些让你备受鼓舞的瞬间。什么样的场景，什么样的心态能激起你对成功的渴望？对我而言，当我卸下一天的责任时，最有动力，所以我最有动力的时候常常是晚上。如果我能尽早完成一天的琐碎杂事，提前从家务中抽身而出，我便能活力四射。心无旁骛的状态更让人热血沸腾。此外，当我对工作充满激情时，我觉得更有动力。我并不总是对工作充满激情的，但是每当完成一项任务，更接近自己的目标时，我会非常开心。因此，每天一份日程计划让我充满动力。当然，你可能会因为其他的事情而受到鼓舞，可能和我的感受不大一样。认真思考一下你什么时候感到自己是充满力量的，并且把这些时刻都记录下来。你一定有些想法，试着把这些想法融入日常生活中去，让你的每一天都充满了斗志。想清楚是什么在激励着你前进，一往无前地做下去吧！

哪些事情会打击你的积极性？关于这个问题，我很了解自己，立马就能给出答案。每当我感到担忧或者情绪低落的时候，我就会变得消极。因为我很容易被焦虑或者愤怒的情绪所左右，因而无法集中精神。在这种情况下，我什么事情都做不了。而让我自己远离焦虑和低落情绪的方法，就是减少对新闻的接触。我不喜欢听到各种各样的坏消息。所以我电脑上的主页不是新闻网页，而是那些内容更积极的网页；这有助于我平和内心，集中精力。那是什么让你失去动力呢？想想工作堆积如山进度却慢如蜗牛的情形吧！是什么让你打不起精神呢？可能是身体不舒服的时候吧！定时做做伸展运动，喝喝热茶，会让你觉得舒服一些。有时你可能在工作上受到了冷落或者不公平的对待，这个时候你特别需要一个善于倾听的朋友来帮你排解那些消极的想法。想一想哪些事情会打击你的积极性，尽量避免或者减少这些事情的发生。

　　了解自己的长处和短处。如果正在进行一项团队运动，每个运动员都会被安排到最能发挥他优势的位置。不同的运动员在团队里承担不同任务，而这取决于他擅长什么。当你在鼓励自己的时候，要充分利用自己的优点。你真正擅长的东西是什么？诚实地列出清单。你最大的弱点是什么？也列一个清单。接下来，在工作和学习中，尽可能多地利用你的长处。举个例子，比如说你擅长记忆，但是写作却很差。当你正在做一件很艰难的事情或者很讨厌的事情的时候，你可能会渐渐失去耐心和动力。这时，想想自己的长项，把写作的事情暂时放到一边；做一些跟记忆有关的工作，以便注入新的活力，因为你做的正是自己擅长的事情。选择最能发挥你长处的课程和工作，尽可能避免自己的短板。在性格方面，人们也有自己的优势和劣势。例如，你可能是一个充满激情的人，但是却没有耐心。这样的话，和队友一起志愿为穷人修建房屋会让你更有动力，因为这件事情很快就能看到成效；但是你可能不适合帮助老人，因为这需要耐心。在制订计划的时候，无论是工作计划、学习计划、志愿者服务计划还是课外活动计划，先想一想你所擅长的事情。当你发挥自己的长处时，你会充满激情。

　　停止自我批评。我们都会否定自己。我们时常回忆过去，在脑海里与自己对话。我们会想着一件事本来可以做得更好，把细节在脑子里翻来覆去地"放电影"，然后便开始责备自己。这种感觉会让我们误以为自己一事无成。如果我们不懂得停止自我批评，这种习惯将狠狠地打击我们的行动力。停止自我批评的第一步是意识到你正在进行自我批评。如果你意识不到，就不可能及时制止这种情况。第二步是要消除自我批评的想法。用一些象征性的方式来释放自责的情绪，比如把对自己的批判写下来，再逐一划掉。最后多想些乐观积极的事情来代替自责的情绪。

把关注点放到如何实现未来的目标上，不要总想着过去犯下的错误。产生自责情绪的一个重要因素是父母在教育过程中使用了太多消极的教养方式。父母不要总是用批评的方法来教育孩子，事实上，批评从来不能给人以激励。即使批评看起来起到了激励作用，也只是一种假象。受到批评的孩子看起来似乎更努力了，只是因为他们不想再挨批评而已。但是父母的批评会渐渐内化成他的性格并最终形成自我否定。一旦出现这种情况，孩子会觉得他所做的一切永远都不够好。这对孩子的积极性甚至幸福感都是沉重的打击。不要打击孩子的积极性，多鼓励他们。

把精神问题锁进"笼子"。每个人都有自己的问题，而且大多数人的问题并不是马上就能解决的。这些问题可能是亲人生病，也可能是家庭关系不睦。有些问题非常严重以至于会影响到人们的积极性和行动力。让孩子学会在学习和工作的时候把这些问题"关进笼子"，暂时不去思考。让孩子们搞清楚，即使在他们工作的时候，这些问题也不会有任何改变，所以工作时最好不要受到这些问题的困扰。要想把问题抛开，把它们写下来然后锁进盒子里是一个不错的选择，特别是在工作的时候。这种象征性的行为能够使你的身心暂时解脱出来，专注于学习和工作。当你能够把工作和问题区分开来时，你将更有活力。

为生活选一首主题曲或者一段配乐。不可否认，我们的心情和想法会受到音乐的影响。如果你觉得某些欢快的歌曲很好听，很激励人，你可以创建自己的歌单。让喜欢的音乐给你能量，保持乐观的心态和昂扬的斗志！

和乐观的人做朋友。平时身边有一群支持你、鼓励你的朋友是一件好事。不要和那些让你郁闷、生气、懒惰的人交朋友。这条交友准则看似浅显，但是涉及青少年时却变得很敏感。我建议家长应该从小就给孩子们灌输这种观念。等孩子们年纪渐长，更要鼓励他们和积极向上的人交朋友。但是要注意，你不能侮辱孩子的任何一位朋友，那样会适得其反。总之，你只能提供建议，让孩子尽量多结交积极乐观的人，却不能贬低他的朋友们。

18 美国大学喜欢什么样的学生？

你知道吗？美国大学看重的不仅仅是成绩和分数。

每当学生开始申请大学时，父母总想做点什么来帮助孩子，让他们更有竞争力。在中国，高考备战重于一切。标准化考试需要做准备是显而易见的事情。你学得越多，分数就越高。但是在美国，标准化的考试没有那么受重视。这有好处，也有坏处。好处在于这样做更加准确而完整地反应了学生的水平，坏处就是这样会让家长感到困惑，不知道应该怎么准备大学入学申请。那么，美国大学到底喜欢什么样的学生呢？

简而言之，美国大学想要一个能给学校带来荣誉的学生。每一所大学的传统和历史都是由那些为世界创造价值的校友造就的。对于一所大学来说，学生将来能在经济上取得成功当然相当重要，但是更重要的是要能成为社会的楷模。大学希望自己的学生对影响世界的各类事件充满激情，希望自己的学生成为推动世界进步的人。

细细说来，这个问题就有点复杂了。美国大学重视"多样性"，这意味着，学校可能会优先考虑校内人数较少的少数民族学生。如果某一类申请人"过多"，这类申请人就需要接受更细致的考察。通常情况下，大学喜欢国际学生是因为这些学生能提高学校的多样性。所以，学校希望不同种族的学生在拥有学术能力的同时，对帮助他人和改变世界也充满激情。哈哈，这里说的就是你！

怎样让自己看起来与众不同？这个问题好像不是很好回答，但却非常必要。中国是一个崇尚和谐的国家，所以很少见到学生彰显自己的"与众不同"。事实上，你和你的朋友之间没有什么不同，你也从不为此而感到困扰。但如果在美国，与众不同就是一种优势。如果你在某些方面的确与众不同，那想想如何把你的不同突显出来，展现给美国的大学。你是不是有一个不同寻常的童年？你是不是克服过严重的问题？这些都是非常值得一提的。你也可以选择追求一些十分独特的东西，让自己看起来与众不同。例如，你可能在修复或者演奏古典乐器方面很有兴趣，这就非常特别，非常与众不同。也许你的梦想是当一名诗人而不是工程师，这也是很特别的。如果你自身并没有任何特别的地方，找一些事情来让自己出彩。

怎样激发孩子在志愿服务时的兴趣、热情以及爱心？美国大学希望学生投身于志愿服务活动中去。但是，用假期给流浪汉分发食物并不需要热情。孩子需要找到一件他真正关心的事情，然后用某种方法进行努力。这种努力可以是学术方面的，也可以是通过志愿服务项目的方式。例如，孩子可能对环境问题很关注，想成为一名工程师，可以让他想一想如何在环境的可持续发展科技方面做一些研发。或者，孩子可能对全球健康问题有兴趣，想去医学院深造，可以让他想一想关于如何提高全球医药配送的问题。无论孩子选择什么，都应该抱着浓厚的兴趣，因为这些事情能够让世界变得更加美好。大学不想看到自己的学生自私自利，只利己不利他；他们希望自己的学生是好人，是有爱心的人。

如何准备一份优秀的成绩单？在美国，学校的平时成绩和班级排名非常重要。整个高中三年，学生必须尽量保持每门课程的成绩优异，因为大学想知道你是否一直很优秀，而不是仅仅在某次考试中表现出色。在老师面前表现出众、行为良好也十分重要。如果你希望老师给你写一封好的学术推荐信，那么就必须和这位老师保持良好的关系。学校总是希望学生选择自己能力范围内最难的课程，因为校方对学生的自我挑战总是乐见其成的，鼓励学有余力的学生参加AP课程。如果学校没有开设AP课程，孩子也可以上网校进行学习，拿到AP课程的成绩和学分。所以，作为学生，在所有课程上都要稳定地保持高分，选择能力范围内最难的课程。当然，在SAT考试中也要有不俗的成绩。

学好英语写作。来我这儿补习的学生往往都觉得自己不会做学术文章和研究报告。国际学生的文章需要他人帮忙修改，大学是可以理解的。但是，你所申请的大学会仔细看你的托福成绩，更会仔细看你提交的书面申请材料。这些材料都必须写得非常好，而且必须出自学生本人之手。老师可以给一些语法方面的建议，但是文章必须是学生原创的。

运动能力强对申请大学大有助益。美国人喜欢运动从来不是什么秘密。如果你擅长某种运动，申请学校时将是一个很好的亮点。美国大学招收体育特长生，并且提供奖学金。通常情况下，美国大学都有正式的校队，像足球队和篮球队；也有校内运动队，队伍比较齐全，像曲棍球、足球、跑步都非常受欢迎。如果你会某种特别的运动，或者你十分擅长某种传统的运动，这些都会为你的入学申请增加筹码。

课外活动。大学想要知道你每周花多少时间在课外活动上。有些学生喜欢加入多个社团，却很少花时间参与社团活动。大学很容易就看穿学生的这些伎俩，知道他们不可能花这么多时间去参加每一项活动。而高中学校也知道学生们只是为了申请大学才加入这么多社团。因此，必须要控制孩子参加课外活动的数量，而尽可能多地要求孩子参与到选定的社团活动中去。你可以要孩子考虑演讲队和辩论队、志愿者协会、读书会、艺术俱乐部、管弦乐队、各类球队等其中的两至三项，把参与活动的时间记录下来。另外，兼职也是很好的课外活动。

是否适合。我参加过许多大学的招生讲座，老师们常常讨论某个学生是否适合某所大学。一位招生处的老师说，每次当她浏览着各式各样的学生入学申请书时，她都会情不自禁地想："我是否愿意和这样的人共处四年呢？"是的，选拔的过程就是如此主观。你必须对想要申请的学校做大量的调查研究。你不能在申请里简单地说："我想申请贵校，因为你们非常有名望。"这太糟了。你应该这么说："我认为贵校非常适合我，我也希望能够为学校和同学们带来价值。"接着你再说说为什么喜欢这个学校，不是因为喜欢学校的"名气"，而是喜欢哪些具体的课程，哪个研究领域的教授，或者是喜欢学校小班教学的理念，或者你在校园网上看到的某些特定描述。申请前请做好调查研究。

打破你的特定形象。对，你有某种特定形象。如果你是一个纤瘦、刻苦、认真的中国学生，戴着眼镜，会弹钢琴或者拉小提琴，那就是你的特定形象。打破这种看法，找到自己特殊的那一面，也许是你的领导能力，也许是你的幽默风趣，尽力展现出来。

19 培养孩子独立学习的能力

你知道吗？在瞬息万变的未来，独立学习的能力更加重要。

如果你在丛林中迷路了，周围是不认识的坚果、浆果，你怎么知道哪些是可以吃的呢？如果你不能主动去了解这些方面的知识，你可能在获救之前就已经饿死了。即使你是班上最聪明的学生，也必须学习如何成为一个独立思考的人。如果没有掌握这项至关重要的技能，那么你就会像是一个迷失丛林的人，最终失去生存能力。

在我生命的头30年里，我们生活中只有一种电话。这种电话安在墙上，你拿起电话说"喂"，另一端必定会传来一个声音。这种电话很简单，人人都会使用。在过去20年里，电话不断更新换代，每年都有很大变化。我们已经很难再拿起电话就知道怎么用了，甚至需要花很长时间来学习所有的功能。除了打电话之外，现在的电话还能发短信、发邮件、上网、玩游戏、照相，各种应用程序应有尽有。世界变化如此之快，无法紧跟潮流的人会变得迷茫甚至绝望。

我年轻的时候，人们常常通过在学校学习知识，成长为大师级人物。我们当中的大多数人都希望我们能够随着年龄的增长而变得更专业，更有经验。但是我们错了。资深的专家也需要每天学习新的知识，不断更新知识以适应新的形势；不能再简单重复昨天的老路。不懂变通，无法掌握新生事物的中老年人都被解雇了，取而代之的是更年轻的人。对于那些希望靠着年龄的增长而变得更强更好的人而言，真是令人震惊的事实！这就是为什么我们必须培养学生独立学习能力的原因！

关键是做好准备。你在丛林里迷路了，如果你有所准备就有可能获救。只要你未雨绸缪，看过关于丛林可食用植物的书籍。要成为一个有自学能力的人，孩子必须武装起自己的头脑。要做到这一点，有三件事是非常必要的。第一，批判性的阅读。孩子必须学会带着批判的态度去阅读，要能够在没有别人帮助或者是解释的情况下自己解读信息，这也是SAT要测试的一项重要能力。第二，批判性思维很重要。孩子必须学会处理通过批判性阅读获得信息，并了解如何将这些知识运用到不熟悉的新问题上。第三，基础要打牢。像数学、历史这样的基础学科，没有什么大的变化，所以必须牢靠地掌握基本知识，有助于孩子们继续深造。如果孩子缺乏这三方面的准备，他在读大学期间，甚至以后的人生中可能会遇到许多的问题。关于如何进行批判性阅读，我在"水"这部分的第65条建议"提高批判性阅读的技巧"和其他几条建议中均有提到。

找到可靠的信息来源。如果你在丛林中迷路了，你可以观察动物在吃什么植物，但是你要知道，这并不代表这些植物就没有毒，因为动物也常常因误食有毒植物而死掉。同样，并非所有在互联网上搜索到的信息，甚至图书馆找到的信息，都是可靠的，这些信息可能是错误或者过时的。自学过程中的关键之一是找到可靠的信息源。学生一定要知道如何鉴别信息来源。比方说，如果信息出自某家销售公司，他们的目的是推销东西给你，那么这些信息一般都是不实的，或者是夸大了的。如果信息来源是盈利组织，那么某些信息可能被扭曲了以达到宣扬某种观念的目的。要想找到可靠的信息，有三条准则。第一，寻找有同行评估的、最新的调查研究报告，像权威学术期刊的文章就已经接受过多位专家的鉴定和评估，如果是出自最近出版的期刊，则有可能是最新的文章。第二，寻找权威而且不带偏见的作品。例如，由重点大学、政府机构或者权威专家出版的经典的信息类文章和图书通常都非常可靠。第三，寻找"原始资料"。原始资料可以是像古代的手稿这样的原始文件，也可能是一份演讲稿、法律条文、论文等的手抄稿。如果你是在别人的文章中读到的原始资料，那么作者的观点甚至偏见就可能渗透到他传达的信息当中去。如果你自己直接阅读原始材料，就能更清楚地了解最真实的信息。

学会寻求帮助。如果你迷失丛林，能够遇到一位当地人或者守林人当然是很幸运的，你可以请求他们帮你找到回家的路。学生必须懂得如何在需要的时候寻求帮助。有的学生会觉得求别人帮忙很丢人，这样下去注定是要失败的。老师们会安排答疑时段，图书管理员能帮你找到最新最可靠的资源，同事们能帮助你解决新的问题。别以为只有你一个人会遇到困难，会需要帮助，聪明人是不会害怕寻求帮助的。

做好记录。如果你之前做了标记，知道走过哪些路，接下来要往哪里走，你可能一开始就不会迷路了。学生应该学会做笔记，把他们学到的重要的知识点依次记下来。如果记得杂乱无章，很有可能在下一次需要的时候却找不到以前看过的好书或者有用的文章了。

试试网络课程。我再一次推荐网络课程。注册学习了网校课程之后，你既有成绩又有学分。网络课程是完全自主学习的课程，有学分的课程是需要收费的，但自学课程是免费的。麻省理工学院的开放式课件对高年级学生来说是自学能力的最好检验。这些网络课程包括了和课程相关的信息、讲座、答疑和测试。但是，学习却完全取决于你自己，没有老师也没有成绩来约束你。网上课程有网络讨论小组，能够和其他积极主动的自学者一起讨论和交流是一件非常棒的事情，学习这些课程的唯一收获就是学习本身。如果孩子选择了一门有趣的网络课程，并自主完成了所有的功课，这将极大地加深他对自学精髓的理解，发展一种非常有价值的能力。

设立目标。如果在森林里迷了路，你的目标当然是活着回来。这是一个非常积极的目标。如果孩子懂得自己设立目标，知道学习的重点，只要是在向着实现目标前进，他无论做任何事情都会非常积极，会自觉主动学习。

学习基础的编程技能。你可能对成为程序员没什么兴趣，这没关系。但是如果你不了解电脑的工作原理，你将陷入明显劣势。我建议你学一些基础的编程和电脑课程，这样能有助于你更好地理解未来的先进科技。即使这对你的职业没什么帮助，对你未来生活的许多方面也会有好处的。试想，如果你自己懂得设置和维修电子产品该多好啊！

学习可持续的生活方式。预计在不久的将来，因为人口爆炸和有限资源，可持续性会成为生活中非常重要的一个因素。了解关于地球生态环境、节水、食品生产等可持续发展的知识；掌握如何在小空间里种植农作物、循环用水这些事情，可能比你今天所能想象到的要重要得多。

20 如何有效利用鼓励？

你知道吗？羞耻感是外部驱动力，而鼓励是内部驱动力。

我在上一本书里解释了用奖惩驱动对孩子带来的影响。用奖励和惩罚来教育孩子，无异于训练一头拉车的骡子，根本不可能激发孩子的内部驱动力。相反，孩子只是屈服于外部的武力而已。一旦你取消了奖励或者惩罚，孩子就不会再"拉车"了。如果他还继续拉车，也只是因为害怕主人的不认可。他非常自律，非常有自控力，但是这种自律不是发自内心的。真正的驱动力源自对目标的追求，而不是来自对惩罚的恐惧和对奖赏的向往。

羞耻感是最强大的外部驱动力。大多数人宁可承受一顿暴打也不愿被羞辱。有些孩子因为害怕丢脸，于是努力表现出色，渐渐形成一种不健康的心态。在艾米·蔡所著的《三重包袱》一书中，作者描述了三种"不可能"的性格特征——成就卓越的性格特征，包括：良好的情绪控制、不安全感和优越感。当然，良好的情绪控制能力代表着完善的认知能力和成熟的心智，是所有专注于长期目标的人都拥有的特质。但"不安全感"和"优越感"却是典型的有害的外部驱动力。一个因为表现差而感到羞耻的孩子即使成功了也永远没有安全感。因为除了所取得的成绩，他总是觉得自己一无是处。他总是深深地感到自己所做的一切都不够好，所以他必须不断地努力并获得成功以此来抚平内心的不安。但是，一旦他真正地成功了，这个满怀愧疚的孩子会变得特别高傲，觉得所有不如他成功的人都应该感到惭愧。这种纠结的心理是由他本身的自卑造成的，这类人的性格带着永久性的缺陷。实现远大目标带来的应该是喜悦和满足，我们不需要拼命用成功来证明自己比别人优秀，也不需要时时因为自己还不够好而感到垂头丧气。

我想要我的孩子们主动追求自己的梦想和目标，而不是因为害怕别人对他们有看法而努力。我想要我的孩子靠内部驱动力来激励自己，这样的话，他们不会自卑，也不会自傲，他们会过得很开心，因为他们知道自己的价值并非来自于他们的"伟大"，他们懂得父母的爱不是因为他们的成功。对孩子的鼓励能增强他们的内部驱动力。

不要把羞耻感当作激励孩子的工具。 羞耻感会激发人的外部驱动力。我必须说明的是，我之所以不建议用羞耻感来激发孩子的动力，是希望父母懂得永远不要对孩子说诸如他们的失败让父母很丢脸之类的话。父母不能为了让孩子更努力学习，就说孩子"永远都不会成功"；父母也不应该拿孩子和亲朋好友家的孩子做比较，说"你怎么就不像他那样？"这类的话；父母更不能当着亲戚的面或者在公众场合大声训斥孩子，不能说那些让孩子难堪或者侮辱孩子的话。这些都不是激励孩子的好方法。

不要吝啬你的赞美。 有些父母觉得，如果他们对孩子说了鼓励或者赞美的话，会让孩子变得骄傲。这类父母常常会说："你下次还可以做得更好一点。"他们不会说："干得不错。"即使孩子非常努力，成绩也很优秀，父母仍然会说："我家孩子其实还是有点懒。"当然，父母也是出于好意，没有人希望自己的孩子因为过多的表扬而变得骄傲。但是有时候家长却为了避免过度表扬而吝于赞美自己的孩子。成年人往往知道父母为自己而感到骄傲，即使父母没有任何表示；但是对孩子来说，如果父母没有明确表达，他们就不知道父母为自己而感到骄傲。孩子们会感到紧张，没有安全感，他们会觉得虽然自己尽力讨好父母，却丝毫没有作用。

鼓励必须切合实际。 在鼓励孩子的时候，实事求是很重要。有时候你必须提醒孩子，他并没有尽全力去完成任务。问问孩子，觉得自己的表现怎么样？如果有下一次，怎样才能做得更好？通过这种方式，孩子犯了错误自然会受到来自良心的"教训"，无须外力的介入。孩子知道自己什么时候做得不对，大多数孩子也清楚自己的优点和缺点。当孩子在制订目标的时候，家长一定要现实一点，不要强迫孩子去完成一些他们做不到的事情。帮助他们制定远大的、充满希望的目标，但是不要逼迫他们在每件事情上都争做第一。当你在鼓励孩子的时候，不要撒谎。如果孩子不是全班最优秀的，你就不应该说："你是班上最优秀的孩子。"你应该说："我相信你，我知道你能实现自己的目标。"鼓励的重点在于家长应该肯定孩子所做出的努力。

用鼓励来表达你的爱。鼓励的话语不需要太多，自豪的情感也无须炫耀，只要你能够表达对孩子的爱和信任就够了。孩子需要你给他们加油打气，需要你用微笑来支持他们。无论孩子是否实现了你为他设立的目标，你都应该接受他并且支持他。让孩子知道，即使他失败了，你也会支持他。有的时候，孩子会失败，你也应该允许他失败，给他一个拥抱，帮助他重新振作起来，鼓励他再努力一把。如果你不允许孩子失败，或者当孩子失败了就不支持他了，那么他就会觉得失败就是世界末日。但是我们都知道，失败是成功的必经之路，从失败中吸取教训的人比那些从未经历苦难的人更容易成功。有内在动力的孩子有自己的目标，他们需要有人来相信他们有一天一定能够实现这些目标。

给孩子找一个永远"唱红脸"的人。父母必须在赞美鼓励和惩罚教育之间找到平衡点。因此，爸爸妈妈不可能永远只说鼓励的话。有时候，父母也会朝着孩子大吼大叫。希望这类事情不会常常发生，但是不可否认的是，父母难免会有心烦的时候——这也是情有可原的。有时候，有那么一个人，从不抱怨孩子，从不对孩子大吼大叫，真是一件挺好的事。爷爷奶奶就很适合扮演这种角色，因为爷爷奶奶没有规范孩子的义务，所以他们可以演好那个永远不会惩罚孩子的人。只要爷爷奶奶不损害父母的权威，爷爷或者奶奶都可以成为那个给孩子打气的人。

注释：

1. Educational Testing Service, *America's Smallest School: The Family*, 1999.

2. Bredekamp, Copple, & Neuman, 2000.

3. *Research in Social Stratification and Mobility*, Volume 28, Issue 2, June 2010, pp. 171-197.

4. D. Grissmer, K. Grimm, S. Aiyer, W. Murrah, & J. Steele, "Fine Motor Skills and Early Comprehension of the World: Two New School Readiness Indicators", *Developmental Psychology,* 2010, Vol. 46, No. 5, pp. 1008-1017.

推荐网站：

http://www.video-game-addiction.org/video-game-addiction-articles/new-facts-aboutvideo-game-addiction-problem-more-widespread-than-expected.htm

http://munews.missouri.edu/news-releases/2013/0923-mu-researchers-identify-riskfactors-for-addictive-video-game-use-among-adults/

http://cty.jhu.edu/summer/

http://www.habitatchina.org/eng/

http://www.telegraph.co.uk/technology/3304496/Be-lucky-its-an-easy-skill-to-learn.html

土

土元素主题：价值观、连接、交流、关系。在这一章中，我们选择了许多家庭共同面临的问题进行了讨论。每一条建议都将帮助大家解决相应的问题，建立更强大的家庭。

21 和家人共餐

你知道吗？和家人一块用餐的孩子比较不容易抑郁。同时，他们的考试成绩也更好。

当人们希望增进与客户和同事的关系时，他们首先想到的往往是邀请客人共进晚餐。当人们希望向自己的良师益友表达感情时，往往也会通过宴请的形式。既然共餐的传统是联系情感纽带的有效方式，为什么父母不能好好利用用餐的时间来联系和子女的感情，增进家人间的理解呢？似乎每个人都一样，总是在工作中展现最美好的一面，却把最糟糕的一面留给至亲至爱。这样做当然是不可理喻的。所以请你拿出日历，订个日子，和家人共进一餐吧！

成年人都有过这种经历，一旦忙起来吃饭就成了件麻烦事儿。我常常在车上放一盒能量棒，因为有时候忙得连吃饭的时间都没有，车上吃早餐，电脑桌前吃午餐是常态；喝杯热咖啡，狼吞虎咽下由人造维生素和植物蛋白做成的能量棒，一顿饭就将就过去了。说实话，我不知道所谓的"植物蛋白"是什么，能量棒的味道还行，只不过嚼起来难免混合着一股子化学制品的味道，它们的作用是为我的身体提供基础代谢的能量，但是绝对无法带给我任何美好的回忆。但就算再忙，我也要尽可能地和家人共进晚餐，因为这是一天中唯一一个我们一家人可以坐在一起的时间。共进晚餐已经成为我们生活中的一个重要组成部分。如果哪天我们无法在晚餐时聚在一起，大家都会觉得自己的生活节奏被打乱了，而彼此的联系也被切断了。

我们都太忙了，以至于连停下来喘口气的时间都没有，更别提和家人一起享受美妙的餐点。做不完的工作，出不完的差……眼看着睡觉的时间到了，可还有一堆杂事儿没处理。而孩子们，他们有自己的作息时间表，他们的日志上填满了音乐课、各种补习课和体育竞赛……大家都忙，历史悠久的共餐仪式在流水般的日子中被冲刷殆尽。一直以来，用餐都不仅是为了填饱肚子，而且也是重要的社交方式，因为每个人都要吃饭。爷爷奶奶、爸爸妈妈、孩子们、朋友们，有谁不喜欢美食呢？我们为什么不共享这段经历呢？

2004年的一项研究[1]表明：孩子们的表现和与家人共餐的次数有直接关系，这一研究数据发表在《青少年儿童医学档案》上。该项研究涵盖了各个阶层的家庭，其研究成果表明：孩子们的表现和家庭收入无关，和家人之间的亲密程度无关，其中那些经常和家人共餐的孩子们往往没有抽烟、喝酒、吸毒的倾向，他们的平均成绩比较高，也不容易得抑郁症；该项研究甚至建议公共健康教育提醒大众家庭共餐的重要性。其他一些研究也显示了家庭共餐的好处，比如促进健康，杜绝肥胖，养成良好的饮食习惯。就我所知，许多孩子没有和父母共进晚餐的习惯或者机会，因为他们的父母要加班或者社交活动频繁，孩子只能一个人吃饭，这些孩子的家庭生活非常孤独。

把家庭聚餐写进你的日程表

如果你完全抽不出时间和家人共进晚餐，你可以试着做一些调整，每次进步一点点。只要你坚持，总会找到办法的。如果你不能每天一餐，至少可以每周一餐！如果父母都需要加班到深夜，你们可以把早餐订成家庭餐的时间。有时候为了上班上学不迟到，我们只好把早餐省了，这是非常不健康的！由于早餐一般比较简单，准备起来也容易，一家人就好好坐下来享受一天中最重要的一顿饭吧！

假如你的时间安排每天都不同，你也可以根据日程表来调整不同的家庭聚餐时间，有时候一起吃早餐，有时候一起吃晚餐。记住，周末一定要弥补一下孩子们，好好抽时间和家人聚聚。

尊重缺席家庭聚餐的人

我的丈夫常常需要工作到深夜，所以他时不时地会缺席我们的家庭聚餐。我们只有两个选择，要不先吃着，要不一家人都等着。我们也等过，但是对于小孩子而言，有时候实在是太晚了，他们等不及。而且，吃饭时间和睡觉时间相隔太近对孩子们非常不好。如果家里有人常常缺席聚餐，一定要通过某种形式表达对缺席者的尊重和爱。在用餐的时候，你可以先盛满他的餐盘，这不失为一个好办法。我们家的孩子很清楚他们父亲的喜好，因此会把他喜欢吃的菜先盛在盘子里。这样，就不是"剩饭剩菜"，而是"特意留的"，盘子里的菜都是最好的。如果爸爸或者妈妈回来的时候孩子还没有睡觉，一家人还可以坐下来，喝杯茶，陪一陪没吃饭的人。

简单就好

家庭聚餐的菜肴不需要多么精美多么复杂，健康就好。工作了一整天还要精心准备一顿饭，一定很累人，所以简单就好。如果实在太累，外卖也是不错的选择。没有谁规定在家里吃饭一定要在家里做饭，对吧？我常常在忙了一天以后去超市买上一只做好的鸡、新鲜的沙拉，回到家里不用做饭，但是却能给家人提供简单又健康的一餐。假如做饭成了家庭聚餐的障碍，何不走走捷径？如果你想节省时间和精力，你也可以准备一些简餐，比如熬汤。有定时功能的焖烧锅、电饭煲也可以把做饭变得更容易。好好开发你的想象力，别为自己动"小脑筋"感到内疚，要知道"时间就是金钱"！

排除干扰

既然是家庭聚餐，就不适合抱着手提电脑工作或者拿着智能手机玩游戏。在电子设备如此发达的今天，一家人即使坐在同一张桌子上往往也是各吃各的。因此，有必要在吃饭前排除干扰。

美妙的背景音乐是排除干扰的好办法，既可以帮助大家放松情绪，又可以调动大家的情绪，便于家人之间正向的交流。当你不再感到压力重重时，每一餐都会变得更加健康。

排除干扰的另一个办法是一起坐在餐桌上进食，而不是把餐盘端到沙发旁或者是书桌旁。一起坐在餐桌上，可以轻易地营造一种氛围，使得大家在进食的时候很难继续工作或者是看电视。我们家里不允许在沙发上或者卧室里吃饭，也不允许吃饭时开电视。

当然，还有一点自不必说：任何电子设备都不能出现在餐桌上。记住，如果你要求孩子遵守这些规定，那么请你自己先以身作则！

22 让孩子做饭

你知道吗？跟着父母学做饭的孩子不容易超重！

男人和女人有着不同的思维方式，这是我得出的结论。因为我的儿子参加了一个完全由男性运作的男孩俱乐部举办的烹饪课程，我以为他可以学点实际的东西回来，比如做个鸡汤、意大利面或者是肉丸什么的，但是我错了。他们居然决定邀请一名著名的法国厨师来教这群十几岁的小屁孩儿做橘子黄油薄卷饼。这是一种法国甜点，在制作过程中厨师需要把烈酒注入甜煎饼中，并点燃。我不知道这是谁出的馊主意，教一群小男孩点燃酒精！但是孩子们却学得兴致勃勃。尽管我不认同他们的做法，但是我不得不承认在火焰熄灭后这道甜点取得了巨大的成功。尽管男人和女人有不同的思维方式，但是无论是男孩还是女孩都应该学会做饭。准备健康食物是一种技能，能够促进家庭的健康，且能延年益寿。

当我儿子还在蹒跚学步时，就已经很喜欢陪着我做饭了。事实上，他的第一套玩具就是一套小型厨房餐具，他非常喜欢那些塑料做成的食物和袖珍锅碗瓢盆。我也很喜欢这套厨房玩具，因在我为家人准备晚餐的时候，它们可以陪着我儿子。随着年龄的增长，我儿子也渐渐参与到"家庭烹饪事业"中来。现在，他进入了大学，和其他学生一起住在公寓里，但是他不需要依赖昂贵的餐馆和不健康的食物，因为他可以自己做饭。

我的女儿也是个好厨师。因为她喜欢跳舞，所以她对低热量食物和营养学特别感兴趣。像许多小女孩一样，她超级喜欢纸杯蛋糕和饼干，特别是蛋糕和饼干上那些漂亮的装饰和甜蜜的味道，这一爱好多年来都没有什么改变。但是如今她知道了很多关于健康的知识，因为这期间我让她学会自己做饭。通过利用网络来研究营养搭配和食谱，她已经找到制作健康美味食物的办法。现在，她也进入了大学，但是她在食物选择上非常谨慎。

你希望纠正孩子不良的饮食习惯吗？饮食是确保身心健康的一个基本要素。在美国，有一种综合征我们称之为"新生15"，主要是指大学新生的一种共同倾向，在入学第一年往往普遍会增加15磅左右的体重。从来没有学过做饭的学生往往不懂营养学，因此也很难正确地选择食物。他们一边上学一边吃着垃圾食物。无论是在餐厅还是在学校食堂，他们都更倾向于选择不健康的食物。但是当学生们知道如何计划自己的饮食，如何做饭时，他们才能够做出更正确的选择。

父母有责任也有义务培养孩子自给自足的能力。好的父母应该让孩子们准备好照顾自己和未来的家庭，因为食物和营养是家庭生活的重要组成部分。我们应该教会孩子们计划和管理家庭饮食，这样在将来他们才可能为我们养育健康的下一代。如果我们鼓励孩子参与计划和准备饭菜，他们将学会一个重要的生活技能。更重要的是，跟着爸爸妈妈学做饭的快乐回忆将会使孩子们和父母的关系更亲密，从而把整个家庭紧紧地融合在一起。

从营养学的角度教会孩子们备餐

当孩子有一天长大成人进入大学或者开始环游世界时，他们不得不依赖餐厅提供的食品，除非他们自己会做饭。我们都知道常常"下馆子"是不健康的，但是当孩子们离家在外，胡乱吃东西就不可避免了，比如吃太多的比萨和冰激凌，这也是孩子必须学习营养学的原因。让他们准备低脂餐，让他们试着把自己最喜欢的一道菜做得更健康，让他们在网上寻找新的食谱并且实际操作一下。这些方式都能帮助孩子们了解食物的营养。如果你的孩子是运动员，就让他们研究一下哪些食物可以帮助他们更有效地进行训练。就算孩子们只是简简单单地为家人准备一顿饭，没有任何具体的目标也没有任何挑战性，这种训练依然可以帮助孩子们吃得更健康——因为外出就餐常常摄入过多的盐、糖、热量和脂肪，从而导致肥胖。

通过准备餐饮提升孩子的"执行能力"，如"策划"和"预算"

现代人的生活确实不易，既要忙于工作又要兼顾家庭，需要同时处理的事情也越来越多，因此"提前计划"也变得越来越困难。学习计划每天的餐饮有助于增强孩子的执行能力，而执行能力将使得他们成长为"高效的成年人"。家庭购物一周要花多少呢？本周食谱是什么呢？如果没有计划，我们往往会把钱花在不必要的外卖食品上。带着孩子一起去超市，让他们随身带好计算器和记事本，让他们去研究不同类型的食物的成本，计算每周在餐饮上的大概花费。问问他们想吃什么，让他们计划一张完整的菜单，并且让他们给出原因，然后采纳他们的合理建议。当我们让孩子们帮忙备餐的时候，他们将学到数学、营养学和时间管理等方面的知识。因此，父母应当尽可能地让孩子们参与到家庭餐饮计划中来，尽可能多地为他们提供帮助。小学生可以准备一道菜，而初中生则可以准备完整的一餐。

通过备餐教会孩子餐厨安全知识

我永远都忘不了那件事：因为油煎得太热引发了火灾。在我意识到我把油煎得太热之前，火已经蔓延开来。幸运的是，我的母亲教会了我如何熄灭这种油脂引发的明火。虽然情势看起来挺吓人，我依然能够在保证自己不受伤害的情况下熄灭它们。那么，你的孩子知道如何应对厨房火灾吗？餐厨安全不仅仅是如何安全地使用刀和燃气。沙门杆菌是一种危险的细菌，一般来自未煮熟的鸡或者肉；肉毒素是一种致命毒素，一般是因为食物的不当储存导致的。学校教育往往不会涉及食品安全等问题，因此作为父母，我们应该在监督他们学习做饭的同时给他们解释餐厨安全知识，让他们了解食品安全的原则。记得，当孩子在学习烹饪的过程中，始终要守在他们身边，教会他们准备食物和储存食物的正确方式，确保他们掌握了餐厨安全的常识。

通过备餐让孩子们认识到自己是这个家庭不可或缺的一分子

每个孩子都希望为家庭贡献自己的力量，做饭正好给他们提供了一个大展身手的机会。因为有父母在一旁指导，孩子们会铭记这些温馨的时刻。当全家一起享受这顿饭的时候，孩子们会为自己的成就感到骄傲。一起做饭一起分享是拉近亲人距离最自然的方式。当孩子们长大成人后，这种一起做饭一起吃的传统将会自然而然地传给下一代。

23 创建家庭传统

你知道吗？家庭传统能够在多变的时代为儿童带来舒适感和安全感。

每年，找到一棵心仪的圣诞树对我们全家来说都具有非凡的意义。一过了感恩节这种搜寻工作就开始了，这一过程要延续到圣诞节前一周。一家人在成堆的皮卡和小货车里翻找着"完美的圣诞树"。当然，每个人对于完美的定义都是不同的，但是这也正是家庭乐趣的一部分。如果没有特殊的圣诞树，圣诞节的美好将大打折扣。

当我想到圣诞树时，我的脑海里会出现一棵姿态优美的树，天上飘落着淡淡的雪，孩子们唱着圣诞歌曲，桌上一杯热气腾腾的巧克力。但现实和想象的距离总是很遥远，通常情况下，天上下着雨，我们跋涉在泥泞的路上，心里期盼着赶快找到想要的那棵圣诞树，这样大家就能够早早躲进温暖的屋子里。有时候，天气实在是太冷了，刺骨的寒风不断钻进你的围巾和外套；不可避免的是，总是有人掉了手套而有人却还在为该选哪棵树而争论不休……找寻圣诞树的传统正是我们生活的真实写照。有时候生活是不完美的，你不可能事事顺心；有时候生活却又令人振奋，"会当凌绝顶，一览众山小"的感觉无与伦比地好。但是无论生活带给我们什么样的经历，在家庭传统中，我们在一起，我们共同分享这一段经历。所谓传统，正是那些你可以信赖可以传承的记忆。

我们的世界充满了变化。想想你的童年吧。那时候的生活和现在有着多么巨大的差异啊！想想你小时候住过的地方，现在是不是已经变得面目全非了呢？随着城市的发展，经济结构的改变和新技术的扩散，和三四十年前相比，今天的世界已经发生了翻天覆地的变化。在跨越生命中的每一年，我依然步履维艰地适应着生命里的每一个变化。即使是装一部新电话这样的小事儿，也会给我们的生活带来巨大的改变，因为你需要适应新的技术。

当我在离家多年后重返家乡时，我的心里五味杂陈。我甚至觉得自己是一个外来户，来到了一个完全陌生的地方。那片生我养我的故乡也许从来没有存在过。我一边走一边寻找着熟悉的景象，但是我走过的地方越多，失落感越强烈，一切都变了。当我最终找了一棵记忆中的老树时，却发现就连这棵树也快要死了。我们的世界里，有什么是一成不变的吗？没有，一切都在变，一切都变得太快，我们一生中经历的变化也许比我们先辈们几个世纪所经历的都多！

传统给孩子一种归属感。因为我们的世界正在迅速变化，而变化使孩子感到不安，使孩子们觉得缺乏人与人之间的沟通，所以我们需要为孩子创建特有的家庭归属感。这就是我们需要传统的原因。传统就像是锚，让我们能够在这个变化多端的飘摇世界里找到自己的立足点，而家庭正是这个世界上最好的安身立命之所！

保持旧的传统

回想一下自己的童年，有没有什么家庭传统是你难以忘怀的呢？好的老传统值得保持，但一些太花时间的老传统渐渐消失了。我家里曾经有一个传统：我们喜欢在圣诞节的时候烤一些带绳子的饼干，这样我们就可以把它们挂在圣诞树上，然而我们却因为时间的关系而摒弃了这个传统。后来我发现居然可以买到这种可以系在圣诞树上的饼干，于是我决定恢复这个家庭传统，只不过不用自己动手做而是买一些装饰饼干。看，传统得救了！当然只要便于传承，你也可以适当更新一下家里的那些老传统。发动家里的老人，让他们想想家里还有什么值得保留和传承的传统。"代代相传"可以加深亲人之间的联系，巩固家族意识，使孩子们意识到自己也是这个家庭的一分子，他们自己也正在为书写这个家庭伟大而长远的历史尽一份力，这种感觉真好！

创造新的传统

为家庭创造新的传统是一项伟大的工程。传统往往意味着在特别的时间制造特别的仪式感。你们的家庭传统可以和某个节日有关，可以和某种兴趣有关，可以和宗教信仰有关，可以和任何你希望作为家庭身份象征的事物有关。传统可以很正式，比如在烈士纪念日这一天去墓地敬献花圈；传统也可以很随意，比如把每周五的晚上定为家庭游戏之夜……我们家的一个小传统是在每次考试或者演出后出去大吃一顿，既可以放松一下，也可以犒赏一下自己，庆祝每一个小小的成就。我们家的另一个传统是"睡前仪式"。刚开始时，我们会和孩子亲吻并且互道晚安。随着时间的推移，孩子渐渐长大，睡前仪式也变得越来越复杂，我们讲故事、唱歌，而祷告更是这个仪式必不可少的一个组成部分。

保持传统的一贯性

传统不需要大型的仪式，也不需要引人注目，但是传统需要保持一贯性！如果不能够坚持，就不能够称之为传统！所谓家庭传统，就是你再忙也必须保持的，就是即使你不喜欢也必须保持的！

当一项活动作为家庭传统保持下来，并且不断重复的时候，正是在创造一个家庭的集体回忆，这些记忆既是家族几代人之间宝贵的财富，也是沟通的桥梁。传统的一贯性和可靠性，为孩子们提供了舒适感，以及更重要的归属感。在一个不可预知的世界里，有一个立足点是多么重要啊！这正是为什么家庭传统是父母赋予孩子们最好的礼物。

不要为难自己

有时候，即使是我们精心规划也得不到我们预期的效果。如果传统很丰满而现实却很骨感，请不要为难自己。只要你已经尽到了自己最大的努力，那就对结果一笑而过吧。你会惊喜地发现，传统最终会在你孩子身上体现出非凡的意义，也许不在当下而是在未来。

如果你们没有什么家庭传统，我倒是有一些建议。首先，列出你的童年记忆。有没有什么传统值得以你自己的方式在你现在的家庭中重建呢？如果答案是肯定的，那就尽量把这种传统融入现在的生活中来吧。

其次，认真思考你的家庭价值观，有哪些是你希望能够传承给子孙后代的呢？也许你认为家族历史值得研究，也许你欣赏某种艺术，也许你重视保护大自然……无论你重视什么，试着把你的价值观融入家庭传统。最后，家庭传统的设计必须考虑到特殊的需求和家人的兴趣爱好。也许你们家里的人特别喜欢运动、烹饪或者音乐，那么就去试着创建一个独特的传统，一个专属于你的家庭的传统。也许你会从这本书中找到一些灵感，把它们变成你自己的家庭传统。

24 为家人而庆祝

你知道吗？生日聚会的仪式感会让蛋糕变得更美味！

登山者在落基山脉面前就像一群小矮人，但是他们勇敢地攀住绳索，向着遥远的峰顶进发。突然，山间的雾气开始顺着沟壑消散，登山者感受到了山体的震动。他们正在攀爬的居然是一座火山！火山正在爆发！但是不用担心，巨人伸出了手把"塑料制成的登山者们"从正在喷发的火山上扯了下来，一张"巨嘴"开始舔舐着小手小脚上的巧克力糖霜。这场可怕的冒险只是一个火山形状的生日蛋糕。在蛋糕内部放置了一个瓶子，喷发效果就是由里面的水和干冰制造出来的。"登山者"只是一些玩具。这是为一群爱好攀爬运动的孩子们准备的一场聚会。

外星人、奥运会的体操运动员、动画角色、时尚名品和Giza的金字塔——这些主题，都是我们家生日蛋糕上永不过时的装饰品。我不是一个专业的蛋糕师，但是我非常喜欢在孩子生日的时候给他准备一个特别的蛋糕。有些蛋糕甚至要花数个小时来设计和准备。在我们家里，为孩子准备生日蛋糕相当具有仪式感。在面包店买蛋糕当然容易，但是却不会特别、独一无二、趣味盎然。制作生日蛋糕是我们为孩子庆祝生日的传统方式。

也许你不太会做蛋糕，但是有什么关系呢？我们有许多种不同的方式可以成为一个家庭庆祝的传统。这些传统可以依托于你的特长（特别擅长做的东西，比如糕点、卡片、手工等），家人的兴趣爱好，或者是某项特殊技能。庆祝不仅仅局限于生日。不管你通过什么方式来为家人进行庆祝，请注意，你的祝福应该是一个有意义的仪式。曾经有一项有趣的研究着眼于人们对于蛋糕美味程度的看法：研究人员让一组人在普通情况下吃蛋糕，另一组人在生日聚会上吃蛋糕。虽然蛋糕是一样的，但是生日聚会上的人们认为蛋糕更美味。科学告诉我们庆祝仪式使食物变得更美味，经验告诉我们快乐的场合让生活看起来更美好！当你生命中最重要的人向你表达他们对你的尊重和欣赏的时候，你一定会觉得生活无比美妙！把你的生活变成一场庆祝吧！

有时候，我们很难向最亲近的家人表达感情。

每个人向自己所爱和关心的人表达感情的方式都是不同的。有些人很外向，有些人很内向。如果你是一个善于表达感情的人，就可以不断地告诉家人他们对你有多么重要的意义。你的爱是如此美妙，更不要忘了言行一致。一定要花时间为家人做一些特别的事，或者和家人一起享受一段美好时光。如果你是一个安静内向的人，你不愿意告诉别人你的感受，尤其需要通过行动来向他们表达你的关心。一定要做出一些超乎寻常的举动来表达你的爱，不妨疯狂点儿！

除了行动，祝福的话语也很关键。感谢家人所做出的贡献是另一种庆祝的方式，但这似乎更适用于家庭中的成年人，因为他们常年挣钱养家、做饭、维持家庭的正常运转。对孩子而言，祝福的话语可以是和童年有关的故事。他们喜欢听小时候自己做过的那些有趣的、机智的、甜蜜的、真实的故事，这些故事让他们明白他们为家庭带来了多少欢乐，让他们明白自己的价值。当然，如果你不善言辞，这也可以成为一种表达情感的方式——任何人都能说上几句感谢的话或者讲述一个欢快的故事！

为家人的特殊才能庆祝

每个人都有自己的特长。为家人庆祝的另一种方式就是围绕着他们的特殊才能创建一个仪式。

这种才能不需要是全世界最好的或者最独特的，但是你们通过家庭庆祝活动向他表明你们注意到了他的才能，赞赏他的才能。比方说，祖父特别擅长水彩画，你们就可以把他的作品变成明信片来分发或者是日历来展示。每次你去看望他的时候，都要对祖父近期的作品表示兴趣。告诉祖父你为他心中有这么美好的愿景而感到无比高兴。如果你们家里有运动员，那就安排全家都去看场比赛，赛后再聚餐。告诉你们家的运动员，你们有多么欣赏他的刻苦耐劳和团队精神。如果家里有个音乐家，在每次独奏音乐会后都要为他庆祝。即使每年只有一次，也要把这种庆祝活动变成一个传统，让这位受尊重的家庭成员知道家人对他才能的喜爱和欣赏。如何把家人的特殊才能转变成一场家庭庆祝活动呢？我们只需要把家人都聚集起来，一起分享一件美好的事情，欣赏一下家人的才艺，准备一些美食和一些赞美的话语。如何把一场庆祝活动转变成一个家庭传统呢？你所要做的不过是定期重复而已。

特别日子的庆祝

每年都会有一些特殊的时机，适合用来为家人庆祝。生日是最典型的例子，情人节、母亲节和父亲节也是完美的庆祝理由。在这些特殊的日子里，设计特别的仪式，并且考虑到家人的兴趣爱好。假如是为了在父亲节这一天表示对爸爸的感谢，而爸爸喜欢钓鱼，那么你们的庆祝方式可以是全家一起去湖边钓鱼。同时，一定要用语言对爸爸为家庭所付出的一切表示感谢。

每天都有一些特殊的场合。在每天的某个固定时间如果你们一直有一些固定的行为，就可以制造仪式感。一些微不足道的行为，如果能够坚持，也能使人心生感激。比如在妈妈每天回家的时候给她奉上一杯茶；午餐盒里的小便条或者明信片也是一种祝福。我们家则每天都要做睡前准备，儿童的睡前故事一直是一种广受称赞的伟大"仪式"。

家庭环境中仪式感的确立

有时候，我们需要进行大家庭的庆祝活动。对于我们家而言，感恩节是一个重要的日子。我们家最喜欢的感恩节庆祝方式是，大家把这一年最欣赏和最感谢的事情写在图画纸做成的树叶上。我个人最喜欢用红色、黄色和橙色剪出秋天的树叶。把树叶放进篮子里，大家轮流取出叶子写上自己的感谢，再读出来。每个人都会在几片树叶上写上自己的评论，或有趣或严肃，但都充满了温馨与甜蜜。要表达对家人的感谢其实很容易，但是难就难在我们常常忘记了应该这样做，因此，别忘了祝福和感谢你的家人！

25 回收利用被你浪费的时间

你知道吗？当孩子们不用和父母进行视线交流时，他们更愿意敞开心扉，比如乘车时或者做家务时。

我的丈夫和女儿喜欢回收空瓶子和罐子，常常大箱大箱交到回收站去。他们把这些瓶瓶罐罐放入大型回收机的不同卡槽里，机器会计算出回收的数量。最后，机器会生成一张收据，每正确添加一个瓶子或者罐子都能得到5美分。开车到回收站再把这些瓶瓶罐罐分类回收其实挺浪费时间的，而他们的收入不过是两三美元，还不够开车往返的汽油费呢。我从来不会开车去回收站，因为我觉得不值得浪费这些时间。但是对于我的丈夫和女儿来说，废品回收是一项有趣的活动，因为他们觉得这个钱是捡来的，我怀疑他们更喜欢的是那些在一起的时光。我不知道他们在一起的时候都会聊些什么，但是你知道，如果有1个小时的亲子时间，他们可以聊任何话题。看起来他们只是在回收废品，其实他们是在享受一段共处的时间。

孩子小时候总是喜欢聊东聊西，但随着他们渐渐长大，他们在父母和成年人面前变得越来越沉默，而更喜欢对朋友倾吐心事。我的孩子们曾经告诉我，他们特别讨厌听到关于学校、家务和行为模式等方面的说教。事实上，他们宁愿接受任何形式的惩罚也不愿意听大人的唠叨。因此当遇到困扰的时候，他们并不愿意与父母进行讨论。实际情况是，当父母仅仅是倾听而不发表评论或有所干涉时，青少年会更愿意和父母进行交流。当父母的眼睛看不到孩子时，比如他们忙于看路或者忙于手中的杂事时，孩子们会更放松。因为他们知道在这种情况下父母无法直视自己的眼睛，氛围也更轻松随意。当你做着日复一日年复一年的琐事时，比如开车、除草、切菜等，你有没有想过这些时间其实也可以好好加以利用呢？我想大家都发现了，与其心不在焉地重复着机械动作不如把这些时间变成和孩子相处的亲子时光！来，加点创造力，你一定行！

日常生活中最费时间的事莫过于开车送孩子上学或者是参加课外活动。本来10分钟的路，一堵车往往就变成30分钟。即使你只是花上其中的10分钟和孩子聊一聊，这些本来可能浪费的时间就成为你所回收利用的了。于是堵车也可以变得积极起来。一天有1440分钟，想想看有多少时间被你生生地浪费了！有一项研究表明，有些父母一天只花7分钟时间与孩子进行交流，而且大部分时间花在询问孩子们是否完成了作业。当然，希望我们不是那样的父母！认真想想你生活中有哪些额外的时间可以被利用起来，把这些时间都花在孩子们身上吧，和他们好好聊一聊。

但是你想好要和孩子们聊什么了吗？有时候要找到适当的话题确实不容易，因为一不小心就会让孩子觉得你在"说教"甚至在"审讯"他们，谈话应该轻松而开放。首先，提问应该是开放性的，让孩子无法用简单的"是"和"否"来回答。比如，你不应该问："你的朋友都去参加了聚会吗？"你应该问："都有哪些人去参加了聚会呢？"开放性问题可以帮助你开启一段更有意思的对话。一定要注意提问的跟进，逐步引导孩子们分享他们的经历。比如，当孩子提到白天发生的事情时，你可以问："你怎么想的呢？"通过这种方式，孩子们会了解你愿意倾听他们真实的想法和感受，而不仅仅只是给出自己的意见和建议。

唱一首你最爱的歌

有时候，当你在做一些机械重复的事情时，大声唱歌会非常有趣。在车里播放一些有趣的歌曲，和孩子们一起高声合唱也是一个很好的亲子活动，反正其他人也听不到。而且如果遇到堵车，唱歌还可以疏导你的情绪，缓解你的郁闷。如果一路上心情愉悦，你一整天的心情也会变得更加愉悦，办起事来也变得顺利许多。青春期的孩子们都喜欢跟着广播唱歌，或者唱唱在学校里学过的那些歌曲。让他们把歌词念出来，教你唱。如果孩子觉得大声唱歌很尴尬，你们可以一起听歌，一起享受音乐。听流行歌曲是一个很好的帮助父母了解孩子们生活的机会。正像有些时候，我发现某首歌的歌词特别正面或者特别粗俗，我会通过评论这些歌词来和孩子们交流我的想法。分享关于音乐的喜好，可以成为一场对话的良好开端，进而成为你和孩子沟通的桥梁。小心，不要对孩子们的选择显得不屑一顾或者过于挑剔，保持高昂的兴致！

利用各种空闲时间给孩子来个小测验

如果长时间无所事事，你正好趁此机会给孩子来个小测验，检测一下他对知识的掌握。如果你们在排队、开车或者做饭，最好能准备一些闪卡或者其他帮助记忆的小工具。如果你们都坐着，可以使用闪卡帮助孩子记下学习要点，为考试做准备。如果你在开车，或者刚好手不空，可以让孩子描述概念或背诵课文，这样你只需要听着就好。当你们外出旅行或者出门办事时，随身准备一些简单的材料以供孩子记忆和背诵。

和孩子谈谈生活、思想、希望和梦想

可回收的时间非常适合这些大而开放的问题。问问他们喜欢什么，问问他们烦恼什么，问问他们有什么梦想。提问的时候一定要避免让孩子们用简单的"是"或"否"来打发你。要想和孩子们交谈需要一些创造力。你的问题可以显得漫不经心，比如："假如你有一天的时间可以为所欲为，你会怎么做呢？"你的问题也可以比较严肃，比如："如果你可以改变你的父母，但是只有一个方面，你最希望是哪个方面呢？"你的问题可以比较实际，比如："你希望爸爸妈妈怎样帮助你实现目标？"你的问题可以很傻气，比如："如果你可以变成动物，你想变成什么？为什么？"你还可以在聊天的时候追溯一下孩子们早期的故事，比如他们在婴儿时期做过什么好笑的事情，你也可以深情地追忆一下过去的时光。

一起玩头脑风暴

如果需要开长途车，有很多游戏可供你和孩子们选择。比如经典游戏"20个问题"。在这个游戏中，一个人在心中默想一样东西，可以是人、地方、物品等，其他人轮流提问。这些问题必须为是非问句，因为被提问者只能回答"是"或"否"。直到大家猜出正确答案，游戏结束。最先猜出被提问者心中所想的那个人获得了游戏的胜利并且可以成为下一轮的主持人。玩这样的游戏不需要你移开视线，你可以专心看路！

　　另一个有趣的游戏是"脑中三连棋"。这个游戏和普通的三连棋游戏唯一的区别就是棋盘是在脑中的。还可以加大游戏的难度，每一轮过后将棋盘顺时针旋转90°。

26 家庭游戏之夜

你知道吗？棋盘游戏可以鼓励孩子发展高层次的思维能力。

问题：你很想多花些时间和孩子们在一起，帮助他们成长，但是你却不知道该怎么做。你觉得想要实现你的教育目标压力重重。

孩子们想着怎么向银行进行抵押贷款以避免破产，因为他们花了太多钱在连锁酒店的开发上，他们中的一个已经被关进了监狱。没有人注意到妈妈正悄悄地从银行里把钱偷出来，因为她也不想破产。别担心，这可不是真实的生活，这是一款名叫"大富翁"的游戏。每个人都希望通过策划来击败骰子赋予自己的命运，从而赚取最多的钱来赢得比赛。这个游戏不但很有趣，而且能够刺激孩子们提高他们的思维能力。

如果你能在构建"家庭时间"的同时，提高孩子们的计划能力、思考能力和决策能力，是不是很棒啊？这个目标可以通过"家庭游戏之夜"来完成！当然，最好的游戏永远是让孩子在不知不觉中受到教育。我们有很多不同类型的游戏选择，都可以带给我们一个有趣而难忘的家庭游戏之夜！

计划"游戏之夜"很容易，可以每周一次，每月一次，或者在家庭的时间和日程安排允许时。确保每个家庭成员都有时间参加，然后把时间标注在日历上。游戏之夜之前最好安排便餐，比萨是美国人玩游戏时最受欢迎的食物，当然，其他食物也行，但是记住我们的原则是简单，不需要花费过多时间来准备或者清理。选择一个舒适的游戏区域，比如餐厅或者咖啡桌。最后一项任务是选择一个游戏，让每个人都可以参与，要做到这一点，只需让孩子们选出他们自己最喜欢的游戏就可以了。

如何选择一个既能帮助孩子构建批判性思维又非常有趣的游戏呢？事实上，早就有人帮你把研究工作做好了。门萨俱乐部（一个世界性的为高智商者建立的社团）每年都会组织一次游戏大赛，来决定哪些游戏既能挑战智商又非常好玩。他们会给选出来的游戏贴上"门萨之选"的标签，所以你可以方便地在网站或者商店里找到。奥本海姆奖虽然是针对所有玩具的，但他们也会评估游戏的趣味性和教育性。在找游戏玩具的时候，最好选一些能供3～4人一起玩的游戏，一定要让所有的家庭成员都能够参与进来。在购买之前可以看看能不能先从朋友处借来玩玩。

下列游戏均为在美国比较受欢迎的获奖游戏：

降落伞和梯子：适合小孩子玩的游戏，常常用于开发学龄前儿童的数学能力。（2～4人）

西蒙：一款通过使用声音和灯光来进行模式识别的序列记忆游戏，适合任何年龄层次。（1～4人）

角斗士：开发策略和空间思维的游戏，该游戏易学难精，无论对成人还是儿童都是一个智力上的挑战。（4人）

蜂巢游戏：这个游戏很像国际象棋，只不过它的棋子是昆虫而且移动规则不同。这是一款复杂的战略游戏，但其规则易于为小学生所掌握。（2人）

Quirkle：适合6岁及以上人群的一款匹配策略游戏。（2～4人）

卡坦岛的移民：构建自己的文明！这款游戏允许玩家建立居住地并进行商品交易，教会孩子了解社会生活的生存技能。（3～4人）

Ingenious：这是一款全新的抽象风格游戏，容易上手但是很难掌握，用于开发游戏者的战略思维能力。（1～4人）

另外，你还可以搜索一下资深父母以及其他教育工作者推荐的在线游戏。祝你和家人有一个美好的"游戏之夜"！

27 制造一段美好的特别回忆

你知道吗？你今天对孩子的陪伴将引导他们在明天成为更好的父母！

问题： 好像孩子成长得太快了，而你却太忙，总是没有时间陪伴他们。你想要制造一些特殊的回忆，但是却没有机会逃离日常生活的琐碎。你该怎么办呢？

在美国，露营是非常受欢迎的家庭活动之一。每个人都喜欢收拾好帐篷、手电筒、枕头、杀虫剂，然后开车去附近的森林，在林地里睡上一晚。在篝火上做饭，对全家而言，是一件多么妙趣横生的事情啊！而烤棉花糖是最甜蜜的传统之一。当然，当一家人在黑乎乎的森林里挤在一个小小的帐篷当中时，鬼故事也变得比平时更加恐怖起来！现在的问题在于，我们没有足够的时间经常去露营。露营往往需要大段的时间，还需要做大量的准备。难道我们要因此而放弃本应该享受的美好时光？不会的，因为我家有一个好主意：我们不会因为露营而耽误工作，甚至不需要打包行李和开车。我们的露营地就是我们家的客厅！

这听起来似乎有点疯狂，但确实是真的。我们先在客厅里支一个帐篷，如果没有帐篷，你们可以用毯子来代替。我们用微波炉来烤棉花糖，把它们加热到裂开。我们还可以做爆米花。然后，我们就会关掉所有的灯，坐在地板上，只用手电筒来照明。我们就着手电筒的光，打牌、唱歌、讲鬼故事，实在是太有意思了！通过几只手电筒和我们的想象力，我们重建了露营的乐趣。我们不需要花费额外的时间和金钱，我们不需要忍受蚊虫的叮咬。但是我们一样制造了一段特别的美好回忆。

用有限的时间和金钱来制造美好记忆：如果你有充足的时间和金钱，你会干些什么呢？搞一场时装表演？和英国女王喝杯下午茶？寻宝？……其实只要你有一个晚上的时间，这些构想都可以实现，而且是"免费的"！为什么不做点更有趣更疯狂的事儿呢？

找一件你特别想做的有趣的事情。如果孩子对寻找宝藏特别感兴趣，你随时可以把你们家变成一个游乐场，并请孩子们发挥想象力来帮助你。你希望找到什么样的宝藏？你需要怎么布置？游戏的第一步是发动孩子计划游戏的全过程！

分工。怎么把寻宝游戏变得更有趣呢？也许可以让孩子选出要寻找的"宝藏"，并列出他们在寻找过程中需要的物品。也许他需要一根绳子，一个指南针，一顶帽子或其他装扮让他觉得自己是在寻找宝藏。你的工作是提供寻找宝藏的线索并藏好宝贝。

理出活动的步骤。我要再次用寻宝游戏来举例。一定要找到一个"埋藏"宝贝的地方，可以把它们埋在壁橱里一堆衣服下面。我们家在玩寻宝游戏的时候，我常常把宝贝——一些发光的石头——放进盒子埋在花园里。线索藏在家里和院子里。每个线索都是一条谜语，直接导向下一条线索。最后一条线索会引导我们找到花园里一个画了"X"的小土堆处。挖出埋在土里的盒子，再找到那些闪闪发光的石头，给我们一家人带来了很多的乐趣。

不要老想着拍照留念的问题，任何东西都值得学习。享受当下，让孩子们好好沉浸在自己的想象世界里。如果你什么都想拍下来，肯定会影响游戏的乐趣。游戏就是游戏，不要把一切都变成学术研究！想象力也同样需要培养！

不要担心活动能不能实现。如果孩子想要搞一个时装秀，并不需要真正的时装。随便找几件现成的衣服，让孩子们用装饰纸和蜡笔在上面创作吧！如果孩子想要组织一次茶会，"邀请"毛绒玩具和洋娃娃来当客人吧，给她们准备一些小点心和小茶杯。帮助孩子准备一些装饰物，比如亮片或者是彩色的纸花。游戏的目的是让孩子可以发挥他们的想象力来进行一些简单的活动。一定要让孩子们独立思考，自行计划，不要包办一切！

全心投入，扮演好自己的角色。忘记你的身份，不要端着"大人"的架子。相信一切正在发生的事情都是真实的。想想自己正在沙滩上，躺在沙滩巾上；想象自己在巴黎罗浮宫，正在欣赏艺术作品（其实是孩子的画作）……

和孩子一起玩他自己想象出来的游戏。我女儿喜欢假装自己是一只迷失在森林里的老虎，因为她有一个小老虎面具。她经常编故事，并且常常让我在她的故事里扮演一个角色。我会想象自己是一个小女孩，在森林里散步的时候发现了一只迷路的小老虎。她很喜欢把自己心里虚构的故事演出来，我必须非常耐心地和她一块表演她想象中的场景。虽然我有工作要忙，我也不是真正愿意去寻找一只"迷路的老虎"，但是我还是决定要陪她一起玩。现在，和女儿一起"寻找迷路的老虎"成了一段美好的回忆。父母无论多么忙，都应该抽出时间来和孩子一起玩玩想象中的游戏！

制造特别记忆的诀窍。如何和孩子一起制造一段美好的特别回忆呢？关键在于舍得花时间和孩子们在一起。要有开放的心态，陪着孩子们玩想象中的游戏。要舍得放下手头的"正事儿"，比如洗衣服或者是做家务等。这些工作可以等到明天再做，但是孩子的童年却将一去不复返！

28 来，安排一次和孩子的"约会"吧

你知道吗？任何值得一做的事情都需要时间，养育孩子尤其如此。

问题：你希望和孩子建立更稳固的关系，但是似乎你为他做的唯一事情就是检查作业或者是准备食物。我们很容易就分心了！怎么才能更好地了解自己的孩子呢？

还记得你读书的时候吗？如果你要学习某种乐器，你得花很多时间练习。如果你在学数学公式，你得做很多练习题。同样，我们也鼓励自己的孩子为了把一件事情做得尽善尽美而花大量的时间来练习。当然，熟能生巧！但是，对我们而言，什么才是最重要的呢？如果说养育孩子是我们的重中之重，那么我们是不是应该花大量的时间来与孩子建立良好的关系，使自己成为最好的父母呢？我们常常把宝贵的时间花在一些不重要的事情上面，至少这些事情都没有我们的家庭重要。我建议你，多花些时间来"练习"如何与孩子保持良好的关系。

不得不说，如果让父母多陪陪孩子，对于父亲而言似乎更是一种"挑战"。一般情况下，母亲更能抽出时间来陪孩子，但是对父亲来讲却非常困难。怪不得父子、父女之间的亲子活动在美国这么受欢迎！许多组织会设计一些特别的场合让父亲有时间陪伴自己的子女。我丈夫非常享受父女野营之旅和参加父女舞会，这些活动有助于建立积极的父女关系。有时候，父女之间的关系不是很融洽，因为他们常常兴趣相异：女孩子们喜欢逛街和跳舞，但是父亲却更喜欢打高尔夫球或者对新闻高谈阔论；甚至有些女儿觉得自己的父亲只有一个时间会和自己交谈，那就是当他们对着考差的试卷大吼大叫的时候，或者是当他们抱怨女儿的穿着打扮的时候。女孩子真心希望和父亲分享更多的美好时光。通过一些地方俱乐部和学校组织的父女亲子活动，可以为父女相处提供更多的机会。儿子也渴望父亲的陪伴，但一般父亲更愿意花时间和儿子在一起，因为他们往往有相同的兴趣，比如我儿子就特别喜欢

和他父亲一起去漂流。

花时间陪伴孩子是建立深厚的亲子关系最好的方式。安排一次"约会"可以为你空出一段时间让你享受一段充满趣味的亲子时光。如果你们当地的学校和俱乐部不愿意赞助和组织亲子活动，你可以把你的想法提出来，看看有没有其他家庭感兴趣，要想组织一些家长来一场母女茶话会或者父子足球赛应该不是难事。如果这些想法都行不通，你还是可以安排一次特殊的约会——父母和子女之间的约会。我可以给你一些建议，帮助你着手计划与孩子的约会。

母女间的亲子活动。你可以组织一个"女生之夜"，只有妈妈和女儿，你们可以好好享受一段相互陪伴的美好时光。我女儿和我最喜欢一起逛街，看最新的时装，尽管我们常常什么都不买，然后我们会停下来喝杯冰茶，坐一坐。如果只有妈妈和女儿在一起，最好选一些爸爸不喜欢的娱乐活动，比如看看电影或者芭蕾舞表演。这样，你们将享受一段共同的私密时光，即使是其他的家庭成员也无法一起分享。通常情况下，要找到母女都喜欢的活动易如反掌。

母子间的亲子活动。妈妈和儿子也可以共享一些活动。我的儿子喜欢高尔夫，我喜欢和他去附近的游戏公园玩"迷你高尔夫"。另一个我儿子喜欢的游戏是CS（真人枪战游戏），虽然我的技术很糟糕，但是我一样和他玩得很开心。我们母子都喜欢去树林里散步，顺便收集与众不同的石头。因为我的儿子和女儿喜欢不同的活动，因此我必须要灵活处理并且不断创新。

父女间的亲子活动。在我们家里，父女之间的亲子活动很难开展，因为爸爸总是忙，而且他和女儿没有相同的兴趣爱好。但是爸爸喜欢美食，所以和女儿共进午餐就成了一个"浪漫的约会"——他们俩最喜欢的父女亲子活动，这也为父女创造了共处和交流的机会，让父亲了解女儿的近况。

我们的教会经常组织一些父女的亲子活动，像是父女野营、父女舞会等。如果能够有一大群父亲共同计划一次父女"约会"，那将会多么有意思啊！

父子间的亲子活动。就像妈妈和女儿一样，要找到爸爸和儿子都喜欢的事情往往很容易。看体育比赛或者玩高尔夫都是标准的父子活动。有一次我们儿子对武器产生了兴趣，他爸爸就和他一起用木头打造了一把原比例的大刀。另外，一起玩模型飞机、钓鱼、钱币收藏、外出用餐也是深受欢迎的父子活动。

还有很多活动，适合你单独带上儿子或者女儿参加，比如艺术博物馆、科学博物馆、天文馆、图书馆、体育赛事、舞蹈表演、音乐会和徒步旅行等。在我们家里，每个家庭成员的喜好差异都很大——通常一个人喜欢的刚好是另一个讨厌的，基于这个原因，最好让父亲或者母亲带着孩子单独行动，去享受那些不是所有的家庭成员都愿意参与的活动。

不管你准备做什么，重要的是花时间单独和孩子在一起，做一些特别的事。和孩子约会，为你提供了一个难能可贵的机会，让你在日常生活之外去有效巩固和孩子之间的感情。安排一些时间，和孩子一起分享一段有趣的经历，你一定不会后悔的！

29 用适合孩子年龄的方式诚实地面对孩子

你知道吗？诚实可以加强亲子之间的信任度并且保持开放的沟通氛围。

问题： 你的家庭出现了一些问题，导致你常常对着孩子发脾气。你觉得你应该向孩子隐瞒这些问题，但是却感到压力重重，力不从心。在你还没有意识到之前，家庭成员已经没有有效沟通了。

孩子们都很敏感，能够轻易察觉到家里出现了问题。他们会注意到父母的紧张情绪，他们知道父母正在背着他们进行严肃的讨论。孩子们能够感觉到父母在撒谎，这让他们更加不安。如果在家庭遇到困难的时候，我们不能对孩子坦诚相待，他们常常会往最坏的方向去想。但正是因为他们知道父母试图隐瞒真相，所以他们也不敢向任何人说起自己的恐惧和担心，只能独自承担着恐惧。父母这种神神秘秘的做法，不但没有保护孩子不受伤害，反而堵塞了和孩子的沟通渠道，营造了一种不信任的氛围。一定要让孩子知道，父母不会对他撒谎，父母愿意倾听他的恐惧。

有时候父母都想向孩子隐瞒真相，尤其是家里有人得了重病，或者遇到财务危机，或者一些恐怖的新闻事件。我清楚地记得2001年9月11日那天，恐怖分子挟持客机撞向了纽约世贸中心，我们当时就住在华盛顿特区附近。我记得听到新闻里说五角大楼也被挟持的飞机撞了。我们家离五角大楼不远，我也认识一些在五角大楼里工作的人。我当即决定去学校把孩子们接回家来。当我到了学校，发现前面早就排了一长串的父母，看来大家都想把孩子接回家吧。在孩子们从学校里放出来，看到父母的那一刻，他们已经感觉到不对劲了。孩子们当然看得出自己的父母有多么心烦意乱，但是他们每一个都打着十二分精神微笑地面对自己的孩子。我亲耳听到一个母亲用非常紧张的声音告诉孩子，一切都"很好"！当然，没有一个孩子相信这些。撒谎的意义何在呢？谎言只会让孩子们觉得真相太可怕，自己就不应该听到也不应该和父母们谈论自己的担忧！

我们不应该对孩子撒谎，但是我们同样不应该告诉孩子超过他们理解能力的事情，而且我们应该尽可能让孩子们放心。比如像袭击世贸中心这样的新闻，我们应该告诉孩子，有一些坏人正在攻击我们的国家，但是我们是安全的。然后，最重要的是要让他们知道，他们可以随时提问，随时都有人愿意和他们讨论他们的担忧，即使是坏消息，孩子们依然愿意接受一个简短却诚实的答案。你不必描述那些可怕的细节，但是如果你要告诉孩子细节，请确保真实性。作为父母，你的职责是简单地说出真相，既不要恐吓孩子也不要过于细致。

对孩子坦诚相待也适用于当父母犯错的时候。当我们犯了错误，要简单而诚恳的说"对不起"，这并非易事。有一次，邻居指责我儿子伤害了他的孩子，把对方从椅子上推了下去，因此我们严厉地惩罚了儿子。后来，我发现邻居居然撒了谎，我儿子并没有推这个孩子，这个孩子只是因为想找我儿子的麻烦，故意欺骗了自己的父母。当我们发现惩罚对儿子非常不公平的时候，我们非常沮丧，决定立刻向他道歉。通过这件事，我们学会了倾听，我们一定要认真倾听孩子嘴里的真相，即使他们的版本和成年人的有很大的出入。如果我们犯了错，一定要道歉。

当你能够如实告诉孩子到底是什么事情让你不开心，你将和孩子建立起信任感。孩子会发现你不欺骗他，也不掩盖你真实的感情。这样他们就会明白，当他们遇到麻烦的时候，可以向你倾诉或者求助。一定要鼓励他们坦诚对待生活中的问题。想要建立良好的亲子关系，沟通是最重要的因素，而诚实是沟通的基础。作为父母，如果你不隐瞒不说谎，孩子将更愿意和你聊一聊他所面临的困难和所担心的问题。

30 当生活中有压力的时候，给孩子分配一个重要的务

你知道吗？采取积极措施有助于减少焦虑和激发信心。

问题：当家庭出现危机，比如家人患上了严重的疾病，当社会出现问题，比如经济低迷，你知道孩子和你一样也会非常担心。孩子很无助，你也很无助。

我母亲最喜欢讲一个当她还是小女孩时的故事。那是在第二次世界大战时，珍珠港事件后，许多美国人参战去了远方，孩子们对身处险境的亲朋好友的担心让一切显得尤为可怕。一想到自己完全没有办法帮到他们，让他们平安归来，孩子们就感到无比沮丧。所有的孩子都希望自己能够做点什么事，随便什么事，只要能帮上忙。不久之后，政府想到了办法，让所有的人，即使是年龄最小的孩子，都能为战争贡献自己的力量。其中之一就是种植"胜利菜园"，让士兵们能够有更多的食物。另一个办法是收集铝和锡，以确保这些资源不会被浪费。我母亲记得自己为了收集金属做出的努力，罐子、废金属箔甚至泡泡糖纸都不会放过。她非常认真地对待这项工作，采取了积极的行动，为战争的胜利提供了帮助，这增加了她的自信并且减弱了她的恐惧。如果孩子们感到形势失去了控制，生活在恐惧中，在这种情况下，采取积极的行动总是有效的。

我的建议仍然是，请对孩子坦诚相待（这条建议请详见上一条建议）！我们不应该隐瞒问题和制造恐怖情绪，相反，我们应该直面问题建立信心，采取积极的行动。

教育措施。当我的大儿子被诊断出患有严重的疾病后，家里每个人都忧心忡忡。我们不知道他的病情会好转还是会恶化。所有的人都压力重重，我的女儿，也是我们家最小的孩子，因为看出了父母的担心而心烦意乱。她不是很了解哥哥的病情，帮不上忙让她很无助，这正是焦虑产生的原因。

在我儿子与疾病斗争的同时，我女儿正在学习解剖学和生理学。她决定去参与一个

和她哥哥的疾病相关的科学展项目，之后，她不但了解了这种疾病的发展过程，还在科学展上进行了详尽的展示。她的这个项目非常成功，大概有100人观看了她的展示。当你面对问题的时候，尽可能了解问题产生的原因是积极的行动。知识就是力量！

许多人在生活困难时都愿意用自己的亲身经历作为例子来教育其他人，通常情况下，这些经历可以帮助那些面对类似问题的人们。

政治措施。我女儿采取的另一个措施是参与了在华盛顿国会山举行的政治活动。她勇敢地去说服国会议员和参议员以及国会的工作人员，让他们认识到拨款为治疗肾脏疾病进行更多研究的重要性。如果厄运降临到你身上，开动脑筋并努力创造改变的条件，更为重要的是确保孩子不会因此而感到无助。虽然我们常常是环境的受害者，但是努力改变环境能够让我们在倍感压力的时候充满了成就感。

财务措施。有时候，新闻里的坏消息常常让孩子们沮丧和无能为力。我们看到过很多这样的例子，世界各地的地震、火灾、海啸和饥荒，我们还听说过发生在附近社区的个人悲剧。这种时候，我们可以发动孩子们做一些力所能及的事情，把赚到的钱捐给受害人。对于成年人来讲，上网为救灾工作捐款是一件轻而易举的事情。但是对于孩子们而言，即使他们想要伸出援手，却囊中羞涩，而参与选秀节目、推销烘焙食品和进行舞蹈表演这类行为则可以让他们筹得善款。通常学校也愿意允许学生们使用礼堂组织演出，出售门票用于慈善事业。同时，午餐时还可以在餐厅里把烘焙食品卖给其他学生……正是通过这些措施，我女儿为地震中的受灾群众还有非洲的饥民们筹集到了善款。

个人措施。当身边发生了悲剧，让孩子采取个人措施对受难者给予帮助。当奶奶得了癌症之后，我儿子帮助我承担了许多繁重的家务并照顾奶奶。因为我女儿不够强壮，没办法帮忙，于是她就做饭。当我们听说附近社区一个年轻妈妈罹患癌症的时候，我女儿也去帮助他们家做饭。如果邻居或他们的家人病了，孩子们可以帮忙做饭或者带带孩子。在别人有需要的时候，孩子们可以用自己的方式提供力所能及的帮助。

当家庭正在经历困难的时候，当家中有人患病的时候，务必要让孩子们感到自己是有用的，让孩子们做一些力所能及的事情能让他们感到自己肩负重任，而不是袖手旁观、无所作为。

31 属于父母的"约会之夜"

你知道吗？当父母相处融洽的时候，孩子们更有幸福感，也更容易在学业上取得成功。

问题：生活的忧虑和挣扎削弱了夫妻之间的联系，当你最需要对方的时候，你却觉得你们之间的距离越来越遥远。

你还记得第一次见到丈夫或者妻子的情形吗？每次当你回想起恋爱的时光，浮现的都是一些美好的场景，你们看电影，去公园散步，吃浪漫的晚餐……大部分人在刚刚开始约会的时候会花很多时间和伴侣在一起，放松心情了解对方。"约会"为建立伴侣间更强大和更持久的关系打下了良好的基础，但是一旦这种关系演变为婚姻，夫妻将开始面对现实生活中日常琐碎的挑战。即使是在生孩子以前，他们就发现夫妻之间已经不容易找到共同相处的时间了。对新婚夫妇而言，挣钱付房租、事业上的进步等已经消耗了他们绝大部分的时间。如果没有孩子，也许他们还可以时不时地约会一次，但是在孩子出生以后，生活将变得更加复杂。随着工作量的增加和照顾年迈父母及年幼孩子的压力变得越来越大，夫妻更像是同事或者室友。也许这种婚姻中没有冲突，但是没有冲突并不一定是好的，因为这也可能意味着夫妻之间完全没有交流。

"你这一天怎么样？""好！""你记得买杂货了吗？""你母亲去看了医生，情况怎么样？"仔细回想一下你和伴侣之间的上一段对话吧！如果不是在吵架，很可能就是在讨论家务事或者解决家庭问题，要不就是账单。许多忙碌的夫妇发现自己没有时间讨论更重要的事情。一路走来，他们已经不再谈论自己的梦想和自己的情绪。尽管很多已婚夫妇都知道对方的好，但是一旦失去了两个人的亲密空间，再好的夫妻也会渐渐变成最熟悉的陌生人。他们和平相处，分工协作，但是却失去了最初将他们拴在一起的亲密感。

　　"约会之夜"已经成为当下美国夫妻最流行的沟通方式,这有助于加强夫妻关系。研究表明,有私密空间的夫妻相较于其他人,其婚姻的幸福指数要高3.5倍。这一结果并不足以令人震惊。因为相处融洽的父母能够提升家庭的整体氛围,使得孩子的压力更小、安全感更高,让孩子变得更快乐更成功。

　　如果你已经忘了最后一次单独和配偶一起的时间,忘记分享日常生活中的烦恼与彼此的愉悦,你们应该尝试"约会之夜";如果因为你们很少交谈使得夫妻之间的沟通出现了问题,你们应该尝试"约会之夜"。夫妻之间的约会不会带来任何伤害,只会使你的家庭更亲密。

　　如何来实现你们的"约会之夜"呢?"约会之夜"应该做些什么呢?

　　来一次"运动之约"吧!心理压力产生的原因之一是因为我们缺乏足够的锻炼。"运动约会"将使你身体感觉良好,有助于缓解压力。最近一次,我和丈夫租了自行车,沿着兰塔基岛骑行了20英里。我们看着大海,一路骑行在秋天的美景中,拍着照片。无论是骑自行车还是徒步旅行,都是加强你和自然的联系以及你们彼此之间沟通的完美方式。如果你们喜欢更激烈的对抗,也可以尝试一些体育活动,网球场和健身房都是锻炼的好地方,会让你们享受到彼此的陪伴。"运动约会"让你精力充沛。记得带上野餐哦!回家之前一起喝杯酸奶也不错哦!

　　"尝新"之约。你具有冒险精神吗?为什么不尝试一些新的不同的约会方式呢?尝新肯定有风险,但风险不正是乐趣的一部分吗?你们可以参与一些新的活动,去一家新的公园或者是一个新的地方欣赏自然风光,或者是换一家餐馆。喜欢还是讨厌,只有试过了才知道,重要的是跳出旧的习惯,让好奇心膨胀吧!

　　"简约"之约。约会可以非常便宜,比如漫步公园,参观博物馆,或者故地重游。约会的重中之重是夫妻能够有时间在一起,聊聊天,但是切记不要把宝贵的时间花在柴米油盐酱醋茶上面,聊天的话题既可以追忆似水流年也可以憧憬未来岁月。夫妻间也可以讨论一些新的东西,这会非常有趣;你们还可以讨论自己的情绪和情感,但一定不要吵架,如果家里出了什么让你们伤神的事情,安排在另一个时间讨论。通过谈论你们的共同爱好来加深对伴侣的了解,比如艺术、音乐、哲学或者你正在阅读的书籍。也许你们会尴尬地发现,自己已经有很长一段时间没有享受到这种快乐了!取笑对方工作的辛苦,没问题!承诺对方要学习一些新的东西,没问题！每天都为对方做一点让他（她）高兴的事情，没问题！每天一小步，帮你重新点燃对生活和对爱人的兴趣！

用有创意的办法来安置孩子。如果你们都忙着管孩子，出门约会就很难了。怎么来安排孩子呢？发挥你的创造性吧！向孩子朋友的父母求助，和他们轮流开车去接参加夜间活动的孩子，这样每对夫妻都有约会的机会。与另一对夫妇共同照顾孩子是创造夫妻独处机会的好办法。也许祖父母愿意某个晚上来帮忙，这样你们也不必担心孩子们吃饭和睡觉的问题了。找人帮忙照顾孩子不容易，但是值得，因为你至少在出去约会的时候不用牵挂孩子。

32　吵有建设意义的架

你知道吗？父母之间公平的争论有助于教育孩子有效地解决冲突。

问题：你的家人不善处理彼此间的冲突，有的喜欢大喊大叫，有的却喜欢生闷气，空气紧张得都黏住了！你该怎么办呢？

冲突是不可避免的。世界上没有两个百分之百地认同对方的人。事实上，如果你和你的伴侣从来没有过争吵，很有可能你们早就忽视彼此的存在了。冲突也许无可避免，但这并不是坏事儿，吵架也可以是有建设意义的。学会用积极的方式来解决冲突并非易事，但这是值得我们每个人学习的人生中必不可少的一课。而更重要的是，孩子们会通过观察父母来学习如何解决冲突。

我想如果我说每个人都经历过父母的争吵——至少一次，应该不会有人反对。回想一下父母之间糟糕至极的争吵给你留下的深刻印象。你有什么感觉？你感到不安了吗？你感受到压力了吗？年幼时所经历的那些争吵对你成年后的生活方式产生了什么影响呢？

我小时候家里很穷，父母之间的争吵通常都和钱有关，他们的争吵让我感到害怕和不安。我记得有一次我病了，爸爸让妈妈带我去医院，妈妈却拒绝了，因为我们没有钱。我的父母为了是否应该带我去医院发生了激烈的争论——爸爸觉得我们可以请求医生先看病等我们有钱了再还给他，妈妈却坚持不愿意羞耻地请医生帮忙。渐渐地，虽然没去医院，我的病还是好了。但事实上，我却永远无法忘记父母争吵时那些生动的画面和可怕的回忆。他们的争吵在我的个性中植入了对冲突的恐惧。随着我年龄的增长，我变得怯懦，不敢表达自己的观点，因为我害怕分歧。

解决冲突的能力是我们可以赋予孩子的一项伟大的能力。你的家人之间知道如何在争吵的时候依然保持顺畅的沟通吗？你的家人知道如何不把争吵演变成一场音量高低的比赛吗？希望下列建议能够帮助你和家人之间学会如何积极地表达分歧！

做一个"交流话筒"（talking stick）。沟通和交流中最大的问题是，一旦人生气了，就不再愿意倾听别人的意见。而当每个人都在迫不及待地表达，忙于表达疏于倾听，说话的音量自然越来越高。接下来，你会发现每个人都在大喊大叫，包括你自己。这不是沟通！在这种情况下，"交流话筒"的作用就凸显出来了！"交流话筒"是在交流过程中任何可以握在手里的东西，可以在想发言的人之间传来传去。"交流话筒"当然不需要是"棍子"，可以是毛绒玩具、枕头甚至是木勺子。"交流话筒"的目的是迫使大家轮流表达和倾听，持有话筒的人是唯一允许发言的人，其他人都必须安静倾听直到持有话筒的人说完自己想说的。

可以为发言者设置时间限制，到时间就应该把"话筒"传递给下一个人。因为只有一个人说话，所以很难吼得起来。要注意倾听！

学会记笔记和解释。冲突常常产生误解，认真倾听可以有效地减少误会。如果在倾听的时候能够做些相应的笔记将有助于你理解对方的关注点。当轮到你自己的时候，第一件事是确保你完全理解对方的意思。要做到这一点，请在发言前加上"我想先确保我听懂了你的意思。你的意思是（简要回顾一下对方的谈话）？"在你回应别人的关切点之前确定你听懂了别人的意思，否则没什么好处！

不要指责家庭成员。在争吵的时候我们很容易指责对方。你可能会说"你总是这样"或者"你故意伤害我的感情"。当你开始指责家人，他们总是会立马还击。没有人会选择道歉或者承认错误，他们几乎肯定会说"你错了"或者"我才没有这么做"。然后，你们的争吵又回到原点。因此在争吵的时候要避免控诉和指责。当然，更不要直呼其名或者使用一些侮辱性的语言！必须要尊重对方！

以自身情感为立论点。不要指责别人，说出自己的感受。比如，你可以说："你们都说不喜欢我做的晚饭，我伤心极了！"由于你的论点是基于你的感受，因此没有人能跟你争论，没有人能说你没有这样的感受。如果你想指责某人，请用"我"开头而不要用"你"。你可以说："我担心你的计划可能不适合我们。"千万别说："你不应该这么做的，真蠢啊！"当你在谈论你自己、你的感情和观点的时候，人们更愿意倾听。当你在谈论其他人，尤其是他们的错误的时候，人们更倾向于为自己辩护。

不要冲动行事。避免幼稚的行为，比如恼羞成怒、摔门而出或者冷战。

试着用一个词或者一个句子来描述你们的分歧。这个办法既适用于你的孩子又适用于你的爱人。什么样的分歧可以用一个词或者一个句子来描述呢？你会发现最后的结果极其荒谬："我讨厌你喜欢的电视节目！"或者更严重些："我们花钱的方式不一样。"关键是让双方就分歧点达成一致。

找到解决问题的办法。"我们应该如何共同协作来解决这个问题呢？""我能做点什么来帮助解决这个问题呢？""你能不能帮我一起解决这个问题呢？"这些都是帮助我们思考解决方案的好办法！如果每个人都能解释一下问题的成因和解决的方案，将对于达成一致有极大的帮助。每个人都应该为和谐相处做点贡献。有时候，我们甚至需要做出必要的妥协。如果无法达成一致，可以另找时间做详细的讨论。

引入"中介"。如果问题很难解决，双方都不愿意妥协，不妨考虑中立方的意见和建议。"中介"必须是双方都信任的人，比如牧师、咨询师或者是家里的长者。外部意见往往可以帮助你们看到分歧的本质。

不要等问题恶化了才开始讨论。如果你喜欢忽视分歧的存在，问题可能会变得更糟糕。如果你从来没有公开讨论过困扰你的问题，你更容易达到愤怒点，变得暴跳如雷，丧失基本的思考能力。不要等到问题变严重了才来解决！

33 多花时间陪伴家人

你知道吗？大多数人在临终时总是后悔没有多花些时间陪伴自己的家人。

问题： 父母太忙了，没时间陪伴家人。生活的重心变成了挣大钱为孩子们提供高质量的教育。家庭的重要性排在了工作的后面，追求成功比建立良好的家庭关系更重要吗？是时候重新考虑了！

为了孩子的将来，为了事业上的进步，我们要做出许多的牺牲，牺牲都是高尚的。如果我们不愿意做出牺牲又如何能够得到我们想要的生活呢？但是，什么样的牺牲才叫作牺牲呢？我们很容易把"牺牲"定义为"挣钱"。很多父母认为把孩子送进好学校是非常重要的任务。

但是如果父母忽视了家庭成员之间良好关系的构建，他们最终一定会后悔。也许我们的孩子会变得遥不可及，变得陌生甚至痛苦。也许你在某天早上醒来，意识到自己没有和孩子在一起的任何快乐的记忆。我们更喜欢给家人提供能够用钱买来的最好的东西，却忽略了还有许多东西是钱买不到的。

我有过面对死亡的经历。你一定不相信，直面死亡也有好处，死亡确实改变了我的观点。

当我的两个孩子分别只有1岁和4岁的时候，我得了重病，不知道自己还能不能活下去。在重病期间，我最害怕的是孩子以后会不记得我了，我将无法养育他们陪伴他们成长，这种感觉强烈而恐怖。如果我从来没有生过病，作为一名医生，我可能还一心扑在工作上。重病之后，我的生活重心发生了转移，我知道如果不把所有的时间拿来陪伴我的家人和孩子，我一定会追悔莫及。因此，尽管我病得很重，但是病魔却让我认识到了生活中更重要的东西：我的家人远比我的事业和金钱更重要。

忙碌的父母如何挤出时间陪伴家人呢？如何避免后悔呢？

做出好的选择。父母与孩子相处时必须积极主动，必须每天都花时间陪伴孩子。大忙人的日程安排可以精确到分钟，总是精心安排每一个约会并按时参加。如果你决定要多花时间来陪伴孩子，记得在日程表上把时间空出来！把和孩子的约会当作商业决定，每天都留出时间来参与到孩子们的生活中去吧！

放弃坏的选择。你的职业让你很难过上有意义的生活吗？那就放弃吧！也许你的工作让你远离家人，那么你需要考虑这个问题——你愿意少挣点钱却过上更好的生活吗？你的决定会疏远你的家人吗？那就重新考虑一下！我们做出的许多选择并不是一成不变或永恒的。

列出各种关系和你的目标。你应该和家人一起理清你希望实现的目标及其关系。问问每个人的意见，看看他们认为生命中什么才是最有价值的！让每个人都提供意见，并且记下来。在你写下这些目标之后，按照重要程度依次排序。检查一遍，和家人讨论一下你的目标对于家庭目标有益还是有害？是否需要调整你的目标？千万不要让对"成功"的追逐凌驾于"生活"之上。努力确保家庭和事业之间的平衡。

只有自己知道希望建立和保持什么样的家庭关系，只有自己知道需要采取什么步骤来进行积极的改变。我只能建议你，听从内心的声音，找到自己的需要。预防问题远比修复问题容易得多，所以不要犹豫。完全避免生活中的遗憾是不可能的，但是我希望你能够高兴地确定，你做出了自己可能做出的最好的选择！

34 帮助孩子打造正面的自我形象

你知道吗？孩子们会对父母的评价深信不疑。

一天晚上，我开车送一群孩子回家。我们一路说说笑笑，气氛很轻松。外面一片昏暗，我们开车经过一条林荫大道，两边都是茂密阴森的树木。一轮圆月挂在天上，明亮的银色月光透过树冠照射下来，把前面的路映得惨白惨白的，营造出一种毛骨悚然的感觉。我喜欢讲故事，我觉得现在的情况特别适合讲恐怖故事。因为是满月，所以我最先想到的就是狼人的故事。狼人就是那些在满月的时候会神奇般地变身成狼的人。每个人都知道，狼人是虚构的。至少我是这样认为的。

我一边开车，一边说着月光是如何在我握着方向盘的手指间跳跃。"我觉得我的手正在变成狼爪，"我说。"事实上，狼毛让我的皮肤发痒，我很快就会完全变成一头狼！"我的孩子们咯咯地笑起来，因为他们知道我会讲一个有趣的故事。我继续编着，故事也越来越荒诞。"当我变成一只狼，"我告诉他们，"我会在晚上工作。"当他们问我，我晚上的工作是什么，我告诉他们每当我化身成狼，我就会变成CIA（美国中央情报局）的特工，因为没有人会怀疑一只狼会是特工。我告诉他们，我常常要承担秘密任务，因为我是狼人。

当我的孩子们开始嘲笑我的故事的时候，车上另一个孩子问我："艾米，你真在为中情局工作吗？"我大吃一惊，因为我觉得所有的孩子都应该知道我的故事是杜撰的。我编的故事如此令人难以置信，应该很搞笑才对啊。我从来没有想过居然有人会信以为真。我不得不告诉这个孩子，我不是间谍，我并没有真正为中情局工作过。"这只是个故事，"我说。"我喜欢有趣的故事。"我的答案似乎满足孩子，但是没多久，他又来问我另一个问题："艾米，当狼人有什么感觉啊？"其他孩子的大笑声让我的回答变得很艰难。我花了一些时间来解释我其实不是狼人。我说："我是假装的。因为今天是满月所以我讲了一个狼人的故事。"这个孩子还是完全不能相信我真的不是一头神奇的狼。我完全低估了孩子们是多么容易相信故事啊，哪怕只是纯娱乐的童话！从那时起，我下定决心以后给孩子们编故事的时候要更加谨慎才行。

与你分享这个故事是为了说明一点：孩子们相信成年人所说的一切。孩子们生命中最重要的成年人是父母。孩子希望父母能够诚恳地告诉他们自己是谁，应该怎么生活。关键在于，作为父母，你必须认识到你的话对孩子的生活有多么强大的影响力！父母必须时刻注意措辞，你说的话既可能误导孩子也可以指导孩子。一旦开口，务必要小心！

因为你对孩子说的话有着强大的影响力，善加利用将为孩子打造一个正面的自我形象，并借此让孩子看到自己的未来。谨防你的言语给孩子打造了一个负面的自我形象，负面形象的杀伤力同样巨大！

将良好的品行和行为转化为正面的自我形象

当你看到孩子良好的品行和行为，将其转化为正面的自我形象。如果孩子帮助他的祖母打扫了厨房，你可以告诉他："你真是一个孝顺、懂事的男孩！"你希望在孩子身上看到哪些美德呢？尽量在孩子身上找到这些行为，善良、慷慨、诚实、忠诚。告诉孩子，这些美德是他们的一部分。给他们一些简单的评价，比如"我很高兴你是一个诚实的女孩"或者"你像爷爷一样慷慨"。

孩子们会内化这些评价，并逐渐成为他们自我身份认同的一部分，这有助于孩子们树立一个长久的良好的自我形象意识。当"诚实的女孩"想作弊的时候，她会深深地感到不安，因为她觉得自己不是那样的人——会欺骗别人的人。她当然不是，因为她是一个诚实的女孩，"诚实"是她"自我形象"的一部分。孩子们下意识的行为往往最符合他们的自我形象认知。

自我形象不是建立在"成就"的基础之上，而是建立在"品德和行为"的基础之上。

你可能会对孩子说："我真高兴，你是优等生。"但是你必须小心点，不要把孩子的自我认知建立在他的成就之上。如果学生成绩报告册上的不全是"A"怎么办？这种情况不可避免。那么孩子会不会觉得自己表现得不像是自己而抑郁寡欢呢？如果他的幸福和他的自我身份认同依赖于他的成就，孩子会渴望取得更多的成就，以得到他人的认同；这种心态将导致孩子对自己越来越不满意，觉得自己永远都不够好。恰恰相反，你应该找到孩子成就背后的善行。比如，同样在表扬孩子优良成绩的时候，你可以说："恭喜你！我很自豪，因为你总是那么努力地学习。"因此，孩子的自我认同是建立在良好的行为模式（努力学习）而不是结果（优秀的成绩）之上的。孩子们能够控制自己的行为，但是却无法控制结果。不要让孩子把对自己的认同感建立在他们无法控制的东西之上。

避免许下负面的自我形象的预言

你可能不认为恶言一句会给人留下多么持久的印象，可惜这确是事实！你可能认为孩子知道你其实不是这个意思，但是孩子却可能不确定。还记得那个相信艾米是狼人的孩子吗？我震惊于他居然相信了我的故事，太离谱了！有时候，你可能会觉得自己说的话太过分了，孩子怎么可能相信呢！如果孩子考差了，你很生气，骂他："你真笨！"你以为孩子知道这些话不是真的，但是孩子们相信父母所说的一切。消极的语言也会打造负面的自我形象。像"懒""坏""蠢""肥"这些词，会使得孩子越来越消极，并将预言演变为现实。一个觉得自己懒的孩子怎么也不可能像一个勤奋的学生那样学习，一个觉得自己胖的孩子永远不可能像一个瘦子那样吃饭。家长应该关注的是导致负面结果出现的行为！你可以说："你要考试了还不复习，我很伤心。"但是你不应该说："你真蠢啊！"这样，孩子才不会认同那些负面的特质，而会意识到自己的错误。孩子能够改变自己的行为（不学习），但是却无法改变自己的本性（愚蠢）。确保孩子不会认同那些你不希望他拥有的特质。

如果你犯了错，一定要说出来

人无完人。在紧张和生气的时候，人们难免言不由衷。大家都有粗心的时候，说错话在所难免，改口也为时未晚。如果你犯了错，一定要说出来。因为孩子们对你的话深信不疑，如果你解释说你犯了错，他们仍然会相信你的话。他们当然知道什么是错误。所以，如果你说错了话，勇敢地道个歉吧！

35 不要把游戏时间和学习时间混为一谈

你知道吗？孩子休息得越好，在学校里表现得越好！

问题： 孩子不愿意花时间与家人一起玩耍，因为他们知道，他们花在玩耍上的任何时间最后都要从家庭作业上双倍找补回来。"惩罚性"时间——要求孩子完成额外的作业，破坏了孩子们的快乐时光，同时也无法提高孩子们的成绩。

你有没有放了一天假回来上班却非常后悔的时候？也许当你回到办公桌前，发现桌上堆积如山的工作正在等着你。你不过是休息了一天，却要用一周的时间才能够赶上工作进度。一而再再而三之后，你开始觉得放假是不值得的。你终于明白了，休息是要受到惩罚的，代价就是当你回来之后你要面对更多的工作。不久之后，你会发现你只会工作了！你很快就会发现你和家人朋友之间的共同语言越来越少。在你生活中，除了工作之外的其他领域，你毫无长进，比如文学、艺术和人际关系。

当家长试图通过额外的家庭作业来"弥补"孩子们与家人共度的时光，孩子们的感受和成年人在休息后却需要赶工作进度的感受是一样的。如果孩子们知道他们和爸爸妈妈去公园或者博物馆的结果是又要写作文又要完成数学作业的双重负荷的话，他们可能会不再期待美好的家庭休闲活动了。就像成年人不喜欢请了一天假，第二天却要完成双倍工作一样，孩子们也不喜欢。如果和家人玩耍后紧跟着要超额完成家庭作业，他们会认为这是对美好的家庭休闲时光的惩罚！

父母们应该懂得休息也是一种教育。比如说自由玩耍有助于培养孩子创造性解决问题的能力。学生在学校里还有课间休息呢！短暂的休息使得孩子们在重新回到座位上以后能够更细心更专注，这也是为什么孩子们在学习期间有短暂的课间休息的原因。

在此，我必须提及杜克大学一项著名的研究[2]。该研究发现，家庭作业能够有效地帮助学生巩固所学的知识，但是作业太多却适得其反。研究同时发现，适宜的课后作业量应该控制在每10分钟一个级别，即三年级的作业量大约为三十分钟，高中生的作业量应该是两个小时，过量的家庭作业并不能帮助学生提高其学习技能。

孩子做的每一件事情都有一定的教育意义，所以家长没有必要因为孩子花时间做了其他事情就一定要给他们布置额外的书面作业来"弥补损失的时间"。如果孩子参观了博物馆或者听了音乐会，他享受了艺术；而这种享受本身就具有教育性，会加深他对文化的了解。如果孩子和家人一起去公园远足，他锻炼了身体，同时增进了家人之间的沟通与了解。去海边旅行很放松，同时也让孩子懂得了欣赏大自然。"游戏之夜"不仅非常有趣，还能够培养孩子公平竞争的精神和解决问题的能力。学习绝不仅仅只是坐在书桌前拿着纸和笔做练习题。

我建议，父母必须抵制这种诱惑，不要在每次欢快的家庭聚会之后要求孩子"写几段作文"或者"做一页题"，这不会提升孩子的学习能力，只会让孩子们对本来应该积极面对和令人兴奋的家人团聚感到害怕。这种做法完全忽视了一个显而易见的事实：大多数妙趣横生的家庭活动既能培养孩子多方面的能力又能刷新孩子的思维，为他们更专注地投入以后的学习做好准备。孩子们应该期待与家人共处的特别时间，而不是害怕那随之而来的额外作业。

这并不意味着家庭娱乐不应该具有教育意义。事实上，很多家庭活动既能学到东西又非常有趣，但这并不意味着玩耍以后回家不应该马上开始做没有做完的作业。当然，孩子必须完成作业，我只是说不要给孩子布置额外的作业来弥补孩子花在玩耍上的时间。

36 教孩子做家务

你知道吗？会做家务的孩子长大成人之后更有可能成为具有社会责任感的人。

问题： 孩子们好像一天除了学习就挤不出时间来干点别的。出于这个原因，你决定孩子的唯一任务就是学习，不让孩子做家务。

我儿子进大学后决定和几个朋友一起合租一套公寓，他觉得自己做饭完全没问题，毕竟，他从很小就开始学做饭了。不幸的是，他完全不知道和一群从来不知道自己收拾的男生住在一起是什么样子，他不得不从水槽里翻出脏盘子洗干净了才能吃饭，因为其他室友觉得"别人"会把盘子洗干净。他经常没办法做饭，因为有人把所有的厨具都用了却洗都不洗就走了。当回家小住时，他感到很抱歉："对不起，妈妈，我有时候也不是自己收拾。"他总算懂得了一个家庭里每个人都各司其职的重要性。从来没有做过家务的男孩也很难培养对集体的责任感，从而加重了那些有责任心的学生的负担，真不公平！

大多数人认为基本的生活技能——像洗碗做饭——是天生的，每个人都能掌握。但是这一代孩子做家务的机会越来越少，他们在没有掌握任何生活技能的情况下已经开始闯荡世界了。我女儿所在的大学给学生分配了一些服务项目：她需要为社区学校拔草，修整花园，让环境更幽美。我女儿惊奇地发现，她的同龄人居然不知道哪些是杂草，也不知道该如何把这些杂草拔出来，尽管她很少做园艺工作，但她的知识远远超过了大多数一无所知的人。一个不争的事实是：如果缺乏必备的常识和技能，离家后你将无法正常地生活。难道抛开书桌、笔和电脑，你就得请人来照顾你生活的方方面面吗？因为你毫无生活经验，所以只能任人摆布。

会做家务的孩子更有社会责任感。研究发现，负责任的行为可以开始得很早。比如，当我儿子只有5岁的时候，我常常让他帮忙照看妹妹以确保妹妹的安全，这种行为培养了他作为哥哥的责任感。他的这种警觉在他以后的生活中也如影随形。有一天，他看到一个小孩准备从阳台上跳下来，他立刻跑到我跟前告诉我，这阻止了一场悲剧。会照顾婴幼儿和宠物的孩子，能帮忙打扫房间的孩子，懂得整理庭院的孩子，都从这些家务活中知道了人必须承担责任的道理。他们学会了承担自己的职责，等他们长大成人，也能为促进社会的健康发展而贡献自己的一分力量。

会做家务的孩子更令人有安全感。作为父母，我们认为有很多事是理所当然的。我们知道，某些化学物质不能混合在一起，否则会产生致命的气体；某些食物在准备和储存过程中如有不当会导致食物中毒；汽车轮胎没有充足的气或者引擎维护不善会导致危险的产生。为什么我们知道这些事情呢？我们在学校也没有学过啊！我们知道这些常识是因为我们打扫房间，我们做饭，我们保养汽车。但孩子因为没有这些经验而不知道生活中存在着危险。当我发现儿子竟然不知道如何检查轮胎气压的时候，我很吃惊，后来我意识到我从来没有教过他。学习这些其实很容易，但是如果没有人教，他们又怎么知道该怎么做呢？永远不要忽视安全问题的重要性，这样你会把无知的孩子扔进危险的世界！

会做家务的孩子更自主，更有上进心，更有归属感。要让孩子们明白他们的行为对维持家庭的重要性，他们必须认识到自己是家庭生活的关键组成部分，让他们充满了归属感和自豪感。当孩子们知道如何高质量地完成任务的时候，他们会更有上进心，更自主。他们能否在未来的学习和工作中获得成功取决于他们完成任务的能力。一个坐等别人来告诉他应该怎么做的学生永远不会有上进心和领导能力，一个坐等别人来完成工作的人很快就会失业。一定要让孩子做家务！

教会孩子力所能及的家务事。孩子可以学习"适龄的"家务活：幼儿可以喂养宠物或者收拾自己；小学阶段的孩子可以做一些更复杂的家务活，比如清洁浴室、洗碗、准备简单的菜肴等；高中生可以完全放手让他们做一顿需要动刀动火的大餐。会开车的孩子也应该知道如何检查机油和胎压，从事简单的维修工作。如果你家有个院子里，可以让孩子帮忙除草和做一些园艺。确实，教孩子做这些事情比自己动手还困难，你必须要监督他们。但是，通过这些家务事，孩子为独立生活做好了准备，同时还培养了孩子的责任感。再麻烦也是值得的！最好给每个孩子分配一两个独立完成的任务。在我们家，倒垃圾都是孩子们的事。看看你们家里有哪些家务活儿是适合孩子做的，分配给孩子吧！

37 拥抱闯祸的孩子

你知道吗？有时候，"干坏事"是孩子寻求帮助的一种方式。

问题：有时，孩子似乎是故意表现得不好，行为暴躁或者大发脾气。

通常情况下，这是因为他们无法处理负面情绪，惩罚只会使情况更糟。我教的班上有大约20个一年级学生，大多数都很听话，但是有一个小男孩老是尖叫，还对其他孩子拳打脚踢的。他的行为严重影响了教室里的其他学生，我不知道该怎么办，没有其他人可以帮我把这个孩子带出教室。我没有更好的办法，于是我举起这个小男孩，把他放在我的腿上，拥抱了他。他竟然立即平静下来，安静地靠坐在我怀里。他哭了一会儿，放松下来，问题解决了。原来这个男孩有情绪却不知道该如何表达，他用恶劣的行为来表达情绪，其实是因为他需要有人来安慰。虽然我并不是他的妈妈，但是大人的怀抱让他觉得放松。我不得不抱着他上了一节课，不过至少教室里没人尖叫了。

管教孩子很棘手。当孩子不听话的时候，当孩子情绪不佳的时候，你很难和他们进行沟通。通常情况下，不听话的孩子需要用纪律去约束，但是情绪低落的孩子需要的是安慰。可惜，孩子们常常不知道应该如何表达自己的情绪，特别是当他们感到愤怒、害怕、烦躁的时候，所以他们只好乱发脾气。如果你惩罚他们，关他们禁闭，只会使他们的情绪问题更严重。父母需要帮助他们从这些情绪中走出来。我发现不少父母在应对孩子的这类问题的时候，喜欢惩罚他们或者冲着他们吵回去，但是这种方式只会使情况变得更糟糕。

稍加留意，你就能发现孩子们情绪的变化。"情绪反应"更像是对普通事件的"过激反应"，孩子突然变得不可理喻或者过于敏感。如果你只是对孩子说了句"收拾一下你的玩具"，他就暴跳如雷，这就是典型的过激反应。他不想收拾很正常，但似乎不需要这么大反应。这时候，他的内心一定充满了挫败感，他觉得自己受到了伤害，而"收拾玩具"只是个导火索。另一个"过激反应"的标志是孩子的所作所为只是为了刻意激怒你，也许他发现你正在看着他，于是故意干点坏事，让你生气。还有一个迹象表明孩子的情绪变化，就是他变得苛刻，试图控制一切——其实他正在失控。你也许会觉得他听不进任何话，老是犯错误，于是你开始生气。

当孩子"情绪崩溃"的时候，你能帮上什么忙呢？由于孩子不成熟，不知道如何控制自己的情结，难免会出现"崩溃"的情况。如果是在公共场合，你应该尽快带着孩子离开。在这种情况下，拉着孩子的手把他带走，直到他恢复平静。如果孩子伴有一些攻击性的行为，比如打东西，扔东西，你必须要坚决地出手予以制止。一旦孩子受到了控制，你必须保持冷静，克制自己不要大喊大叫或打孩子屁股。找个安静的地方，抱住孩子直到他完全放松。告诉孩子："没事儿，我在这里。"陪孩子坐一坐。如果孩子哭了，安慰他，但是不要打断他。当孩子平静下来，你可以询问他是否感觉好些了。随着年龄的增长，大多数孩子都能够更好地控制自己的脾气，更好地表达自己。

孩子再长大一些进入青春期后，"情绪失控"的情况依然时有发生。如果青春期的孩子生气、流泪、心烦意乱，你应该保持冷静并陪伴在他身边。一般情况下，大喊大叫除了会使事态升级以外别无益处。如果你能安静地坐在旁边，你可以告诉他，等他平静下来你愿意和他聊一聊困扰他的问题。如果你选择让他一个人安静，设置好时间，比如15分钟，时间到了一定要去看看他是否愿意交流。十几岁的孩子已经能够流畅地表达自己的感受并且分析其产生的原因，问问他们是否想到了解决问题的合理办法。如果他们因为某个规定、某次惩罚、某个应该完成的任务而生气，让他们自己思考可解决的途径。如果他们在制定规则、选择任务和接受惩罚的时候有一些主动权，将有助于他们从父母的角度来看待问题。谈论选择有助于平静心绪。青少年的压力大部分来源于失控的感觉——他们觉得对自己的生活缺乏控制感。控制你"咆哮"的冲动，不要提升惩罚力度，不要在发脾气的时候把孩子"拒之门外"。记住，你是成年人。

如果孩子表现得很冲动，往往是由于不成熟或者处于青春叛逆期。他们需要情绪稳定的父母帮助他们应对压力。但是有时候，恶劣行为只是恶劣行为。如果孩子掌握了父母的行为模式——如果想要什么东西，发脾气就能得逞——他们会经常使用这种方式来操纵父母。有时候，"他们想要得到的东西"甚至会包括惹父母生气或伤心，这正是为什么父母需要保持冷静和一致性。即使是最好的父母有时候也会生气，忍不住咆哮。如果出现这种情况，退一步，大声道歉，再重新开始。如果你觉得孩子是有意使坏，你可以平静地概括出这些错误行为的后果，让孩子有所了解。问问他："你认为这种恶劣的行为会产生什么样的后果？"并且给出相应的适当惩罚。避免"虚张声势"，确保惩罚的合理性，比如限制电脑时间或者是没收手机一晚等。

预防是"治疗"错误行为最好的方式。拥有一个和谐的家庭，家庭成员之间相互尊重，家人之间亲密无间，这样的孩子很少行为失当。父母是孩子最好的榜样，应该多花时间陪伴孩子，做孩子最忠实的听众。即使父母期望保有完全的权威，仍然应该给孩子们提出建议和分享感受的机会。在有选择的情况下，给孩子自主权，让他们自己做决定。提前告知孩子犯错误会受到的惩罚。保证管理的公平性和一致性。不轻易发火。

作为父母，请切记，惩罚只是为了给孩子一个教训，而不是愤怒的表现形式。"坏孩子"更需要父母的关怀。保持冷静，和孩子共同进步吧！

38 为男孩疯狂？为女孩疯狂？

你知道吗？父母对青少年性行为有强烈的影响。

问题：青春期的子女让父母压力重重。我们清楚青少年的人际关系中有多少潜在的问题和危险！你该如何对待家里那个疯狂的少年呢？

这是一项非常流行的研究，父母的监管及沟通对子女青春期性行为有着巨大的影响。这一研究成果并不让人惊讶。事实是稳定的双亲家庭为儿童和青少年过早参与性行为构建了预防机制。我们应该如何把研究结果转化为现实呢？

对于父母，我们有如下建议：

（1）在儿童成长的早期，将你对家庭、性和恋爱的价值观传递给孩子。儿童倾向于接受并内化父母的价值观。不要等到孩子进入青春期以后才来教导他们什么是正确的道德观。不要指望老师或者政府来帮你完成这项工作。在电视上看到或者在报纸上读到的新闻，听到的歌词，都可以成为和孩子探讨这些重要话题的契机。

（2）确保你和孩子保持实时沟通。花时间陪伴他们，通过交谈和倾听，建立彼此信任的关系。询问他们对发生在身边的恋情的看法。

（3）从小就要监督孩子。保证自己随时都知道孩子在做什么，去了什么地方。控制他们看电视和玩电脑的时间。如果你去看电影，带上孩子。如果影片中有让你反感的内容，借此与孩子进行"对与错"的讨论。监督既能体现你对孩子的关心，又能有效地减少外界的负面影响。

（4）给孩子树立好榜样。和爱人一起，共同致力于建立积极的夫妻关系和坚强的家庭纽带。来自家庭的安全感有助于孩子们理解婚姻和家庭的重要性，同时，温暖的家庭能让孩子感受到生活的意义，从而更愿意着眼于未来。当他们长大之后，在他们努力实现自己的人生目标时，他们将尽可能避免犯错误或者陷入不当关系中。

（5）不要取笑孩子的外表，也不要取笑孩子正在经历的青春期。让他们知道这一切经历都是正常的，而你也曾经经历过。和孩子们分享你青春期的故事，让他们不再孤独。

当女孩喜欢上男孩，怎么办？

女孩往往要承受很多来自社会的压力。电影和流行音乐视频里的女性形象常常让女孩子们自惭形秽，而来自男生的关注却会让她们发现自己的美丽和可取之处。缺乏自尊心的女孩子，对自己的外表不自信的女孩子，往往是最容易过早涉入性关系的一类人。过早的性行为将增加辍学的风险，同时分散对学习的注意力，产生许多负面的长期影响。作为父母，我们应该如何帮助孩子们呢？

（1）杜绝女孩过早陷入恋爱关系的首要因素是构建幸福的家庭，尤其重要的是她能够感受到父亲对母亲的尊重和对她的关怀。如果女孩觉得自己"失宠"了，就很有可能想要找个男朋友。

（2）女孩们需要通过积极参加活动来增强自尊心。当女孩子在学习上有目标并且积极参加课外活动的时候，她们就没时间担心是否有男孩子喜欢她了。强调女孩子能够取得的成就，以此来树立她们的人生目标。

（3）不要告诉她，她看起来很胖。这本来应该是显而易见的，但是你也许会惊讶于有这么多的父母，在对女儿的长相做出负面评价的时候居然没有意识到它可能带来的伤害。我可以向你保证，如果你的女儿超重了，她一定早就意识到了。父母应该告诉女儿，你们爱她，鼓励她看到自己身上的优点。

（4）监管女孩的活动和朋友。你不能"禁止"孩子交朋友，因为这样会适得其反，让她偷偷摸摸背着你去交朋友更危险。你可以鼓励她结交那些为她带来良好影响的益友。你应该知道她和谁待在一起，她在哪里。

（5）教会女孩说"不"的技巧。通过角色扮演，你可以给她举出很多不同的例子。问问她在不同的情况下，在面对来自同伴的压力或性压力的时候，会怎么说和怎么做。帮助她掌握网络安全知识，学习人身安全技能，如带她参加"女孩保护项目"等。这些东西看起来可怕，但是保持安全总比事后后悔好吧！

当男孩喜欢上女孩，怎么办？

相比于缺乏自尊心的女孩更容易交男朋友，自尊心强的男孩则更容易交到女朋友。因为大多数自尊心强的男生都希望成为团队的领导，他们可能擅长体育运动，觉得自己更值得获得他人的尊重。对于青春期的男孩，他们必须了解一个至关重要的问题——学会尊重和照顾女性，而不是把她们当作"物品"来看待！所有适用于女孩的建议同样适用于男孩，但是我们不能忽视男孩的额外需求：

（1）男孩应该为自己的行为负责，特别是在对待女孩子的时候。责任感来源于对女性的尊重。母亲应该教导儿子看重女孩的聪明才智和性格而不是外表，父亲应该在尊重女性方面为儿子树立一个良好的榜样。

（2）不要把儿子养成"小皇帝"，被宠坏的男孩子常常有强烈的占有欲，却缺乏同情心。

（3）一群男孩在一起似乎更容易受到视频游戏和多媒体的影响。限制游戏和屏幕时间，给孩子创造机会多参与建设性的活动，如社区服务或学习小组，有助于减少男孩的群体时间，避免孩子受到同龄人的不良影响。

无论男孩还是女孩，底线都是一样的。父母的价值观、生活方式和信仰对孩子的行为模式有着非常强的影响力。良好的沟通、谨慎的监督、积极的目标设定都是防止孩子参与有害活动的好办法。虽然父母的教育没有所谓早晚之说，但是孩子年龄越小干预措施越有效！

39 了解抑郁症的征兆

你知道吗？儿童可能是抑郁症高危人群？

问题：孩子似乎失去对学校的兴趣，食量减退，性格变得内向……你想知道他这是怎么了。

研究数据表明，儿童和青少年抑郁症的发病率一直在上升。在中国，也是如此。家长必须要知道如何识别抑郁症的发病迹象，以及什么时候需要寻求专业的帮助。

在中国，有哪些危险因素会导致抑郁症呢？

（1）近年来中国正在经历着社会变革和经济变革。这些变革导致父母为了工作而离开，或者将孩子托付给祖父母照顾。小于3岁的孩子离开父母往往会产生强烈的抑郁和焦虑。父母至少应该和孩子共处直至7岁才能有效减轻孩子的抑郁。

（2）不断攀升的离婚率伤害了全世界的孩子，在中国，也是如此。一般情况下，单亲父母生活中的家庭时间更少，孩子的焦虑更多。同时，由于缺乏家庭共处时间，父母们往往更倾向于通过惩罚的手段让孩子听话。

（3）家庭亲密度与患抑郁症的风险有关。父母关系亲密、沟通良好将有效降低孩子罹患抑郁症的风险。

（4）老师和同伴是影响儿童抑郁症发病的因素之一。如果老师过于严厉和冷漠，如果经常受到同学的欺压，儿童患抑郁症的概率将大幅上升；反之，获得老师和同学的支持能使孩子表现得更好。

（5）外在形象和活动能力与抑郁症有关。外在形象好、体育活动多，有助于预防抑郁症。不要因为体型或体重而嘲笑孩子。我必须重复一遍：不要评论孩子的体型或体重！

（6）由于荷尔蒙的变化更剧烈，女孩似乎更容易患抑郁症。

抑郁症会产生哪些影响？

（1）抑郁症最可怕的后果是自杀。正如世界上其他国家一样，中国也无法回避青少年自杀这样的问题，而抑郁症是造成青少年自杀的首要原因[3]。但是在中国，青少年的自杀原因也许还有来自学习的压力，无法通过考试的郁闷或者就业的困境。正因为如此，对抑郁和压力的讨论已经刻不容缓[4]。如果我们对此避而不谈，抑郁和压力将会把孩子们的心灵浸入一片黑暗空间，而自杀的念头将应运而生[5]。

（2）抑郁症的另一个后果，用美国的说法是，"自我药疗"。"自我药疗"是一种委婉的表达方式，通常指使用毒品、酒精和性来麻木抑郁带来的痛苦。患了抑郁症的人觉得毒品和性会使他们感觉更好，在一段时间内，这确实是有效的。但是成瘾、疾病和对未来的迷茫等负面影响也是显而易见的。

（3）与自杀或滥用药物相比，学业上的失败似乎是一个小问题。但是患有抑郁症的学生往往对学习失去兴趣，考试成绩下降，对其个人将来的发展带来永久性的打击。

（4）网络或游戏成瘾。就像酒精或毒品一样，抑郁会导致电子产品成瘾，从而使得孩子不愿意参加其他任何活动。

常见的抑郁症的发病标志是什么？

（1）对以往喜欢的活动失去兴趣往往是抑郁症的前兆。抑郁的孩子对学校和社交活动不感兴趣，变得内向。

（2）学习成绩下降。通常，对学习缺乏兴趣会直接导致成绩下降，其连锁反应是孩子变得更加抑郁，并且陷入越失败越沮丧的恶性循环。

（3）改变饮食习惯。很多抑郁的孩子食量减少，对食物失去兴趣。但抑郁的孩子也有可能会体重暴增，如果他们用进食来安慰自己。

（4）改变睡眠习惯。失眠或睡眠过多常常与抑郁症有关。

（5）莫名的疼痛。经常头疼和胃疼是常见的儿童抑郁症的迹象。

（6）在谈话中，经常感到自己没有价值，觉得内疚和羞愧。如果因为犯了错或者作业没做完就觉得无比羞愧一定是不正常的。如果觉得自己一文不值，也是不正常的。

（7）频繁地流泪，频繁地生气。相较于成年人，愤怒和对批评过于敏感在患有抑郁症的青少年中更常见。

（8）提及自残的想法，包括对死亡或病态的诗歌或影像的幻想。

如何对抗抑郁症呢？

当然，最好能避免和预防抑郁。大多数情况下，通过温馨的家庭生活和无条件支持的家人，我们能够实现这一目标。确保老师和同学不会虐待你的孩子，确保家人和同学不会嘲笑孩子的体型和体重，让孩子多参与户外活动，和朋友们享受阳光，不要给孩子太多压力……即便如此，我们也很难预防和避免抑郁症的发生。

如果孩子出现抑郁的迹象，让老师和家人一同参与，获得一切支持。找一个好的心理医生或心理研究所来帮助孩子。如果你担心孩子有自杀的倾向，必须立刻采取措施；一定要和孩子保持开放的沟通，让他知道你关心他，随时愿意帮助他。

40 重新定义成功

你知道吗？你不必非要过上别人所定义的成功生活。

我认为，成功——一般情况下——可以定义为通过个人独特的潜力实现自我价值，并成为一个有品格的人。实现个人潜力需要教育，成为一个有品格的人需要良好的教养。

早在20世纪60年代，美国有一个很受欢迎叫作"生活"的桌游，这是一款教育游戏，旨在教导孩子们发现日常选择中隐藏的财务问题，如读大学、结婚和建立家庭。玩游戏的时候，孩子们开始关注两个关键的问题：首先，"生活"游戏的核心是机会；第二，钱最多的人获胜。可能你已经尽到了最大的努力，但最后依然落得生活在"救济农场"的下场。也许一次幸运的旋转让你有机会没收对手的薪水，跻身于百万富翁的行列。"生活"游戏是典型的"赢家通吃"游戏，最幸运最富有的玩家赢得至高的荣耀。如果听起来很熟悉，那是因为这正是我们所定义的当今世界的"成功"。我们的追求越来越狭隘，我们崇拜和尊重那些成功的人，而所谓的成功不过是名望和财富。教育的成功等同于SAT考试得了800分的满分，收到名牌大学的录取通知书。每个人都想获得成功，但你无法否认，当今世界的"成功"在很大程度上取决于运气、人脉和金钱。努力工作是很重要，但是通过努力而赢得游戏的概率几乎为零。

我们花费大量的笔墨来讨论父母的教养方式和教育选择。每个人都想知道如何把自己的孩子培养成"成功"的成年人。有些书宣称法国父母是世界上最好的，有些书宣称中国父母是最好的。网络上充斥着各类育儿博客，全世界的妈妈都在寻找让孩子获得成功的好方法。我们无比紧张和焦虑，全身心地投入，期盼制造举世称赞的"成功孩子"。不幸的是，很少有人愿意讨论成功的实际意义。除非我们开始讨论成功的本质，否则我们将永远无法对教养方式和教育选择这一话题进行富有成效的探讨。

如果我们关于成功的想法根本就是错的呢？我们过于强调目标而忽视过程，以至于如此赤裸裸地追逐更多的钱，更多的权，更多的物质——我们为了赢得"生活"这场游戏无所不用其极。我们是否一直都在自欺欺人，沉浸在虚假的快乐生活中呢？我记得我妈妈曾经说过："重要的不是输赢，而是你怎么来玩这个游戏！"很老套，对吧？但是当我们对孩子的课外活动充满了"宗教狂热"，当我们把标准化测试的考前准备演变成血腥竞赛时，该是质疑这一切的时候了！

我深信我们的社会价值观早已经变得扭曲且丧失了理性，因为我们无法摆脱一切外在的吸引，美貌、声望和财富成为衡量人生价值的标准。我们尊重和推崇拥有这些外部特征的人。我不赞成这类观点有两个原因：首先，仅仅因为一个人的基因或者某个人中了彩票就对他们推崇备至，是非常不理性的，这就好像我们所崇尚的只是机会主义而已；其次，理性社会应该更看重通过个体努力能够获得和控制的内在特质，比如诚实和同情心，金钱和名声不能代表一个人的品行。事实上，人的品行与金钱、名声毫无关联。最后我的信念促使我必须补充一句：我相信每个人都有内在价值，无论他们有多少不确定，无论他们是多么的"不成功"！你是否和我有着相同的信念，取决于你自己！

你如何定义成功？当然，你必须得出自己的答案！什么对你最重要？当然，你希望让孩子过着安全、快乐、经济有保障的生活，你希望他们身心健康。对孩子们而言，要把这些积极的想法转化成健康的目标和对成功的现实观点并不容易。我对成功的定义是，在有意义的生活中发现自我——为家人带来欢乐，为社会带来和谐。

孩子有什么特长？作为父母，我们必须帮助孩子发挥自己的特长。每个孩子都拥有不同的天赋和能力，在我们为孩子寻求最好的教育的同时，我们必须要小心谨慎，切忌不要强迫孩子成为他们无法成为的人。通过仔细倾听和认真观察来引导孩子做出最适宜的教育选择——对孩子而言最好的而不是"其他人都觉得好的"。

你怎么看待好品行？作为父母，我们需要引导孩子成为好邻居、好公民、好家庭成员，我们必须让他们养成良好的品行。成功的人在工作上努力发挥自己的才能，诚实地生活，公平地对待他人。虽然在财富、美貌和智慧上，生活不能赋予人们平等的机会；但是就美德而言，每个人的机会都是均等的。因此，一个人的品行应该是评判其成功与否的重要标准！

　　别人的看法重要吗？比较在我们的生活中无法避免。我们都希望别人尊重我们，都希望别人觉得自己是好人。有时候我们会情不自禁地把自己套进他人为我们设计的成功模式里。声望、名誉、财富都是基于社会价值观的成功的重要组成部分。有些人会以孩子就读的学校和你的工资收入来衡量你是否是一个成功的家长。但是你有权定义你的成功，你也有机会帮助孩子定义他们的成功。如果孩子努力发挥自己的特长和潜力，成为一个品行良好的人，你应该为此而感到无比骄傲！

注释：

1. Archives of Pediatric and Adolescent Medicine, 2004.

2. http://today.duke.edu/2006/03/homework.html.

3. Paul S. F. Yip, Ka Y. Liu, Jianping Hu, & X. M. Song, "Suicide Rates in China During a Decade of Rapid Social Changes", *Social Psychiatry and Psychiatric Epidemiology (Social Psychiatry and Psychiatric Epidemiology)*, 2005, 40 (10), pp. 792–798.

4. Samuel Law, & Pozi Liu, "Suicide in China: Unique Demographic Patterns and Relationship to Depressive Disorder", *Current Psychiatry Reports (Current Psychiatry Reports)*, 2008, 10 (1), pp. 80–86.

5. Maggie Zgambo, Fatch Kalembo, He Guoping, & Wang Honghong, "Depression Among Chinese Children and Adolescents: A Review of the Literature", *International Journal of Child, Youth and Family Studies*, 2012, 4(1), pp. 442-457.

推荐网站：

http://archepdi.jamanetwork.com/article.aspx?articleid=485781

木

木元素主题：当家长做好下列事情的时候，能够帮助孩子提升学习
上的表现：（1）找到解决学习问题的办法；（2）为快速成长的
孩子提供足够的学习资源；（3）为学习困难的孩子提供支持；
（4）找到让学习变得快乐的办法。本章节的建议将帮助家长提升
自己以促进孩子的教育。

41 鼓励你家的游戏狂人多看书

你知道吗？有些书，即使那些超爱打游戏的孩子也是非常愿意一读再读的。

我总是羞于承认我的儿子喜欢玩电子游戏。我总是觉得，如果我是一名称职的家长，儿子就不会沉迷于这种幼稚而无用的娱乐活动当中。当然，我其实应该深刻地认识到这一爱好自然也可能是"遗传"自他的父亲。因为我丈夫在年轻时曾经是个狂热的游戏迷，他玩起街机来简直可以废寝忘食。看着儿子玩电子游戏常常使我非常沮丧，因为我希望他能够把闲暇时光花在更有意义的事情上。冲突，在所难免。

酷爱电子游戏的孩子当然不可能花很多时间来阅读。作为孩子的父母，眼睁睁看着孩子把时间浪费在这些对学业进步毫无助益的事情上，你可能会经历各种纠结。为什么我们不能找到办法帮助这些孩子关掉电源，拔掉插头，拿起书本呢？

虽然纯属偶然，但是我发现即使游戏成瘾者也会有喜欢读的书。我原本很失望，认为阅读带给儿子的快乐程度远远低于我的预期。事实上，他挺享受阅读，只是他所热衷的阅读材料不那么正统。他滔滔不绝地谈论着商业模式和新游戏的发布日期，看起来他对那些主流的游戏开发公司的商业决策颇有微词——对此，我一窍不通。我很好奇他怎么会这么了解这一行。原来，他正在看游戏评论、业务分析、在线通关指南。如果让我选，我肯定不会让他读这些东西，但是好歹这也算是看书吧。

记住，这句话很重要："要是我，就不会选这些东西来给他读！"这句话之所以重要，是因为孩子们对你所选的书可能完全不感兴趣。你愿意去读一本关于你不感兴趣的话题的书吗？当然不会！那么我们的孩子们也同样如此！事实是，孩子们喜欢读他们感兴趣的书籍，就像你喜欢读你感兴趣的书籍一样。我想让孩子爱上经典文学和诗歌，但是他不喜欢。他还不够成熟，不会欣赏伟大的文学作品。如果我坚持让他只读经典名著，他可能一辈子都无法成为优秀的读者。我们必须更灵活，允许孩子有更多的选择。

这并不意味着孩子可以逃避学校布置的阅读作业，必读书目没有商量的余地，不管孩子喜不喜欢，他都要完成。不过在闲暇时，还是应该让孩子们根据他们自己的兴趣来选择书本打发时间。如果选了一本孩子不喜欢的书，阅读就成为一种负担。作为父母，你有责任把那个"厌读者"变成一个"悦读者"。

沉迷于游戏的孩子对于那些忧心忡忡的父母肯定是个挑战。如何挑选让游戏玩家感兴趣的书本，从而让他们爱上阅读和写作呢？我的建议如下：

阅读官方游戏指南

对玩家最重要的事情之一就是找到新的方法来通关。大多数游戏都有中文版或者英文版的官方指南，这些手册详细描述了游戏的每个级别，经常含有通关秘籍或是解锁特殊游戏技能的密匙。这种类型的书不是小说，但是游戏玩家也许会通过这一类阅读最终喜欢上其他非小说类的书籍，比如传记、历史或者其他说明类的书。

读一些基于游戏的丛书

大多数电子游戏都会为玩家们构建一个有故事的世界。这个世界可能是一座神奇的城堡或者是一个未来战场，每一个游戏世界都有一个虚幻的故事。游戏所呈现的故事会激发玩家的想象力，让玩家们参与互动，使得他们成为一个置身于游戏中的角色。游戏能够改编成引人入胜的故事书并非巧合，许多电影和书都源自游戏。举个例子，由"天行者的宇宙"这个游戏改编的系列丛书就非常适合从小学到中学各个年龄的学生，为他们的阅读提供许多的乐趣。喜欢这类小说的游戏玩家最终可能喜欢上科幻类的小说或者是历史小说。

创建一个关于电子游戏的博客（评论、建议）

喜欢阅读游戏官方指南的玩家也可能喜欢写一些非小说类的文章，那就创建一个博客来写写自己感兴趣的话题吧。为什么说这是个好主意呢？因为写博客的好处实在是多了去了。

首先，写博客有助于提高阅读水平。创建、设计和更新博客所需要的种种技能通常都不可能在学校学到。通过阅读互联网上的操作手册，学生可以学习如何创建链接、嵌入内容和计算博客的浏览量。学生通过阅读，了解了如何创建一个博客，然后再一步一步地把这些知识付诸实践。这可以极大地增强学生的阅读能力。同时，通过独立阅读获得新的技能也将极大地提升孩子的自信心。

第二，写博客有助于提高写作水平。通过写评论、写通关技巧、写关于游戏首发或者游戏公司新闻发布会这类新闻报道，学生的非虚构类文章的写作技巧可以得到极大的改善。问答模式也是信息类博客常用的格式。

写关于视频游戏角色的同人小说

喜欢读基于游戏世界的幻想系列小说的玩家可能也愿意写小说。最好的办法莫过于写同人小说了。这类小说既可以是关于游戏角色的也可以是关于游戏世界的。

同人小说其实就是一个故事，其灵感可以来自一部卖座的电影，一个电视节目，一本书或者是某个网络游戏。如果在游戏中有一个战士，那么孩子可能会写一个短篇小说来描述一场虚构的战斗。敌人是谁？在战斗中会发生什么？为什么这场战斗如此关键？谁会赢得战斗？故事可长可短。孩子们甚至会画几幅插图，再创作一幅虚拟世界的地图。同人小说可以发布在博客上也可以在朋友圈里传看一下，共享一个博客或简单地传递给一群朋友。与朋友一起阅读和创作同人小说会让孩子感受到很多乐趣，也会提高孩子的阅读、写作和编辑的水平。

42 帮助不喜欢阅读的孩子

问题：你的孩子就是讨厌阅读。

你知道吗？任何一种阅读都有教育意义，即使只是读读图画书。

很多妈妈会发现女儿更喜欢把业余时间花在阅读上，而这一趋势会一直延续到成年后。据《纽约时报》统计，女性购买者消费了70%～80%的小说类书籍，53%的非小说类书籍。我认为，对阅读不感兴趣的大多数都是男孩子，这个问题在孩子童年时期就已经凸显出来了。无论是男孩还是女孩，父母都可以通过一些方式来鼓励这些"不情愿的读者"，让他们多读一些。

当我读完我儿子的读书报告后，我对家里这位"不情愿的读者"的思维模式有了一定的了解。

他的阅读作业是《格林·盖博的安妮》。我一边读着他的读书报告，一边情不自禁地笑了起来，我仿佛通过他的眼睛也阅读了这本书。当然，这本书确实不好看。在他的描述中，主人公是一个"过于戏剧化的红头发女孩"，他觉得这个角色很讨人厌。故事情节也很乏味，因为整本书里都没有什么激动人心的打斗。这是一本关于一个女孩和她的各种情绪的故事，因为故事的主人公无法引起他的共鸣，他不喜欢这个故事，但是由于这是阅读作业他又不得不完成。常常阅读这些令他厌恶的指定书目使得他失去了阅读的兴趣，我知道这是我必须要解决的问题。

如何让孩子享受阅读呢？家长必须牢记一点：任何阅读都是有教育意义的。在孩子们养成阅读习惯的过程中，不要在意他所阅读的内容在你看来是不是有点愚蠢或者是幼稚，真正重要的是他们有没有付诸行动。无论阅读的材料内容如何都有助于培养他们流畅阅读的能力，哪怕这是麦片包装盒上的配料表。只要家长认识到无论什么形式的阅读都是好的，在帮助孩子们培养阅读能力时，就会变得富有创造性。

在帮助孩子们寻找他们喜欢的阅读材料时，需要考虑到多种因素——年龄、性别、性格、兴趣和阅读能力，这些都将对孩子所感兴趣的阅读的类型产生影响。一旦你找准了孩子喜欢的类型，那就大胆投资吧，不妨多买一些同类型的书。我们不难发现，通过这类重复和熟悉的内容，可以帮助孩子们建立信心。一个自信的读者更容易享受到阅读的乐趣。

咨询其他的家长，了解一下其他孩子都喜欢什么样的书。假如身边有这样的朋友，他们的孩子比你的孩子大个两三岁，向他们讨教孩子的书单将是一个不错的主意。那些成功地经历过这一过程的父母们往往能给你提供许多建议，你可以到在线聊天室、网站、学校里的父母互助群体这些地方寻求建议。如果你找不到这样的组织，那就自己建一个！你可以和其他感兴趣的家长一起建一个电子邮件群组，分享你的疑问和建议。你也可以要求孩子所在学校的图书馆创建一个书评网页或者办一份建议书单的通讯。

怎么帮助孩子找到他们乐于阅读的书籍呢？我的建议如下：

确保这本书适合孩子的阅读水平

父母们常犯的一个错误是他们为孩子选的书往往都太难了。孩子的阅读水平如何？不妨问问孩子的老师。他们能够帮助你找到答案。通常情况下，如果一本书超过孩子的可阅读水平，看书就变成了一件苦差事。也许孩子们会中途放弃，甚至觉得这不过是又一本"指定书目"。时刻记住我们的目标是让孩子们体会到阅读的乐趣。如果孩子们在阅读的过程中能够更加流畅，建立起信心，那么一本简单的书也极具教育意义。所以在为孩子选择书籍的时候，请更理性一些，不要想当然地觉得孩子应该去读那些你认为有难度的书。而且你要知道，孩子们的英语阅读水平可能远远低于他们的汉语阅读水平。

对于那些苦苦挣扎的读者来说，在欧美盛行的名为"HI-LD Books"的图书应该是最好的选择，其故事情节倾向于较高年龄层次的孩子，而阅读水平倾向于较低年龄层次的孩子，这使得年龄大一点的孩子不用去读那些"奶气"的故事。比如高中生肯定不会对一个关于走失的小狗的故事感兴趣，但是大部分"容易读"的书的故事都过于幼稚。这正是那些苦苦挣扎的读者经常面对的问题。"HI-LD Books"刚好可以妥善地解决这一问题，既适合这些读者的阅读水平又避免了"幼稚的故事"的尴尬。

为阅读能力稍逊的学生选择漫画书、插画书

另一个父母容易犯的错误是觉得但凡有图片的书就一定不是好书。这就大错特错了，因为只要是能让不情愿的读者拿起来的书，自然是开卷有益。阅读能力稍逊的学生可以通过文字旁边的插图来理解故事线索，这些图片可以激发他们的兴趣，吸引他们的注意力。如果他对这些图片产生了兴趣，自然就会愿意阅读旁边的文字内容。

现在漫画书几乎随处可见。各个年龄层次的人都喜欢漫画书，书中的故事也是千奇百怪，各式各样。漫画书在年轻人中受到广泛好评，因此当不情愿的读者阅读漫画书时，也能感受到同龄人之间共同的喜好，甚至进一步爱上画漫画或者是角色扮演。

观察孩子的个性

我在给孩子们买书的时候，经常会错误地选择我喜欢读的书。我喜欢科幻小说，常常认为孩子们也会喜欢，但事实证明，我儿子对这一类书完全不感兴趣。他喜欢笑话和幽默故事，还喜欢军事历史类的题材。我很快就意识到，我应该寻找适合我孩子的个性和兴趣书籍。有一天，我发现了一套有趣的系列丛书，名叫《内裤船长》，这类幽默应该正是小男孩所喜欢的类型（愚蠢而幼稚的幽默）。这一次，我儿子终于找到了他喜欢读的书，我一口气买了好几本，他都读完了。我还给他找到了一本描述军事设备的历史和使用方法的书，里面展示了不少军用车辆和武器的图片。这本书对我来讲实在是极其无聊，但是我儿子却非常喜欢。所以给孩子买书前，一定要认真观察孩子的个性和兴趣。每个孩子都有自己感兴趣的东西！

关注活动型书籍

如今市场上多的是各种类型的图书，有些图书还具有多种功能。孩子们在阅读活动型书籍的时候还可以顺带学习和掌握一些新的技能，比如折纸书、找不同、填字游戏书、谜语书、烹饪书和手工艺书等。如果孩子们想要揭开某个谜团或者是学习某一项手工艺，他们就必须阅读这一类书籍。也许孩子们在看活动用书的时候并不在意读到的东西，而是喜欢里面的各种活动，但是阅读的确是这一学习过程中最自然的组成部分。

43 帮助拒绝养成良好学习习惯的孩子

问题： 富有创造力的孩子会拒绝某些典型的学习习惯。

你知道吗？学习方式各式各样，智能类型五花八门。

假如我们的世界千人一面，生活该有多无趣啊！幸好，事实并非如此。孩子们从出生那一刻开始就各有不同，每个新手妈妈都可以说出自己宝宝的一些独特的个性，即使她们的孩子尚在襁褓之中。有些孩子很放松，有些孩子很好奇，有些孩子很快乐。随着孩子的成长，他们进入了学校，家长会发现孩子们的学习方式各有不同，他们的特长也各有不同。

有些孩子很有自知之明，能够清楚地表达自己的情感和也能很容易地理解他人的情感，这种智能类型在学校环境中往往没有什么价值和体现。因为在教室里，逻辑和语言才是至关重要的。敏感的学生往往有较强的自我意识，他们的能力常常受限于学术环境，因为他们可能没有这么多机会能够通过自我表达来进行学习。这些敏感而富有创造力的孩子有时候会拒绝一些典型的学习习惯，他们更希望通过更艺术的方式来表达自己。但是当他们需要为一些重要考试做准备的时候，就会遇上问题，因为他们可能更喜欢戏剧、音乐、艺术和阅读。父母希望孩子发展艺术特长，但他们也希望自己的孩子成为优秀的阅读者和学生。

戏剧、舞蹈、艺术和音乐有一个共通之处——身体的律动，富有创造力的孩子一般都是体觉型的学习者，他们喜欢通过身体的律动来学习也就不足为奇了。他们更倾向于积极的交互式学习，但是如果让他们安静地坐着他们可能会变得焦躁不安。一旦这些孩子得不到理解或者欣赏，他们会变得孤独沮丧。他们静静地坐着，做做白日梦或者涂涂画画。你要怎么做才能使得一个富有创造力的情绪化的空想家坐下来阅读呢？你要怎么做才能使他爱上阅读呢？

帮助孩子提高阅读能力享受阅读乐趣的奥妙就在于通过观察他们的好恶来了解

他们的长处和短处。基本上孩子都喜欢做自己擅长的事情，而讨厌做自己不擅长的事情。当你发现孩子喜欢做的事情，你可以让他们更加享受这个过程。当孩子的学习方式和能力与他们所从事的工作相吻合时，他们会更愉快。因此，对于这类孩子，让他们在舒服的环境中做少量的阅读将会增加他们的信心并提升他们的阅读能力。

阅读需要孩子能够坐得住，需要孩子学会通过逻辑来"解码"单词并且理解句意，这个过程常常需要孩子独立完成。可是如果有些孩子不喜欢静坐而更喜欢动态的学习呢？如果他们不喜欢独自学习而更喜欢互动呢？如果他们不擅长逻辑而更倾向于情感呢？纠结于这些问题，使得阅读与你之间存在一种潜在的冲突。但是如果你能够在阅读的过程中加入更多的互动、情感，使之更为动感，你不但能使孩子主动阅读甚至可能让他们爱上阅读。设计出与孩子能力相匹配的课堂活动，然后放手去做吧！

看电影，写剧本，背台词

许多文艺范儿的孩子都喜欢看电影，有些喜欢的电影他们可能会看很多遍。电影不过是动态和视觉化的书籍。我可以教你一个有趣的训练阅读和写作的方式。找一群孩子一起看电影，不过只看短短的一段，5分钟的片段就足够了。然后让孩子们说说他们最喜欢电影的哪个部分，多看几遍之后，你可以让孩子们写下台词。当他们讨论电影片段时，让他们描述电影的背景和情节；可以让他们表演，也可以让他们用语言来描述自己的表演，让孩子们把这些元素加入他们编写的台词和剧本中。如果你选了一部外国电影，让孩子们阅读标题并且复述内容，确保电影的片段具有足够的戏剧性和吸引力！作家工坊常常采用这种训练方式来帮助作者们创作出更好的故事，这种方式能够有效地提高孩子们的阅读和写作技能。

用传统剧本来排演戏剧

让孩子根据自己的兴趣到图书馆去找一些戏剧剧本。排演戏剧需要做大量的阅读，包括熟悉剧情、了解服装、记背台词等。如果这是一出历史剧，那么阅读那些人物的历史背景将非常有趣。生活在那个年代的人有什么样的思维和行为模式呢？剧中的人物有什么样的信仰呢？随着剧情的展开这些人物又会有什么样的变化呢？富有创造力的孩子，自我意识强的孩子往往都很擅长于回答这一类问题。戏剧既可以是一群朋友一起表演也可以让孩子一人分饰多角，你还可以让孩子自己准备简单的背景和服装。戏剧排练可以放在学校课后的俱乐部活动中去，也可以融入课堂或者是家庭生活。孩子们可以通过戏剧表演学习外语，他们排演的戏剧可以是简单的独幕剧，可以只表演给一两名观众看；还可以引入竞争，设置最佳男演员或者最佳女演员一类的奖项。当孩子成为这方面的专家以后，他们就可以自己编写剧本了。

引入艺术作品并加以诠释

也许你的孩子喜欢通过艺术表达思想和情感，希望了解传统的艺术形式。如果是这样的话，你的孩子可能愿意阅读一些关于自己喜爱的艺术家的书籍。提到艺术家，我们就必定会对某些艺术作品产生浓厚的兴趣，希望通过阅读了解这些作品所表达的思想。允许孩子接触并了解艺术，让他们用书面和口头的方式来诠释他们对于艺术的理解。这个工作需要孩子用到阅读和研究的技能，以及艺术和创作的技能。艺术家的生活中发生过什么事件对他的艺术产生过影响呢？这种艺术形式的历史背后有没有什么故事呢？在这种艺术形式形成的时期，普通民众的生活是什么样子的呢？艺术家们是如何通过这些艺术形式来表达意义和体现哲学的呢？这些问题将帮助你的孩子决定他们需要阅读什么及如何诠释艺术。或者，你也可以让你的孩子写写自己的艺术作品背后隐含的情感和意义！

翻译流行歌曲并演绎它

歌词是伴着音乐的诗。当然，并不是所有的音乐都是好的，所以建议大家在选择的时候谨慎些。然而，如果孩子们喜欢流行音乐，让他们翻译外国流行歌曲一定很有趣，特别是当他们正在学习使用另一种语言来进行阅读的时候。因为歌词通常都比较简单，包含了很多常见的短语和词组，所以用翻译外文歌曲这种方式来学习外语一定别开生面。如果让那些有音乐细胞的孩子把原版和翻译版各自拿来演绎一番，孩子所在的课堂将更加灵动活泼。把这种活动放到课后也是一个不错的想法。

组织一次"夜总会"晚会，让孩子们轮番表演，分享零食和掌声；还可以让孩子们分享一下自己在翻译过程中掌握的单词和短语。不喜欢阅读的孩子也能够轻松完成这种超短篇的阅读和翻译作业。一旦爱上了这种学习方式，他们可能会自动自发地去翻译更多的歌曲。

44 词汇游戏

你知道吗？把学习藏在有趣的游戏中就像把药藏在蜂蜜中一样！

如果孩子非常不喜欢阅读，你可能无法找到任何一本让他喜欢的书。如果孩子在阅读过程中遇到的问题太多，可能导致他逆反甚至放弃尝试。如果孩子生气地拒绝阅读，也许是时候尝试一些完全不同的方法了！

每个人都知道药是苦的。孩子们不知道吃药的目的是为了治病，所以他们总是千方百计地把药给吐出来。儿科医生常常建议我们把药混进苹果酱或者布丁里，好隐藏药的味道。药剂师还可以向你推荐一系列可以混入抗生素液的不同口味，让孩子们吃起来味道更好。小时候，我妈妈给我吃像糖果一样的维生素片，味道太好了，她不得不警告我不能多吃！

百分之百拒绝阅读的孩子对父母而言是一个真正的挑战，因为他们将面对孩子的哭闹、使小性子等情况，有时候父母甚至要"战斗"到深夜——只是为了帮助孩子完成作业。与不喜欢阅读的孩子"缠斗"的结果往往是磨掉了父母的耐心，哪怕他们全心全意地希望把最好的给孩子。试着把阅读课程隐藏在有趣的游戏中将使生活变得更轻松，就像往药里面加糖一样。

然而，游戏需要父母投入时间。孩子喜欢玩游戏，但是必须要有人陪他们玩！

我建议你可以用身边的小物件来进行游戏。

单词专注力训练

问题： 孩子不喜欢学习英语单词。

游戏材料：3cm×5cm卡片，彩色笔

（1）找一张含定义的英语单词表。每个单词用两张卡：在一张卡片上写上单词；在另一张卡片上，画上一幅画，用来描绘这个单词。如果是个名词，配图还是很容易；但如果是其他类型的词，大家在配图的时候就应该发挥自己的创造性。你也可以简单地把单词的定义抄写在另一张卡片上，但是我个人认为图片更有趣。每个词汇需要两张卡片。

（2）把所有的卡片混合在一起，正面朝下逐一摆放在桌上（地板上），尽量码放整齐。

（3）游戏者逐一翻开两张卡片，如果单词和定义（图片）相匹配，则游戏者可以赢得两张卡片。如果两张卡片不匹配，游戏者需要将两张卡片再放回去。现在大家都记住了已经翻开过的这两张卡片的位置了。

（4）每名游戏者逐一参与游戏，分别翻开两张卡片。规则同上。

（5）随着游戏的进行，每名参与者都需要默记已经翻开过的卡片上的内容（单词、定义、配图），以及未匹配的卡片的位置。

（6）当所有卡片配对成功，手上收集卡片最多的游戏者胜出。

（7）如果只有一名参与者，应该尽可能快地完成所有的单词卡配对。（翻牌次数越少越好。）

本项游戏中的学习内容包括了抄写单词，抄写定义，记忆和匹配单词及其定义，本游戏适用于外语学习。如果父母不懂外语，还可以通过"小抄"来进行游戏，有助于家长确定孩子做出了正确的匹配。本卡片游戏主要是训练孩子的专注力。

闪卡（单词记忆法）

问题：孩子在考试前需要准备的单词太多，又不想看书。

游戏材料：3cm×5cm卡片，彩色笔，硬币，至少两名游戏参与者。

（1）找出需要记忆的单词及其定义。每个单词准备两张卡片，一张写上单词，另一张画上配图或者写上定义。闪卡也可以用专注力训练中准备的卡片，这种方式非常适用于期末考试考前准备。

（2）把混合好的卡片分发到游戏参与者手中（2～4名最佳）。每名参与者将卡片正面朝下，不能看到内容。

（3）每个玩家拿出一枚硬币放在中心。

（4）裁判左手方的参与者先翻开第一张牌，放在旁边。其他参与者从左到右依次翻开自己的第一张牌，放在旁边。如果某位参与者发现两张牌的单词和定义（或配图）相匹配，他就喊："SNAP！"则游戏暂停，该参与者说出这个单词及其定义，并取出这两张已配对的卡片。如果他说对了，则获得一枚硬币。如果不正确，则失去一枚硬币。

（5）如果已经翻出的卡片太多了，裁判可以将所有的卡片（除了面上的第一张以外）全部收回，混合后重新分发给参与者们。游戏继续。重新分发的卡片应该正面朝下。

（6）当所有的卡片都配对成功后，每个参与者数数自己的硬币数，硬币最多的人获胜。

（7）年龄稍大的孩子可以使用硬币做奖励，小一些的孩子用糖果。

本游戏是基于"闪卡"的变形。可以通过提升游戏的速度来加大难度。如果有两个人同时喊"SNAP"，则由裁判来判断先后。这个游戏适用于复习大量的词汇，最好是让一群孩子同时参与，也适合进行亲子游戏。

45　开启写作之旅

　　你知道吗？大约有1/3的雇员达不到公司要求的写作标准[1]。

　　想要在学习上或者工作中获得成功，这两者之间有没有相同之处呢？同样，如果在学习上和工作中总是失败，原因是一样的吗？美国大学委员会的研究表明[2]，50%~80%的公司在面试过程中都会将面试者的写作能力列为重点考察项目。即使经过试用期的考察，仍然有1/3的雇员达不到公司要求的写作能力的标准。写作能力较弱的雇员会浪费公司的金钱和时间，这类人很难获得晋升。当我们把视线移回到大学校园，情况也是一样。有些学生在SAT词汇部分能够考高分，但这并不意味着他们的写作能力就能达到相应的水平。缺乏较强的语言组织能力，哪怕是最聪明的学生在写作部分也可能不及格。

　　在英语学习过程中，写作能力显得尤为重要，特别是对于那些希望到英语国家继续学业的孩子和那些希望在英语杂志上发表文章的研究者而言。写作能力不好，对高中生和大学生来说，往往意味着考试成绩排名靠后；对于攻读硕士和博士的研究生来说，往往意味着论文一次又一次被期刊毙稿。我丈夫经常会把一些待发表的论文带回家来审阅，我常常也会看一看。当他读着某些中国作者的研究论文时，你会发现失望和沮丧就像乌云一般席卷过他的眼睛，淹没他整个人。我必须非常诚实地说，这种论文还等不到他读完就会被扔进"淘汰"的那一摞里。诚然，你的论文里面提到的科学理论非常先进，你的论文里面陈述的假想似乎表明你才华横溢，但是你的文章写得连编辑都无法读下去，又怎么可能发表呢？仅仅是因为科学家不会写文章就会使他的一腔心血付之东流吗？悲剧啊！

　　你也许会感到惊讶，因为教会我如何教那些ESL（母语不是英语）学生学习英语写作的人，居然是我的公公。我丈夫刚刚移民到美国的时候，还只是一个小学生。他第一天进入公立学校时，一句英语都不会。对孩子而言，这种经历未免有点恐怖！当年，还没有任何帮助移民提高英语水平的项目。不过我的公公很早就意识到了写作能力的重要性，因为他当时正在写自己的博士论文，常常熬夜写作，被困于自己的英语写作能力。他不希望自己的孩子们以后经历同样的痛苦，所以他要求他们用英语写日记。

我丈夫每天用英语写着寥寥数语的日记，这一习惯坚持了很多年。当我们准备卖掉他的祖屋时，发现了几本他当年的日记。孩子们一边读着他们父亲的日记，一边忍不住笑话他当年蹩脚的英语写作水平。但是除了把这些日记当成笑话来读，我们也必须看到的我丈夫在这个过程中取得的点滴进步。即使每天写上一小段，我们也能看到巨大的进步。填鸭式的教育方式也许适用于很多考试，但是通过这种方式绝对学不到有用的英语写作技巧。因此，我建议提高写作水平从写日记开始，这一建议适用于英语写作，同样也适用于其他语言，当然也包括你的母语。

如何着手？

写日记的第一步，放弃电脑，拿起纸和笔。原因很简单，手写能够提高阅读和写作的能力，这是使用键盘达不到的效果。当学生通过脑部扫描技能来学习的时候，研究人员发现手写的形式能够激活写作者脑部的"阅读区域"，而键盘打字却不能。而近期的一些研究[3]也再一次强调：在提高学生写作的流利程度和表达的有效性上，手写具有不可替代的优势。我强烈建议，孩子在写日记的时候应该采用手写的方式而不要单纯地去敲击键盘。作为教师，如果你希望能够帮助学生提高思维的有效性和表达的流畅性，请尽量鼓励学生先把学校布置的写作作业写下来再打印。

写日记的第二步是固定一个写作的时间。每天写日记都应该固定在一个特殊的时间，这有助于养成良好的习惯。许多美国的老师都会要求学生在早上第一节课开始之前写上几句日记，通常老师会布置一个题目来鼓励学生思考。如果是在家里写，我建议孩子们在睡前写日记。日记是一种非常好的表达方式，可以借以表现思想和宣泄情感，同时也可以帮助孩子们在睡觉之前平稳一天积蓄下来的狂野情绪。记住，日记不用长篇大论，几句话就够了。

写作能够提升沟通的整体水平

孩子到底想说什么呢？找不到适合的语言和语法来表达自己的想法实在是一件让人无比沮丧的事情啊！孩子们从课本上的单词表中学习各种词汇，这很重要，但是当他们需要用这些单词来进行真正的人际交往往就"词穷"了。我女儿在学习与运动有关的中文词汇的时候，能够轻松地表达"游泳"和"篮球"这样的词。但是如果有人问她"你最喜欢的运动是什么"的时候，她却只有哑口无言了。因为她在课堂里从来没有学过"芭蕾"和"武术"这样的词。孩子上完英语课后，一定要问问他们对于刚刚学到的话题有什么感想，有没有什么想表达却无法表达的词汇，让他们每天晚上都就这个话题写上几句。如果孩子们学了"看医生"这个话题，他们也许希望能够表述自己得过什么病或者是有什么症状。如果话题是"点餐"，孩子们也许希望能够表述自己最喜欢吃的东西。假如孩子希望表达的东西正好是他不会的，这正是他学习新单词的好机会。写日记有助于孩子表达自己希望表达的内容，提升表达的流畅性。

日记内容的范围当然不应该局限于课本知识。每个人都有自己的情绪、问题和处境。每个人想都会有自己想表达的东西，而这些东西不一定和在学校学过的课文有任何关联。这些想法渐渐形成了语言沟通的基础。如果孩子有表达的欲望，鼓励他把这些想法在日记中写下来。在写作过程中，若遇见新的单词和词组一定要记笔记。

写日记的时候适当摘录并评论自己在课堂上学到的科学、文学和社会学知识，有助于孩子在将来学好外语。大多数语言课程都不会涉及"细胞的各个组成部分"或者是"世界名著"，但是受过教育的人却常常把这些东西挂在嘴边。在写日记的过程中，如果孩子们不仅仅使用在语言课程的单词表上学到过的那些单词，而是能够使用和各个学科相关联的那些词汇，他们语言表达的流利程度将会得到极大提升。能够流利地使用两种语言的专业人才总是少之又少，也就更为弥足珍贵了。比如大学课程里有商务英语，但是却很少有法律英语、科技英语和医学英语。因此，如果孩子能够在学习语言的早期就接触并且掌握学术性的词汇，将使他在今后的竞争中占有极大优势。

　　学生日记中的语法错误是可以接受的，只要学生坚持写，这些错误就会越来越少。写日记的目的是帮助学生熟悉写作的流程，并且磨炼使用书面语言进行沟通的能力。反复阅读自己写过的日记，有助于强化新单词的记忆并且留意自己在写作上的进步。

46 纠结的数学

你知道吗？即使是数学成绩非常优秀的中国学生也很难获得美国大学的录取通知书。

我很高大，于是很多人都觉得我一定很强壮。无论是在超市购物还是在园艺店买植物的时候，常常有人会叫住我让我帮他们拿东西。就在今年夏天还有个小个子女人让我帮她把一包重达50磅的草皮覆盖物放进车子的后备厢。是啊，我看起来是挺壮的，不过谁知道我肩膀动过手术呢？正是由于我肩膀上的伤，我基本上提不起也拿不动任何重物。不仅如此，我的病情可能还会加重，我当然不愿意再面对任何一次手术。即使如此，每次承认自己弱点的时候，我都万分尴尬，因为我希望自己成为别人所期许的那个样子。

要想活在别人对自己的期望里面很难，人人都喜欢以貌取人。在美国，最常见的误解是"中国孩子都是数学尖子生"。事实并非如此。和我一样，每个人都有弱点，但因为他们希望自己能够符合别人对自己的期待，于是他们对自己的弱点尴尬万分。

美国学校总是认为中国学生的数学一定很好。数学成绩中等甚至是中等偏上的中国学生在申请美国大学的时候往往处于劣势，因为大学的招生办公室已经有了"数学成绩优异"这个预期。毕竟，每年都有不少这样的学生排着队等着录取通知书。由于中国对数学领域所取得的非凡成就非常自豪，我猜想中国高校对于学生应该有着同样的期许。假如学生的数学成绩一般般又该怎么办呢？

中国有着"培优"的教育哲学，教学必须要挑战优生的极限，至于学习略差的学生则必须尽最大的努力来跟上学习的进度，这是一种伟大的教育哲学。在美国，优生往往容易受到忽视，有时候老师甚至会要求这些学生花费课堂时间去帮助其他学习较差的学生，我将美国的这种教育哲学叫作"补差"。我不得不承认我赞同中国这种"培优"哲学，即使我认识到这种教学方式一定会使得一部分学生落后于其他人。

如果你的孩子数学成绩不好，怎么办？最简单的解决办法是请家教。但是请家教开销大，而且不是每一个家教都能有效地帮助学生认识到自己的问题。我曾经仔细观察过一个数学成绩很好的家教帮助另一个学生补习数学的过程。他试图把自己快速解题的方式教给那个学生，但是当这个学生试图自己解题却每每失败的时候，家教感到非常失望，而这种方式除了让那个差生觉得自己很笨以外没有任何实质性的帮助。如果你的家庭能够负担得起家教的费用，如果你能够找到一个很好的家教，这当然是一种不错的选择，还可以说是第一选择。不过如果这个家教只会给孩子布置很多作业，却不认真讲解以帮助学生理解，我想这样的家教无法给你的孩子带来你所期待的进步。作为父母，这种时候一定要"该出手时就出手"。当然，如果你只是对孩子说："去，做10道题再拿来给我看。"那可能一点忙都帮不上。你需要积极地参与到对孩子的辅导中去。

父母如何辅导孩子的数学呢？我想给你们一些原则上的建议，步骤如下：（1）重视教学内容和复习要点；（2）通过解题加深理解；（3）重复练习和强化训练。作为家长，你也不必压力重重。我还有一些更具体的操作办法，可供你参考。

专注：一对一教学允许你采用替代式教学法

有些家长希望采用替代式教学法来帮助孩子提高数学成绩，比如教具、电脑程序和游戏，但是家长却缺乏对这一过程的监管。随便扔一套教具给一个在课堂上都学不好数学的孩子，你是期望这个孩子能够自学吗？这种方式无疑是"对牛弹琴"。他可能只是拿着这些教具摆弄一阵，磨磨洋工而已。替代式教学法的许多教具都非常有效，但是却只适用于一对一教学。因此在使用时，务必确保家长要和孩子共同参与学习的过程，把重点放在教学内容上。每次只讲一个新理论。时不时地让孩子给你解释一下学过的理论，让孩子觉得你们是在聊天而不是又一次说教。学会提问："你觉得应该怎样进行下一步？""你为什么觉得这种解法有效呢？"在给出答案前，一定要给孩子足够的时间思考。

让孩子把解题的每一个步骤都大声地说出来

想知道孩子是怎么想的吗？既然你没有读心术，那就让孩子在解题的时候把心里想的每一个步骤都大声地说出来。这种办法在学习新的概念，复习旧的理论，或者用来检测孩子的掌握情况时特别有用。让孩子把他解题的方式一步一步说出来，一定要等到孩子把题全部做完了或者"卡住了"，你才能开始讲解正确的做法。

当孩子在讲述自己的解题思路的时候，你就能够发现孩子学习中的问题。如果他说错了，你可以问问："为什么你认为下一步应该这样解呢？"这样可以帮助你找到他犯错的原因。找到问题的根源是解决问题的第一步。不过，你不能简单地解释怎么改正错误，你必须解释为什么。如果你不能让孩子理解他犯错误的原因，只是告诉他怎么做题，这对孩子的学习毫无助益！

让孩子教你怎么解题

我在"教"的过程中所学到的知识远远超过我在"听讲"的过程中所学到的东西。学习并掌握新知识最有效的方式是教别人学！孩子都喜欢扮演老师。因此让孩子教你学是一种有效的学习策略。

首先让孩子给你选个题目。然后请他给你一步一步地讲讲怎么解题。当孩子在给你讲解题过程时，备好纸笔，照着他说的写下来。记得时不时地停下来问问他："我为什么要这样做呢？"如果孩子讲错了，问问他："你确定吗？"和他一起找出正确的解法。当你在孩子的指导下完成了题目，检查一下答案。当你的孩子"教会"爸爸妈妈解题后，他一定会为自己感到骄傲的。

注意重复的有效应用

我常常让孩子反复做同样的题，题越难，这种重复训练就越有效。怎么解题？怎么着手？解题步骤？通常，学习中的"顿悟"，也可以叫作"灵光一现"，往往就在这种重复的过程中出现。因为，这种重复训练可以帮助孩子们把注意力集中在解法的固定套路上，而不用担心出现新的知识点；同时也可以帮助孩子们举一反三地思考相似题目的解法。当孩子们在短时间之内接触到太多新题型时，解题就难免流于草率。

当然，概念的重复也很重要。重复概念可以强化并帮助学生记住数学中的公式和定理。

47 数学教具

你知道吗？数学教具能够让孩子更容易理解数学上的概念。

市场上有许多可供选择的数学教具——就像玩具——帮助孩子们通过游戏掌握数学概念。孩子在平面上把教具放置在不同的位置和形状中以此来学习数学理论，通过动手使得概念变得立体起来，使之更容易为孩子所掌握。孩子们在学习数学的过程中常常无法理解抽象的概念，特别是对于那些学不好的孩子来说，教具的作用非常大。

当然，你也可以把教具买回家束之高阁，然后静候奇迹的出现。但是我们都知道，这是不可能的。孩子，尤其是小孩子，需要在父母的指导下使用教具。父母应该陪着孩子玩耍，帮助他们学习和理解数学概念。

如果你既没有多余的钱也没有时间，就不必购买教具了，许多简单的生活用品都可以为你所用。

三位数加减法和进位

教具材料：硬币（元、角、分），纸、笔。

首先准备一张白纸放在旁边。画线，把纸分成均等的三列，从左到右分别写上百位、十位和个位。分别用9个元角分的硬币来代表百、十、个位的数字。接下来问问孩子："9后面是什么呢？"我们都知道应该是10。当我们在个位上放了9个分币时，如果再加上1个，我们就应该把这9个分币拿开，在十位上放上1个角币。继续加下去，直到100，反复使用9个分币加1个分币变成1个角币，再用9个角币加上1个角币变成1元。通过这种方式强化进位的概念。

当孩子们理解了进位，他们就可以进行10以内的加法。先用分币，把它们加在一起，如果超过了10个，就用1个角币来代替。把分币放在个位，再来计算角币。循序渐进，学生能够轻易地学会三位数的加法。如果你们在计算中使用了超过9个1元的硬币，问问孩子，接下来应该怎么办呢？

你还可以用同样的办法教孩子学习减法。如果下一行个位上的分币数多于上一行的，提醒孩子从十位上的角币里面"借"1个出来进行计算。通过这种办法，你能够轻易地把"借位"的概念从抽象变成具体，教会孩子加减法。

乘法

教具材料：1个空鸡蛋盒、144颗豆子，2个骰子.

1至12的乘法因数，可以通过把豆子放进一个个空鸡蛋盒再相加的方式进行演示。比如2×6，你可以在6个孔里各放入2颗豆子，然后让孩子来数一数豆子。同时还可以让孩子思考一下，这些豆子还可以怎样平均地分成几份呢？

如果再配上骰子，用掷出的点数来决定豆子的颗数和孔数，乘法的学习就更像游戏了，小学阶段的孩子通常会比较喜欢参与。

除法

教具材料：纸、笔、144颗豆子，骰子。

给孩子一些豆子，比如说50颗。掷骰子，在纸上按照骰子上的数字画出相应的圆圈。如果掷了个7，就画7个圈。把50颗豆子平均分在7个圈里，每个圈里有7颗，还剩1颗。这样，你就形象地展示了50除以7等于7余1。根据孩子对乘法和除法的掌握情况来决定需要多少颗豆子及骰子。这种方式非常适合刚刚接触除法及余数概念的小学生。

分数

教具材料：彩色图画纸、尺子、铅笔、剪刀。

小孩子很难理解分数的概念。怎么把分数的概念变得具体起来呢？把彩色图画纸按照英寸或者厘米（可以是几英寸或者几厘米）剪成大小一样的条状。仔细测量，选用不同颜色的纸条来代表每个分数，1/2、1/3、1/4、1/5等；把每个分数标在上面。比方说，如果你把一张纸分成了5份，就应该在每一条上面标注上1/5。

确保同一个颜色的纸条拼在一起，如果红色的纸分成了三条，就应该是1/3条。需要多少条才能够拼成一个整体呢？分数和拼成整体所需的条数之间有没有什么关联呢？因此，你最好保留一张完整的，以此来表达"1"这个概念，以便和其他分数进行比较。

取两种或多种不同颜色的纸条，让孩子们试着用不同的方式把它们拼成一个完整的"1"。如果你取了1条1/3条，4条1/6条，能够凑出完整的一张纸吗？你有没有注意到分母的数字是决定纸条能否凑成完整的一张纸的关键呢？什么样的数字能够进行组合呢？（1/3和1/6，1/2和1/4，1/8……）

其他教具

教具的种类还有很多，我们还可以制作代数教具、几何教具或其他的教具来体现更为复杂的数学概念。上述例子只是一些可供大家参考的建议，一些可以在家里采用的简单易用有趣的教具。如果你希望准备更多的教具，你可以在网上订购，也可以开动脑筋自己制作！

48 数学游戏

你知道吗？逻辑游戏能够提升孩子的数学能力。

普通的游戏可以提升孩子的计算能力、判断能力和逻辑能力，这三种能力构成了数学学习的基础。有些用以构建数学能力的游戏如今很受欢迎，像是"降落伞和梯子"或者"珠玑妙算"，看起来似乎和数学没有什么关系；而有些游戏，像是"数独"或者"20 EXPRESS"则需要在游戏过程中使用到更多的运算。即使是这样，设计这些游戏的目的都是使人们感受到数学的乐趣。

通过游戏的方式来学习数学的理念已经深入人心，因此现在要找到一些游戏来提高数学技能可以说是易如反掌，这些游戏常常是经过特别设计的。只要动动鼠标，你就能在网上搜索出很多用来提高数学能力的棋盘游戏。

网络资源可以帮助你发现许多在线数学游戏。这些游戏和其他电脑游戏一样，也可能使孩子上瘾。但是只要稍加监管，在线数学游戏就可以帮助孩子们学习不同数学概念并且通过练习加以掌握和巩固。

但是有些简单的数学游戏并不需要网络，也不需要花钱。只需要动用几件简单的日用品，你就可以为孩子创造出自己的数学游戏。如果把全家人都发动起来，或者是组成一个数学游戏小组，让每个人都有机会来发明自己的数学小游戏并且和大家一起来分享，一定会非常有趣。如果有人想出了一个大家都喜欢的游戏，我们甚至可以想办法把它开发成商品呢！关于简单的数学游戏，我有一些小小的建议，就当是抛砖引玉吧！

乘法方框

游戏材料：纸板、笔、一副纸牌、144个纽扣、硬币或者是其他标记物。

这个游戏的目的是帮助学生掌握乘法表。首先在纸板上画一个12×12的格子，确保每个格子足够大，至少能放下一颗纽扣或者一个硬币。从左至右，在第一排的格子上面标上1～12；从上到下，在第一列的格子旁边标上1～12。这样一个144个格子的正方形就画好了，格子要空白的。

其次，把硬币、纽扣或者是其他标记物分发给游戏者，保证每个游戏者手里的硬币是同样的或者是纽扣是同一种颜色的。当然你也可以用手工纸来制版，但是你必须要保证能够区分每个游戏者手里的标记物。

洗牌，A=1……Q=11，K=12。把这副牌里面的J和大小王取出来，作为"听用"。随便翻出两张牌，让游戏者把这两个数相乘。假如翻出的是两个K，游戏者需要计算12×12，第一个喊出答案的人可以把他的标记放在代表正确得数的方格里。

反复翻牌，重复这个游戏，直到整副牌用完。数一数纸板上的格子，哪位游戏者的标记物最多就赢得了比赛。如果只有一个参与者，可以通过计时的方式来确定游戏成功与否。如果他在规定的秒数内完成计算，就可以把标志放入格子。如果去掉了六张牌，游戏的最高分是24，如果加上则是26。"听用"牌的数字可以由父母来决定。

整数创造者

游戏材料：纸、笔、一副纸牌。

这个游戏中只需要使用1～9的纸牌，通过这些纸牌我们可以拼出任意一个数字。基本上，通过36张纸牌你可以带着孩子进行各种运算练习。当孩子们面对新问题时总是兴致勃勃的。如果你们正在练习三位数的减法，你可以任意选出三张牌放在上面作为被减数，再选三张牌放在下面作为减数。用这种方法可以随机出题，帮助孩子们进行整数的加减乘除练习。

如果你的孩子不喜欢做那些他们本来应该做的数学家庭作业，那就让他们用扑克牌来完成整数的加减乘除练习吧，翻翻牌就能够解决这个问题。

指数

游戏材料：纸、笔、一副纸牌。

去掉纸牌中的J、Q、K和大小王，保留A作为1。洗牌，把牌平均分发给游戏者，正面朝下放好。当发牌者说"开始"，每个游戏者都把第一张牌翻开，把这张牌作为"基数"，翻开第二张牌作为"指数"。

游戏者快速按照基数和指数计算出得数。如果基数是3，指数是2，你就需要计算出3的平方。每个参与者都说出自己的答案，得数最大的将获得胜利。胜利者可以收走这一轮中所有的纸牌作为战利品。在这一轮里如果有谁算错了，他的纸牌就会被其他人拿走。

当所有的纸牌都用完了，游戏就结束了，我们可以来数数看谁手里的纸牌最多，谁就赢得了比赛。

在http://www.learn-with-math-games.com上面，你还可以找到更多有趣的数学游戏。当然，还有更多优秀的专业网站为你提供更多免费的好游戏。

数学战争

游戏材料：纸、笔、一副纸牌。

红色的纸牌代表正数，黑色的纸牌代表负数。洗牌，把牌分给两位游戏者，牌面朝下。一个游戏者喊"战争开始"，于是大家翻出最上面的第一张牌。第二位游戏者给出计算方法：加、减、乘、除等。最后，大家再翻出一张牌。这样，每人就有两张牌。记住，红色的代表正数，黑色的代表负数。游戏者用两张牌进行运算，如果第一张牌是红8第二张牌是黑5，计算方式是减法，那么我们的算式就应该是 $8 - (-5) = 13$。同样，得数最大的一方获胜，保留翻开的纸牌。当所有的纸牌都用完了，这一轮比赛就结束，数数看谁手中的牌最多。

关于数学游戏的设计还有很多，在本书中提到的不过是九牛一毛，你可以借鉴这些方式创造出更多适合于孩子的数学游戏来。建议最好是大家一起组成一个小组，共同设计游戏并分享自己的想法，别忘了一定要让孩子来检验一下哪个游戏更好玩哦！

49 一起来挑战创意写作吧

你知道吗？不喜欢写议论文的孩子也许喜欢写小说呢。

通常学校里布置的作文都比较枯燥，通常是就某个话题发表议论，孩子们当然不太喜欢写这类文章，甚至有些孩子还会觉得自己写不好。但是如果让孩子们充分发挥想象力，他们会非常享受创作的过程。如果是一大群孩子或全家人一起参与，写作就变成了一种有趣的游戏，这不但有助于让那些不喜欢写作的孩子爱上写作，更有助于使那些希望成为专业作家的孩子提高写作能力。

"魔法帽"的故事

针对人群：不愿意写作的孩子或者希望提高写作技巧的孩子。

游戏材料：两顶帽子，纸，铅笔，剪刀，骰子，零食。

这个游戏适合于各种社交场合，可供两人或多人同时参与。

孩子们可以一起分享零食，思考有趣的单词。

剪一些小纸条，写上表示人、地方、事物的名词，比如猫、树、宇宙飞船、大米等这类简单的名词，把纸条放进其中一顶帽子。剪一些小纸条，写上可以修饰名词的形容词或数词，比如100、绿色、生病的、超级聪明的等，把这些纸条放进另一顶帽子里。

请"魔术师"闭上眼睛从两顶帽子中各抽出一张纸条，假如名词是"猫"数词是"100"，我们的故事标题就叫"100只猫"。所有参与游戏的人要一起来编写一个关于100只猫的创意故事，当然每个人都要各自面对不同的挑战！

题目的难度由骰子来决定。我们都知道每个骰子的六个面上有1至6，一共6个数字，每个数字代表故事的一个组成部分，1代表人，2代表事件，3代表时间，4代表地点，5代表为什么，6代表怎么样。

从左到右，每个参与游戏的人通过掷骰子来决定他要编写的部分，并且提高下一位参与者的游戏难度，让大家一起来玩故事接龙。如果第一个孩子掷出个1，他就得编出故事中的人物，游戏的目的是尽可能把故事写得有趣或者加大接龙的难度。如果第一个编故事的人决定了故事的主人公是"国王"，那么接下来大家的故事就必须围绕着国王的100只猫来展开。

如果第二个人掷出了2，他就应该讲讲这100只猫到底发生了什么事儿。也许它们去了外太空旅行。于是下一个人就必须讲这些猫在外太空旅行的故事。

如果第三个人掷出了3，他需要给故事加上时间，这100只猫什么时候去外太空的呢？是在侏罗纪时期吗？那么在下一个人的故事里，这些猫们将穿越到侏罗纪去面对恐龙了。

每个参与者都必须要用上开始抽出来的名词、形容词或数词，同时每个人都要面对来自前一个参与者的独特挑战。因为每个人都想给其他人设置难题，于是故事里的每个元素都变得有趣、疯狂，甚至有些出乎意料了。

我们还需要一个计时器来规定时间，也许15分钟吧。每个人都必须在规定的时间之内写出一个妙趣横生、创意十足的故事。故事必须符合标题和其他人加进去的元素，否则就不合格。

时间到了，让每个人把自己写的故事带着感情大声朗读出来。让大家投票选出最佳故事。投票前要公布一下原则，比如不投自己，要注意故事的创造性、娱乐性、长度、风格等因素。如果出现平手，让大家再投一次直到选出最好的。

魔法帽的游戏更适合用来提高母语的写作能力。但是为了挑战外语能力已经达到一定程度的学生，也可以要求他们用外语来写。

不要吵醒爷爷

针对人群：需要鼓励的小孩子，让他们开始写作。

游戏材料：笔记本、计时器、钢笔。

爷爷的午睡时间取决于小孩子保持安静的能力，"不要吵醒爷爷"是个很简单的游戏。设置好计时器，给孩子一支笔一个本子，告诉孩子，如果他说话就会吵醒爷爷。我们都不希望这样，所以在规定时间里，如果他想说话就把想说的内容写到本子上。不会写的字可以用拼音、画图或者表演来代替。

如果孩子能在规定时间里保持安静，你应该要奖励他。但是别忘了，即使是"午睡时间"也得问孩子一些问题，并且让他们回答。如果在写作过程中发现孩子不认识或者不能写的字，一定要让他们记下来。家长必须要检查并订正孩子在写作中的错误。

故事混搭

针对人群：需要灵感的学生。

游戏材料：纸、笔、剪刀、彩色笔、三顶帽子或三个碗。

当老师给学生布置写作作业之后，他们也许不知道该写什么，或者是完全没有灵感，故事混搭可以有效地解决这个问题。首先，在纸条上写上"人物"，数学老师、妈妈、王子、巫婆都可以，放进第一个帽子或碗里。第二个里面放"地点"，纸条上可以写学校、巴黎、飞机上等。第三个里面放"事件"，任何事件都可以，比如卡在马桶上了，被抢劫了，迷路了……从每顶帽子或者碗里抽一张纸条，有人物、地点、事件；用这三个要素编一个简短的故事，想象主角怎么解决他遭遇的难题，还可以用彩笔画一些插图。如果希望多一些变化，还可以多选几个人物、地点、事件。较小的儿童可以在父母的帮助下口述他们的故事，表演他们的故事，或者把他们的故事记录下来。

50 家长如何帮助孩子学习自己都不懂的科目

你知道吗？如果你想帮助孩子学习，你不需要懂得每一个科目。

问题： 当孩子需要完成作业的时候，你却对这个学科一窍不通。

每一年，孩子们总在学习一些更高级的科目。随着他们的成长，他们渐渐带回一些家长自己都不懂的作业。当然，有时候孩子们在完成家庭作业的时候会需要帮助。有没有什么办法帮助孩子学习和掌握家长自己都不懂的科目呢？

在多年的家庭教育过程中，我经常面对这个问题。我的孩子们需要学习AP课程，他们常常要学习一些更高级的科目，我必须承认我对他们学习的这些学科和话题并不了解。但是渐渐地，我就发现在帮助孩子完成作业的过程中，家长自己并不需要成为某方面的专家。

朗读课本

通常，如果我们在学习中遇到问题，我做的第一件事情是让孩子翻到讨论这个问题的课本原文。课本目录里有每个章节的标题，因此很容易就能找到你需要的资料。有时候，家长把这些原文大声朗读出来就像孩子们正在听老师讲课一样。在朗读的过程中时不时停顿一下，让孩子解释一下你刚才说了什么，如果遇到你不知道的单词，让孩子告诉你这是什么意思。如果孩子也不知道，就一起查字典。一般情况下，课本里关于每个问题的讨论只有一到两页。然后让孩子解释一些你刚才读过的内容，如果孩子不太确定，我们可以进行下一步学习。

相关课题的网上搜索

网络教程涵盖了学校课程中每一个容易出现问题的章节。如果孩子在理解化学中酸碱反应的滴定实验时遇到困难，你所需要做的仅仅是在YouTube上去搜索一个相关视频，详细地解释一下这个实验的原理。如果使用搜索引擎查找，只需要在搜索框内输入关键词"酸碱滴定教程"，你就能找到成千上万的相关网页。你需要做的不过是在其中选择一个评价看起来特别好的而已。我们可以在互联网上找到一些很可靠的网站，专注于对某些课题的讲解，便于搜索和学习各种各样的课程。这里推荐一下可汗学院的网址：https://www.khanacademy.org/。有些大学也会创建可靠的教学网站，普渡大学建了一个学习英语语法的网站，叫作"猫头鹰"（OWL）。"OWL"是"在线写作教室"（Online Writing Lab）的简称。https://owl.english.purdue.edu/owl/提供了许多有用的信息。我在这里举出的都是一些英文网站，但是我相信你同样能找到很好的中文学习网站。我只是使用搜索引擎就找到了这些很好的网站，并不需要别人的指导。我不停地搜索和查看直到我找到最喜欢的，你也可以这样做！

找例题

如果你能够找到网络教程，用同样的方式你也可以找到例题。你可以用"谷歌"或者"百度"来查找"例题"或者"习题集"，不过要记得先输入你的问题哦。比如，我想看看怎么解决"酸碱滴定"问题，我在搜索栏里输入"酸碱滴定例题"，之后就可以在网上找到附带详细的解题过程的例题。这些例题可能和孩子的作业不完全一样，但是解题步骤其实大同小异。例题可以给孩子们提示，帮助他们理解和掌握正在学习的知识。

参考书

有时候孩子们的课本无法清楚地解释某些问题。这时候我通常会去网上书店购买一些参考书。假如孩子的化学课本很难，你可以查查有没有《化学自学导读》或者《初级化学》或者《学生化学助手》，你可以找到很多更简单的书，甚至还有一些"傻瓜手册"和"简单到可笑"的书，是用非常滑稽的角色、非常简单的方式来解释这些话题的卡通书。如果孩子在学习的过程中偶尔遇到问题，你不用购买参考书，但是如果孩子在学习过程中总是无法理解某个问题，无法应用某些理论，参考书就非常必要了。在购买之前请仔细阅读相关评价，参考书一般是价格便宜的平装书。当孩子在学习过程中遇到问题，让他认真阅读参考书中的相关章节。参考书会带给孩子们他们所需要的帮助，用不同的方式或者更简单的方式来解释他们需要理解的知识。

帮助孩子准备记忆卡片

当你和孩子一起阅读的时候，找出书中的定义和重要的话题。我总是用3cm×5cm的卡纸来写下背诵要点。问问孩子哪些资料是需要背诵和记忆的，帮助他们复习并确定需要抄写在卡片上的资料。假如他们需要记住"酸碱滴定法"的步骤，你们可以在卡片的正面写下酸碱滴定法的步骤，让孩子在背面写下解题的概述，然后在复习的过程中，让孩子把步骤讲出来。如果某些东西很难记住，比如复杂的公式，你可以打印在纸上，贴在孩子每天都能看到的地方。我会把微积分的方程式贴在儿子浴室的镜子上，让他一边刷牙一边背诵。

让孩子给你当老师

如果你想学好一门学科，没有什么比让你教别人学习更好的办法！如果孩子能够用别人都能理解的方式清楚地讲解他所学过的知识，证明他已经很好地掌握了。让孩子用简单的语言解释概念，说明他的解题步骤。认真思考你的问题，仔细观察孩子的反应。让孩子教你学习，有助于巩固孩子的记忆，同时你也能学到新东西！

51 找个笔友吧

你知道吗？人际关系可以激励孩子提高他们的沟通技巧。

问题：孩子花太多时间在社交网站上与朋友聊天，却没有足够的时间来提高书面交流的能力。

类似于短信和社交媒体等，在线交流并不需要高超的写作技巧。事实上，这类沟通往往大量使用非正式的"写作"方式，如表情、首字母缩写和简写等，反而削弱了学生在正规写作方面的技巧。如果孩子有笔友，他就需要通过正式的信函写作来进行沟通，从而帮助他提高书面交流的技能。

小学时最美好的记忆之一就来自我的笔友，白瑞儿。她住在加勒比地区的一个岛上，她家的后院里有一棵杧果树。那时我从未见过杧果，所以不知道那是什么，我甚至不知道那是一种水果。对我来说，这一切显得无比陌生和神秘，我试着想象一个完全不同于我的世界。在过去，像我这样的一个普通女孩，如果想要认识世界上其他国家的人，唯一途径只能是通过信件。出国旅行是不可能实现的梦想，而那个时候互联网还没出现呢。仅仅只是通过想象来了解我从未见过的异国文化非常艰难，由于这些限制，我很难把笔友的生活经历和现实联系起来。

今天，我们很容易就接触到外国人，旅行成为普遍趋势，也比以前便宜。数码照片随手可拍，即时上网。如果我想知道杧果是什么，我只需要上网搜索一下就能轻易地获得照片、描述乃至杧果的营养构成。我可以和住在地球另一面的人面对面交谈！所有这些技术进步使得今天的笔友比我年幼时变得更有用和有趣。来自异国他乡的信函中的字字句句栩栩如生地呈现在我的脑海里，因为网络技术帮助我加深了对它们的理解。现在的孩子们有能力通过互联网"看见"外国文化，这使得他们与笔友之间更容易形成长久的友谊。

如果你的孩子很喜欢社交，他可能会花很多时间和朋友们网聊。为什么不利用他的社交爱好帮助他寻找并发展一位外国笔友呢？这不仅能提高他正式文体的写作能力，也能丰富他对全球文化、地理和历史的了解。而最重要的是，他将能够认识一个新朋友，发展一段新关系。

监督孩子的笔友。作为家长，你的责任首先是为孩子提供一个安全的环境。这就是为什么你应该监督孩子与笔友的关系，特别是如果孩子还小的话。

确保笔友的合法性非常重要，因为他不能曲解现实，也不应该宣扬不适宜的价值观。确保孩子的笔友在与你的孩子通信之前也得到了他父母的许可。确保孩子在与家人以外的其他人通信的过程中了解安全规则，知道什么可以讲什么不可以讲。这些安全规则同样也适用于在线聊天。

帮助孩子找一个合适的笔友。找到一个年龄相当、性别相同的笔友将有助于孩子发展一段美好的友谊。如果你希望帮孩子在英语国家找一个笔友，最好能看看这个孩子是不是同时也在学中文。如果是，两个孩子的通信还可以中英文参半。也许你孩子的英语老师还可以和孩子笔友的老师成为笔友。如果两个语言老师共同协作，也许还能给各自的学生提供一些交友名单呢。

找个值得信赖的交友网站（笔友），你只需要在搜索引擎中输入"笔友"，就能轻松找到许多笔友交友网站。例如，有一个名叫"笔友世界"的免费网站，www.penpalworld.com。顾名思义，这个网站专门为全球笔友提供交友平台，帮助大家寻找友谊。还有一个笔友交换平台只对学生开放，www.pen-pal.com，网站名叫做"学生信件交流"，虽然不是免费的，但是年费也非常便宜。在你决定使用任何网站帮助孩子寻找笔友的时候，审查和评估都是必不可少的；但是很明显，有很多选择都值得一试。

帮助孩子做好准备，使写信的过程更轻松。现在要想找到邮票、信封和适合信函写作的文具似乎比较困难。如果在写信前还得花很多力气去置办这些东西，可能还没开始孩子们的热情就燃烧殆尽了。所以，家长要确保物资供应，让孩子能够把精力都集中在写信上。

如果孩子不能很好地理解笔友的生活，他在写信的时候很可能陷入无话可谈的尴尬。鼓励孩子通过研究自己笔友的国家文化和历史风情等方面，来发展与笔友的共同兴趣。如果他们能够熟悉对方的生长环境将更有利于他们建立良好的友谊。当然，我们还可以鼓励孩子与笔友一起分享照片，进行视频聊天等。

52 组织一场文学派对

你知道吗？文学派对可以创造一个轻松的学习环境。

问题： 你的孩子是否喜欢阅读会、图书俱乐部或者读书会？可以举办一次派对来帮助他，让他自然地融入读书会中去。

通过组织派对，很容易聚集起一群朋友或一帮同学，用这种方式来分享读后感会使孩子们兴致盎然。一群孩子中，总会有些更具创造性，有些更善于交际，有些更害羞。但是由于文学派对比较放松和有趣，即使是最害羞的孩子也会积极参与其中。

如果你的孩子对传统的读书俱乐部不感兴趣，组织一次主题读书会晚餐可能是提升阅读兴趣的最好办法。传统的读书俱乐部往往专注于一本书的讨论和分析，如果学生胆子太小，可能会羞于表达。他可能会因为不知道应该说些什么而保持沉默，又为自己的沉默而感到尴尬。但是所有的孩子都喜欢聚会，如果你把读书会和晚餐结合起来就是一次文学晚餐。每个孩子，即使是那些阅读能力较弱的孩子，都会享受这种基于某一本书的主题派对。要想实现这一想法，先给孩子找一群朋友和一间较大的可用作表演和聚会的房间，可以是大餐厅、客厅等。

怎么组织文学派对呢？具体步骤如下：

第一步： 选对一本书。不要选那种太长或太难的书。我们的目标是使尽可能多的孩子参与到活动中去，即使是那些比较害羞的孩子或者是那些阅读能力不佳的孩子。只要书够短，就能保证所有的孩子都能在派对前读完。一定要选一本有特色的书，也许书中有一个特别的地方，一个特别的时间，或者一个特别的角色。有一些短篇小说很适合我们的要求。比如《蝇王》的故事发生在一个特别的地方——一个荒岛上；《了不起的盖茨比》的故事发生在一段特别的时期——美国的爵士时代；《动物庄园》的故事中有一个特别的角色——主角们是动物。当然，这些例子其实都来自典型的美国高中生的文学课本。在为儿童选择书本的时候，或者在选择中文图书的时候，我们同样可以遵循这些原则，确保这些书短小精悍并且独树一帜。

第二步：选对一个主题。你准备怎么布置你的派对呢？当然，这取决于你选择的书。书中的人物会吃什么样的晚餐呢？在《了不起的盖茨比》中，晚宴往往奢华而优雅，充斥着爵士时代的时尚和音乐。在《蝇王》中，荒岛上的孩子们可能只能吃烤猪肉，加上香蕉、椰子，而他们的穿着可能破烂不堪，只是在身上围着几张棕榈叶。而在《动物农庄》中，动物们可能只能吃点玉米和豆子，装饰风格偏向谷仓，那就要按照所选书本的主题来装饰餐厅。当孩子们开始考虑这个主题是什么的时候，他们已经开始对所读的书本进行最基本的分析了。

第三步：指定服装。确保客人都知道自己应该穿着与主题相配的服装出席派对。例如，在爵士乐时代，女士喜欢穿着"亮片"风格的服装，佩戴帽子或发带，男士穿西装。鼓励客人准备符合主题的服装，如果一本书中有许多不同的角色，你可以指派客人扮演，或者让他们自主选择。但是无论哪种情况，都请他们按照主题着装。在孩子们选择服装的同时，他们将进一步了解书中所描述的时代、地点和人物。

第四步：游戏。文学派对上有很多游戏可以玩，任何时候都可以插入和书本有关的游戏。关于游戏，我有几点建议：

（1）问答题是最简单的游戏。每个客人都必须准备几个和所阅读的书本相关的问题。主持人把所有的问题收集起来大声朗读，把客人分成两队，让他们分队齐心协力地回答问题，答对问题多的一队将获得奖励。

（2）戏剧游戏也非常好玩，特别是当客人们都已经按照剧情装扮好以后。将客人分成几个小组，每一组分配一个场景。给每组时间准备，让他们戏剧化地演出书中的场景，让他们用纸、蜡笔或家居用品来制作道具。表演得最好的一组获胜。通常在这种情况下，我们需要一位成年人来当评委，以保证公平。

（3）猜角色是一个可供两个队伍竞争的游戏。把写好的人物和场景事先放入帽子里，每个小组派出成员根据抽到的人物或者场景进行表演，而他的队友必须根据他的表演猜出他试图"重现"的场景和扮演的角色。唯一的规则是参加表演的队员不能说话。如果在1分钟之内他的队友无法猜出答案，则判对方获胜。猜对最多答案的一队获得最后的胜利。

步骤五：时间控制。如果你希望组织一场文学派对，必须确保所有的客人有足够的时间做准备。主持人应该至少在聚会前一个月就选好书本和主题。让孩子们尽可能多地参与到派对的计划和组织中去。初中生应该可以完成绝大部分准备工作，小学生在食物和装饰上面则会需要更多的帮助。

请记住，策划派对也是学习过程中一个不可或缺的重要环节。一个讨厌阅读的孩子也许喜欢策划聚会和制作装饰品，但是由于派对的主题来自书中的灵感，孩子们不得不认真阅读，以确保整个派对既忠实于原著又充满趣味。因此，这不失为一种"隐形"的鼓励孩子阅读的方式。

假如你在课堂中引入"文学派对"这一概念，请确保每个孩子都能参与到派对的策划工作中来。

在聚会前的一个月，提醒所有的客人完成这本书的阅读，提出一些简单的问题，认真想想如何让服装与主题更契合。如果每个人都有备而来，你们将会更加享受派对的过程。让每个人都写下自己最喜欢的语句，带好书。最重要的是，玩得开心！

53 阅读比赛

你知道吗？我们可以设计一个比赛，让所有的孩子都成为赢家。

问题：在一群阅读能力参差不齐的同年级学生中，得高分的永远是固定的那几个人，其他学生慢慢就会放弃努力，因为他们知道自己无法赢得比赛。

无论你是希望鼓励孩子阅读的父母，还是一个面对一大群各式各样学生的老师，都需要富有创造性的思考如何去激发孩子们的阅读兴趣。在一些典型的阅读比赛中，阅读速度快的孩子总是比看书慢的孩子要读得更多一些。一群学生中，肯定会有一些人阅读速度更快，一些人阅读速度较慢。作为老师和家长，有时候很难鼓励阅读速度较快的孩子们多看点书，因为他们的分数已经很高了。确实，如果已经处于金字塔尖了，干吗还要更用功呢？正是由于这种态度，很多阅读速度较快的孩子没能进一步发挥他们的潜力。与此同时，家长和老师也很难鼓励阅读速度较慢的孩子多看点书，因为他们知道自己再怎么努力也赶不上那些阅读速度快的同学。反正结果都这样了，干吗还要尝试呢？正是由于这种态度，很多阅读速度较慢的孩子同样无法激发自身的潜力。

美国的公共图书馆系统使用了一个非常"强大"的办法来鼓励孩子们在暑期里多读书，这个比赛使得每个孩子都有平等的机会去赢得奖品。比赛的宗旨在于看每个孩子每天花了多少时间在阅读上，胜负不是基于孩子们能读几本书或者能回答几个问题，任何孩子只要愿意花时间阅读就可以赢得奖品。这样一来，不管这个孩子阅读速度如何，都能够通过积极参与提高阅读能力。没有孩子不喜欢这样的比赛，而且这个办法很容易在父母教学群、教室或者图书馆等地方复制。这种阅读比赛可以由当地的书店来赞助，也可以让大一点的孩子们（青少年）来为小一点的孩子们（儿童）组织策划，作为他们的志愿活动之一。组织这类比赛唯一需要的就是一群积极参与策划组织的成年人或者青少年。

阅读比赛的组织方案如下：

第一步：组织。聚集一群成人或者愿意做志愿者的青少年来进行策划。这些人可以是孩子的父母、教授语言课程的老师以及初中生、高中生，大家聚在一起商讨出比赛的时间安排和奖品。

第二步：拉赞助。因为奖品不是免费的，去找找本地的商家，看看他们是否愿意提供赞助。如果商家的产品正好是孩子们喜欢的，看看他们是否愿意捐赠一些免费的小物件作为奖品，比如苏打水、冰激凌等。这样既能帮他们打广告又能为比赛准备奖品，一举两得。书店是最好的赞助商。如果不行，你可以在父母群里搞一次小型募捐，把这些钱用于购买奖品。如果比赛是为某个特定的学校组织的，或者是为了某个志愿项目而组织的，一定不要因为缺乏赞助就轻易取消，一定要让所有的孩子都能够参与进来，因为通常来自贫困家庭的孩子更需要鼓励。

第三步：准备小奖品。为孩子们准备的奖品可以既便宜又讨好，他们喜欢贴纸、书签、糖果、丝带和其他小物件等。

第四步：准备大奖。当然，我们应该准备一个大奖来奖励那些在比赛中花了最多时间来阅读的孩子。如果你们希望有更多的孩子赢得大奖，可以在比赛中设置一些"门槛"。比如，当某个孩子的阅读分钟数超过了指定数量，他就可以参加派对或者是某个特定的庆祝活动。但是无论结果如何，在结束时都应该表彰和奖励每个孩子在比赛过程中所付出的努力和取得的进步。

第五步：报名。比赛开始时，让孩子们自行报名。给每个孩子发一张卡片，用来记录他们每天花在阅读上的时间，给孩子们解释比赛规则，告知他们需要父母签字确认他们每天的实际阅读时间。同时，给每一个报名参赛的孩子准备一个小小的礼品，我建议给他们每人一张书签。

第六步：让孩子们认识到自己是阅读小组不可或缺的重要组成部分。给孩子们设定一个可以实现的"群体目标"。这个目标是孩子们通过共同努力能够实现的，比如1000小时阅读量。

如果目标达成，所有的孩子都会知道他们自己的努力是实现这一群体目标的重要组成部分。如果这个目标是由学校给孩子们设立的，学校可以在目标达成时安排一些特殊的奖励，比如一顿特殊的午餐或者是聚会。另一种帮助孩子找到团队归属感的方式是为孩子们准备T恤或胸章，凡是参与的孩子都应该统一穿戴。当孩子觉得自己是某个群体的一部分时，他们的主动性和积极性会更高。

第七步：用图表和奖励标注阅读目标。每周都设定一个特定的目标，当孩子们达成后一定要为他们准备一个小奖品。如果一个孩子的阅读时间达到了100分钟，可以奖励他一颗糖果或是一些贴纸。家长也可以制作一张进度表，标注上每个孩子的名字。每阅读30分钟就可以换取一颗金星或者类似的标记。孩子们可以自豪地把自己的进度展示给父母和朋友。对于年龄大一点的孩子，应该设置更高的阅读目标，因为他们应该能够集中更长时间的注意力。如果有必要，我们可以把参与者按照年龄进行分组。

步骤八：颁奖。在比赛结束时，计算参加比赛的孩子们的阅读时间，为所有的孩子颁奖。无论你决定如何庆祝——大奖或者派对——一定要让所有参与的孩子们认识到他们花在阅读上的每一分钟都是值得的。

54 写一本书

你知道吗？孩子们能够轻松地写出一本著作！

问题：你在想方设法提高孩子们对阅读写作和书本的热情，你希望孩子们能够一生与书为伴。

学习有两种类型，主动和被动。传统的方式是被动式学习，孩子只需要单纯地聆听和服从，学习的目的是为了通过考试。这使得学生们只关心能否通过考试，并不真正关注"学习"本身。近年来，人们对主动学习的关注逐渐超越了被动学习。在主动学习中，实际上是孩子们自己创造了学习经验，他们的学习是出于自己的兴趣爱好，因此他们为自己所学到的知识感到骄傲。在主动学习中，孩子们自己策划和安排学习项目，他们学习不是因为他们要通过什么测试而仅仅是因为他们自己想学。

我从小学开始，就很喜欢看书。但是当我还是个孩子的时候，我常常被动地听妈妈给我读故事。因为写书的是成年人，画插画的是成年人，朗读的是成年人，我发现自己无法积极地参与到这个过程中去。渐渐长大后，我学会了自己阅读。阅读变成了主动的——我当时非常喜欢带感情地戏剧性地为朋友们朗读，我特别享受朋友们对我激情四射的朗读风格的关注。但是，请注意，当时我所朗读的书仍然是成年人写的。

当我听说有一场专门为儿童举办的图书写作大赛时，我充满了好奇。在此之前，我从未想过我居然可以自己写书。我决定自己也要写一本书。说干就干！我写一个关于会说话的动物的故事，还在几个章节之间加入了插图。当我第一次完成了作品，我兴奋异常。而当我得知学校图书馆愿意收藏我的书的时候，我高兴地快飞上天了。我干劲儿更大了！

通过让孩子自己写书这种方式，可以让孩子积极参与到阅读和写作中去。写书看起来似乎是一个艰巨的任务，但实际上却非常简单。如果孩子想编一个故事，你可以鼓励他把这个故事写成一本书。写书把被动的阅读变成了主动的写作、绘画和创作，有助于孩子们爱上阅读并把这种习惯终生保持。

第一步：写书。孩子在创作过程中可能需要一些指导，帮助孩子理清思路。

（1）在创作过程中，多和孩子聊一聊。主角是谁？故事中的人物需要面对什么样的困难？他们能够解决吗？故事要怎么展开和结束？这个故事是搞笑的还是严肃的？这个故事是魔幻的还是现实的？这个故事要讲什么道理呢？……一定要等孩子已经想出自己的故事梗概后你才能向他们提问。只有当孩子在写作过程中遇到了困难，才需要通过提问的方式帮助他们理清思路，发现他们到底想要表达什么。

（2）在孩子们不会写字之前，他们仍然可以讲故事，让他们讲你来记录。如果孩子在拼写和语法上需要帮助，不用犹豫，重要的是故事而不是拼写或语法。

（3）不同年龄层次的孩子在写作上的表现上会有很大的不同。幼儿可能只能写一些简单的句子凑成一个短篇故事。小学生可以在写作中加入更多变的风格、描述和对话。初、高中生则可以写出更复杂的故事情节。当然，别指望孩子们的写作水平和他们的阅读水平相匹配。

写作能力往往滞后于阅读能力。让孩子们用自己舒服的方式进行写作，让他自己掌控写作的过程，不要试图干涉。记住，作者是孩子，不是你！

（4）给孩子一些美术用品，鼓励他们自己画插图。插画可以是水彩画、蜡笔画、标记、照片甚至可以是马赛克质地的布或者纸。任何平面作品，任何彩色作品都可以作为插画加入作品中。通常黑色钢笔有助于画出清晰的轮廓。

第二步：出版。想要出版孩子的作品，有三种办法：

（1）写作比赛。让孩子们参加写作比赛会获得很多乐趣。有时候，获奖的故事还可以在网络或者杂志上发表。通常，孩子们会得到证书和奖品。美国的小孩有很多参加写作比赛的机会，只需要在搜索引擎上输入"儿童写作比赛"，你就可以找到许多信息。如果找不到适合你孩子的比赛，争取让孩子的学校赞助或组织一次写作比赛吧！孩子们可以在学校里展示他们的作品，为同学们朗读。也许有老师愿意担任裁判，来决定奖项的归属。

（2）在线写作软件。有些网站会允许你上传孩子的作品，文本或图像均可。通过这种方式，你可以在网页上创作一本真正的可供购买的图书。当孩子们读到自己的作品时，他会感到非常自豪的！如果你在寻找这样的网站，可以试试storyjumper.com。如果你在线搜索网上图书发行公司，好好查看一下用户评价是个不错的主意，这可以帮你找到最好的图书出版商！

（3）自己发行图书。现在有许多公司在从事在线图片加工，为客户制作精美独特的相册。这些公司允许客户把JPG文件上传至指定页面，并将之制作成精装图书，目的是把数码照片做成真正的相册或图书。当然，你也可以通过这些公司来为你的孩子发表一本有插画的书。你需要做的只是把孩子的插画扫描成数字化照片，打印孩子的作品。一旦文本材料和插画转换成数码格式，就可以上传到"相册"里，制作成一本全彩页的精装书。通过这种简单又经济的方式，你可以帮助孩子发表他们的作品，让他获得一本由自己创作的书。别忘了给其他亲朋好友多备上几本哦！

来，享受一下孩子的作品吧！

55 自办文学期刊

你知道吗？只有不到一半的美国中学有自己的文学期刊。

问题：你的孩子是一个优秀的作家，并且希望有表现自己的机会。或者，你的孩子充满了表现力和创造性，但是却讨厌常规的写作作业，讨厌写议论文。

你知道你的孩子是一个有天赋的作家，那么为什么在要求他完成自己的写作作业时，他是那么不情不愿呢？青少年都喜欢表达自己，当他们激情澎湃时，他们更倾向于诗歌和音乐。当他们希望成为关注的焦点时（大多数时候他们都希望自己是别人关注的焦点），他们更愿意分享自己的生活经历。重视自我表现的青少年经常感到技术性的写作作业十分无聊。但如果有机会和其他人一起在文学杂志上分享自己的作品，这类青少年可能表现出极大的兴趣。

不是每个学校都有自己的文学期刊。在美国，只有不到一半的学校发行文学期刊。好学区的大学校也许会发行自己的杂志，如果你的孩子刚好就读于这类学校，鼓励他们投稿，小说或者诗歌，中文或者英文。投稿成功和看到自己的作品变成印刷品，对于大多数学生而言，都是一件令人骄傲的事。如果有朋友和同学对其作品表示赞许，这种经历将终生难忘。

如果你的孩子所在的学校没有文学杂志，为什么不着手创建一本呢？首先需要找到一个老师，愿意成为官方赞助者和杂志俱乐部的导师。其次还要找到一群志同道合的同学来组织和出版文学期刊。每学期发表一期杂志是比较合理的安排，但是即使是每年一期仍然是个伟大的成就。

学生们可以为杂志征稿，并自行决定哪些作品适合发表，并限定作品的字数和格式。老师的作用是提供指导，对作品进行审核并从中选出最好的。如果想要购买杂志只需要很少一点钱，足够支付杂志的打印和装订的费用就行。我想大家都明白，对于一个在校的中学生而言，自己作为校园文学期刊的创始人、编辑或是其他工作人员的这种经历，会给所申请的大学留下深刻的印象。

如果学校里没有老师愿意作为杂志导师，或者缺乏创建文学期刊的资源，家长可以鼓励孩子向地区性甚至是全国性的文学杂志投稿。当然，唯一的问题是，稿件被这些"真正的"杂志采用的概率非常低。然而一旦成功，将会在孩子的简历上写下浓墨重彩的一笔。如果孩子能够勇敢面对可能到来的退稿，向地区性或者是全国性的期刊投稿将是一个很好的学习经历。

写作和提交的过程将变成一个值得为之奋斗和追求的目标，即使作品最终无法发表。众所周知，许多知名作家的作品在发表前都经历过数次退稿和修改。

创建学校文学期刊的步骤如下：

（1）找到一位愿意参与创办文学杂志的老师，一般而言，应该是语言老师或者文学老师，必须愿意指导和监督杂志的印刷过程。当然，作为指导老师，必须为杂志制定基本的规章制度，确定杂志的风格和适合在学校发表的文章类型，拥有决定哪些作品能够发表的最高权限，并确保任何不当内容都无法发表在杂志上。

（2）招募学生加入文学杂志俱乐部。这些学生将帮助编写、设计和编辑这份杂志。凡是该俱乐部的学生必须保证可参与活动的时间。

（3）确定每年发表的期刊数。每学期一期将是比较实际的目标。

（4）确定投稿的规则。杂志拟接受哪种故事类型？可以接受诗歌吗？稿件有字数限制吗？多少字呢？作品配图可以吗？作品应该有什么样的风格呢？作品应该涉及哪方面的话题呢？一旦设立了投稿规则，必须提醒投稿人遵守规则。

（5）学生编辑委员会可以决定采用哪些作品，但是指导老师应该拥有最终决定权。

（6）学生编辑委员会有权设计杂志封面和给杂志命名、定价。定价必须尽可能低，但是要足以支付印刷费用。

（7）排版、印刷、装订，上市！

好好庆祝一下吧，你们的杂志出版了！

56 大声朗读

你知道吗？对阅读的喜爱源自朗读的经历。

问题：你想花更多的时间和孩子一起朗读，但却总是时间有限。

我经常强调花时间给孩子读故事的重要性。朗读对孩子们非常重要，如果有可能，我建议父母每天都应该坚持。我们的生活太忙了，我知道想要每天都和孩子一起朗读是多么困难。本条建议将为繁忙的父母提供一些参考，帮助他们赢得更多的时间进行亲子阅读。如果父母长期不在家，或许我们应该发动爷爷奶奶来培养孩子们每日一读的习惯。事实上，共同体感（团队意识）是激励机制之一。如果孩子看到自己生活中最重要的几个成年人都愿意参与这项特殊活动，他们在朗读的时候会更有动力。这是有道理的。如果妈妈、爸爸、奶奶、爷爷、老师都喜欢大声朗读，孩子就会真正觉得自己是阅读团队的一部分。当重要的成年人和孩子们的守护者们共同努力，将为孩子们营造出带来持久的良好影响的阅读氛围。

睡前是朗读的最佳时间。 孩子们在入睡前一般需要一些时间来安抚和放松情绪，因此睡前是最佳朗读时间。另一个好处是，如果孩子们期待听到睡前故事，他们会更乐意上床。如果你白天没有时间，在孩子睡觉之前你还有机会进行亲子阅读。一个额外的提醒是不用一个晚上就读完整本书。你可以读到最精彩的地方戛然而止，然后问问孩子们："你觉得接下来会发生什么呢？"在孩子做出回应之后，你可以插上书签，告诉孩子："明天晚上，我们将会知道接下来会发生什么。"如果故事足够精彩，可能会促使孩子们第二天晚上早早上床！

对于睡前朗读，还有一个建议：请记得每个小孩子都有自己最喜欢的书。他们喜欢一遍又一遍地听同一个故事。对父母来讲可能略显无聊，甚至有些挫败感。因此即使你读得都快吐了，也不要忘记，保持同样的热情一遍又一遍地朗读同一个故事，这对孩子而言很重要。在我们家，有那么几本书，我的孩子们听得都能背了，但他们仍然听不厌。即使现在他们已经读大学了，但仍然还记得书中的每一个细节。我想起来就觉得好笑，记得当时每次当他们让我朗读同一本书的时候，我都不止一次地想"不要让我再读一遍了"。科学研究显示重读图画书对孩子是有益的，即使是对大一些的孩子，比如小学生。反复阅读强化了孩子们对单词的掌握。那些总是听到自己喜欢听的故事的孩子们在单词量上有着显著的长期增长。另外，反复阅读似乎还能提高孩子的阅读理解能力。所以，当孩子们又想听同一个故事的时候，千万不要泄气哦！

此外，睡前朗读不能因为孩子的成长而停止。持续的朗读对阅读能力、词汇量、发音和培养阅读兴趣都非常关键。即使是大一些的孩子，也能从持续朗读中受益。就提高孩子阅读理解的能力和语言表达能力而言，没有任何方法比朗读更简单更有效。

让爸爸朗读。妈妈通常承担更多的家庭责任，像哄孩子睡觉，清理餐具，帮孩子们做好第二天上学的准备等。妈妈也常常是双亲中更有时间为孩子朗读的人。我的建议是：不要忽视爸爸！我们应该鼓励父亲为孩子朗读。如果爸爸能够用滑稽的声音充满戏剧性地朗读，配合夸张的面部表情，孩子的反应往往会更加热烈。我丈夫经常在朗读两三页之后就睡着了，他的鼾声常常逗得孩子们笑得前仰后合。所以即使他不是最戏剧化的朗读者，但是他愿意和我轮流为孩子们朗读，给孩子们传递了一个信息，他们爸爸同样认为阅读是有趣的。不要把朗读的责任推给父母中的某一个，如果有可能，最好让父母轮流为孩子们朗读。

鼓励祖父母参与朗读或讲故事。通常爷爷奶奶已经退休了，因此他们是巨大的资源。当他们和孙辈们在一起的时候，请他们为孩子们朗读！有时候，因为这样那样的问题，让老人家们大声朗读会让他们觉得不自在。我丈夫的祖父母是文盲，我丈夫的父亲有一只眼睛是瞎的。如果老人们不方便参与朗读，我们仍然可以鼓励他们帮助孩子们，比如，让爷爷奶奶选择一些他们童年时期耳熟能详的故事讲给孩子们听。老人家们特别擅长于讲述那些简单的民间传说或是经典的故事，因为这些故事会给把他们带回过去。如果他们眼睛不好，如果他们不识字，他们可以口述这些故事。让孩子们准备好纸和笔，把祖父母讲的故事记录下来。我的公公曾经给孩子们讲述过第二次世界大战时日本占领台湾的种种故事。这些故事非常有意义，你不可能在任何书上读到。如果孩子们把这些故事写下来或者画下来，不但能够生动地再现这些故事，同时还能够增进祖孙之间的感情。记住，一定要让孩子告诉你他们听到的故事或者把他们画的图画展示给你看。

在学校里也要坚持朗读。孩子的学校里有故事时间吗？如果没有，可以和校方协商，共同创建一个阅读计划。朗读可以由老师、图书管理员或者是高年级学生来引导。故事时间可以选择在午餐之后，或下午的课程开始之前。

调动高年级学生参与朗读。如果你们家附近有高年级学生，你可以雇佣他来为孩子们朗读。我的孩子们喜欢给别人当保姆来挣点零花钱，而且他们总是愿意带小孩子朗读故事。朗读不但能提高听者的阅读水平，对朗读者而言也是大有帮助，能极大地提高阅读流畅性。所以当大一些的孩子在给年幼的孩子们朗读的同时，也能提高自己的阅读能力。

朗读视频和程序的应用。当然，真人朗读对孩子而言是最好的，但在必要的时候，也可以使用在线工具。听有声书或是由在线图书朗读程序读故事肯定不如真人朗读这么有趣，但是好处是一样的。如果你想让孩子朗读英文书但是你的英文发音不太好，这些视频和程序就特别有用了。如果父母能够坐下来和孩子们一起享受故事时间，孩子们的收获更大。如果故事或者题材很有趣，在开车的时候全家人也可以共享一些有声书。

鼓励孩子读故事给他人听。如果你想给孩子们一些成功的经验，让他们通过读故事来娱乐家庭成员。鼓励孩子们用非常戏剧化的方式来朗读故事并且尽可能地娱乐观众。确保孩子在表演前已经读过这个故事，这样他就不会担心有不认识的单词。鼓励孩子配合面部表情、肢体语言和变幻的声音来把故事读得生动有趣。

57 怎么写记叙文（大学申请信）

你知道吗？应用文体的典型风格是叙事。

记叙文就像短篇小说。你应用于短篇小说的写作技巧同样适用于记叙文写作，包括明确的目的、生动的描述、清晰的语言；而短篇小说的结构同样适用于记叙文，包括明显的开头、正文和结尾。

记叙文带有强烈的个人色彩——通常使用第一人称。写好记叙文非常重要，因为这也是申请大学的一个关键性要素。入学申请书通常是记叙文。下面这篇文章应该能够充分展示记叙文的写作要点：用故事告诉我们，你从艰难困苦中学到了什么！这篇文章讲述了一个人的生活、背景、问题和梦想。请先阅读，然后我们再来逐一回答如何写个人陈述的相关问题。

例文：

The Dress

A lump rose in my throat as I tried to stop the tears from escaping. I did not want to cry in the middle of the dress shop, especially with my mother standing nearby. I couldn't let her see how disappointed I was by the fact that our family could not afford to purchase the prom dress I so desperately wanted. It was blue satin, cool as water against my skin. Luminous pearls dotted the neckline like stars on a darkening horizon. I looked down at the price tag in my hand—it was well over one hundred dollars.

Our family was not wealthy, and throughout high school I often struggled to fit in with the other girls. They were able to afford beautiful clothing, fashionable jewelry, and professional hair stylists. The difference in our status was evident every day during my high school years, but it was always most apparent when it was time for the school prom. All of the girls from my school purchased designer prom gowns from a local upscale dress shop, and I hoped to gain acceptance by purchasing a dress that was just as beautiful as those of the other girls. The price tag, unfortunately, had just crushed my hopes.

I managed to smile as my mother and I walked out of the dress shop, but my chest felt heavy, like the air was too thick for me to breathe. Once again, I knew I would feel the shame of being different at the biggest social event of the year. As I sat in the car feeling sorry for myself, I noticed that my mother was not driving home. She was headed for the second hand store! Immediately, I began to explain to my mother why I simply could not be seen in a used prom gown. But my mother would not listen.

With her eyes narrowed and her lips pursed, my mother picked through racks of used clothing. I wished that she would stop. Within a few minutes, she made a triumphant sound and hoisted a dress up into the air. It was huge, ugly, and out of style—and it was made out of blue satin. I felt a smile spread over my lips as I realized that Mom had a plan. We were going to make a designer prom dress.

After a trip to the fabric store to purchase strands of faux pearls, my mother and I began to create our masterpiece. As we measured, pinned, and sewed, my disappointment turned to excitement. The dress we were creating was fitted and styled as if it were made just for me, because it was made just for me. Like me, the blue satin dress with pearl accents was one of a kind.

When I went to the school prom, I stood tall. My hair had been styled by my mother, who had woven extra strands of faux pearls into a twisted up-do. My dress fit perfectly, and the shimmering fabric glowed like the dusky indigo sky on a spring evening. As I walked confidently into the school dance, I realized that there is no shame in being different. Like my beautiful handmade dress, I was a unique creation formed by the love of my family.

This lesson is one that has been more valuable to me than any price, worth more than the price tag on an expensive designer dress. I have learned that every person can create something beautiful with what they have been given in life. All of us are given different materials in life. Some get silk, some get cotton, and some get burlap. But with love, confidence, and creativity, raw materials can be transformed into gowns fit for the prom. I now understand that I do not need to "fit in" with someone else's ideas of beauty, wealth, and success, because true beauty comes from the transformation of love.

一条裙子

当我努力控制滑落的泪水的时候，喉咙里不禁一阵哽咽。我可不想站在服装店里哭，尤其是妈妈就站在我旁边。我不能让她看出我是多么的失望，因为她无力负担我梦寐以求的礼服裙。蓝色的缎面，就像冰凉的水一样贴在我的皮肤上；领口点缀着珍珠，像闪耀在黑暗的地平线上的星星。我低头看了看手里的价签——超过了100美元。

我的家庭并不富裕。在学校里，我努力试图融入其他女孩子的生活圈。她们有着漂亮的衣服、时尚的珠宝和专业的发型设计。高中时代的每一天，我都显得那样的格格不入，但是没有什么比学校的舞会更让我感受到这种差别。所有的女孩子都会去我们本地一家高档服装店里定制舞会的礼服裙。我多么希望自己和其他女孩子一样，能够获得一条漂亮的礼服裙啊。不幸的是，标签上的价格粉碎了我刚刚升起的一丝希望。

我努力微笑着，和妈妈走出了服装店。我的胸口闷闷的，仿佛空气太浓太厚，压迫着我无法呼吸。又一次，在年度最盛大的社交场合，我知道我将为自己的与众不同而感到耻辱。当我坐在车里为自己的遭遇难过不已的时候，我发现妈妈并没有开车回家。她要去二手商店！我几乎立马就开始向妈妈解释为什么我不能穿着二手礼服出现在舞会上的原因，但是妈妈根本不听。

妈妈眯着眼睛，撅着嘴唇，在一堆二手衣服里翻来翻去。我希望她赶快停止。几分钟后，她发出了胜利的呼喊，把一条裙子举了起来。这是一条巨大的丑陋的过时的裙子——居然也是蓝色绸缎。当我意识到妈妈的计划时，微笑不由自主地蔓延了我的嘴角。我们要自己设计舞会的礼服裙！

接着我们去商店买了人造珍珠，就开始打造我们的杰作了！我们量尺寸、裁剪固定和缝纫，我的失望之情渐渐被兴奋所取代。我们做的这条裙子无论是大小还是式样都仿佛浑然天成，因为这是为我量身定做的。正如我一样，珍珠领口的蓝缎礼服是独一无二的！

当我走进学校的舞会时，我站得高高的。头发是妈妈帮我设计的，一串珍珠链子环绕着高高盘起的发髻。我的衣服太合身了，闪闪发光的面料就像春天傍晚时分微暗的靛蓝的天空。我自信地走进了学校的舞会，我意识到与众不同并不会令人感到羞耻。正如我身上穿着的这条独一无二的漂亮的手工礼服裙一样，我也是父母爱的结晶，是他们独一无二的作品。

对我而言，这件事情比任何事情都更有价值，远远超过一件价格昂贵的名牌服装。我懂得了每个人都能从生活的赐予中创造出美好。生活给予我们每个人不同的东西，有些人得到丝，有些人得到棉，有些人得到粗麻布。但是有爱、信心和创造力，我们可以用任何东西做成舞会的礼服裙。我现在明白了，我不需要变成别人心中的"美、财富和成功"，因为真正的美来自爱的转化！

故事：找一个只有你能讲述的故事。上面的故事是编造的，但是当你在写记叙文的时候，希望你写下一个真实的故事。当你在写大学入学申请书的时候，关键是要找到一个能够展示你的独特性的真实的故事。在上面的例文里，我写了一个发生在我生活中的戏剧性的独特的故事（编的），以及我从中得到的教训。故事可以从一件小事展开，如"那个时候，我妈妈和我一起缝了一条裙子"。小故事可以讲出大道理。确保你的故事能够体现你的独特性，将故事融入你的个人陈述里。

写作风格：简单直接。例文采用了非正式的个人风格，没有长句，没有过于复杂的句子；采用第一人称，口语化的风格使得文章更好理解。文中很少使用"SAT"（美国学术能力评估测验）词汇，但是用词依然丰富和多变。注意，文章中多次使用比喻；"像冰凉的水一样""像闪耀在黑暗的地平线上的星星"都属于描述性比喻。文中还有一些生动的描写，但却非常易读。

写作技巧：展现，而不是告知。在叙述的过程中，尽可能尝试着展现你的思想和情感而不要采用告知的方式。"（我的）喉咙里不禁一阵哽咽"比"我感到非常难过"好得多；"我的胸口闷闷的，仿佛空气太浓太厚，压得我无法呼吸"比"我深受打击，万分失望"好得多；"妈妈眯起眼睛，撅着嘴唇"比"我母亲意志坚定"要好得多。我希望通过上面几个例子，让你看出如何用图像来展现你的感受，而不是用文字来描述你的感受。你怎么通过文字来创造出图像，展现出兴奋的感觉或是愤怒的感觉呢？试着找出方法，用文字来描绘一幅幅栩栩如生的图画，让读者身临其境，感同身受；而不是单调地告诉读者你的感受。

故事框架：开头、中间和结尾。用某件正在发生的事情作为故事的开端。上述例文中的故事始于戏剧性的失望。在中间部分，要制造冲突。这里的冲突是母亲准备为女儿买一条二手裙子而女儿却非常不想要二手裙子。故事常常以冲突的解决为结尾。本文中，冲突最终得到了解决，母女共同用一件旧衣服改造成了一条漂亮的礼服裙。

"顿悟"：每一篇记叙文都有一个中心。我写这个故事的目的不是为了讲一个故事，因为每个故事都在宣扬一种道德观，就像童话故事和民间寓言一样，人们必须从中吸取教训。这种教训就是一种"顿悟"，能够在突然之间转变你的思维方式。例文中的"顿悟"是："我自信地走进了学校的舞会，我意识到与众不同并不会令人感到羞耻。正如我身上穿着的这条独一无二的漂亮的手工礼服裙一样，我也是父母爱的结晶，是他们独一无二的作品。"这是文章的画龙点睛之处，也是这个故事对读者而言最有意义的地方。

结论：精心设计的"顿悟"。在结论中，可以通过打比方的方式来写清楚故事所要表达的意思。例文的目的是希望表达"每个人都能从生活的赐予中创造出美好"！我不断提到像丝绸、棉花、粗麻布这些"材料"，是因为这个故事是关于一条裙子的。尝试在结论中使用文中出现过的语言和图像，首尾呼应。

原创性：例文就是一个很好的例子。写好记叙文有很多种方法，但是原创性是最关键的。我用例文展示了快速构思记叙文的方式，用努力融入集体和充分利用你所拥有的东西之间的冲突表现了一个简单的道理。当然，你还可以选择其他的方式来展开你的故事，比如："在高中阶段对融入集体的需要就像人类对氧气的需要一样是不可或缺的。"这样你就会知道我为什么希望用一条漂亮的礼服裙来融入集体。你可以在第一段开门见山地提出主题，也可以随着故事的推进层层揭示故事的意义。

　　我还可以多举一些例子来说明融入集体的重要性。但限于篇幅，只能长话短说。如果你想就不同的话题写一下短小的记叙文，也是一种很好的写作练习。希望你能够爱上写作，散文或者记叙文通常不受时间的限制，慢慢写，你一定能写出好文章来。

58 怎么写议论文

你知道吗？SAT作文都是议论文。

议论文用令人信服的方式来回答问题。答案是否有说服力取决于支撑的事实、逻辑和例子。我将用一篇标准的五段式议论文来展示其写作要领。

我们什么时候需要写议论文？

SAT作文就是议论文，通过提出问题，要求学生给出一个明确的令人信服的答案。大学课程通常要求学生就某个话题发表意见；许多工作都涉及通过书面形式来交流重要的观点；你需要说服老板你的想法或观点是正确的；演讲和陈述往往都是议论文的口头形式。如果你打算上大学，如果你希望从事有影响力的工作，如果你希望参与社会的重要决策，你都必须学会如何表达你的意见，说服别人赞同你的观点。

怎么选择议论文的支撑材料？

你想回答的问题是什么？你想表达的观点是什么？回答了这两个问题，你就可以开始下笔写议论文了。假如你的问题是："应该强迫孩子吃蔬菜吗？"你可能强烈赞同这种说法，那么就应该在开篇写下你的答案："我认为，应该强迫孩子吃蔬菜。"这就是你的观点，你的观点是孩子必须吃蔬菜！

怎么让人相信我的观点是正确的呢？

你不能只是说"应该强迫孩子吃蔬菜"，然后就希望每个人都接受你的观点是正确的。许多孩子可能不会同意你的说法！第一步，思考为什么有人不同意你的想法。孩子可能因为许多原因不同意这一说法：不喜欢蔬菜的味道，不喜欢被人逼着吃自己不喜欢的东西，太残忍了会让小孩子不开心……把人们反对的原因写下来。你的文章必须有足够的可信度来压制所有反对的声音。第二步，思考为什么你的观点是正确的：孩子们需要摄入蔬菜来保持健康的身体；孩子们并不知道什么是最好的，所以有时候我们不得不逼迫他们做一些他们不愿意做的事情；被逼着吃蔬菜的孩子时间长了会喜欢上这些蔬菜……选择两三个最好的理由用于文章中。

支撑论点的材料叫作"论据"。论据就像一座桥梁，把事实、数据与论点联系起来，形成的推理链有助于用便于理解的方式来组织数据和事实。

议论文中应该采用哪种类型的证据呢？

证据可以是来自生活经验的例子，可以是科学事实、调查数据或统计数据，可以是专家的意见，也可以是源自历史、文学或新闻中的例子。证据的来源多种多样，可以通过逻辑组合起来支持你的观点。例如，你的观点是"应该强迫孩子吃蔬菜"。你的证据表明，蔬菜的营养物质对孩子的生长很重要。你可以通过论据"蔬菜能够改善儿童的健康"来支撑你的论点。

议论文的布局

写文章的第一步是拟大纲。典型的议论文一般有五段：第一段提出你的观点；第二、三、四段通常是一个论点加上相关论据；第五段是结论。在大纲上写下1～5五个数字。

论文大纲的范例：

（1）应该强迫孩子吃蔬菜。（立论）

（2）蔬菜对孩子的健康有好处。（论点+论据）

（3）孩子并不总是知道什么才是对自己最好的。（论点+论据）

（4）长期吃蔬菜的孩子会喜欢上蔬菜。（论点+论据）

（5）尽管孩子并不总是喜欢蔬菜的味道，但是我们强迫孩子们吃蔬菜的原因有很多。（结论）

第一自然段怎么写？

第一段必须说明你的观点。议论文的核心就是你的观点。关键在于用一句容易理解的句子清楚明白地表达你的观点，这句话称为"主题句"。主题句必须明了易懂，也可以很简单。比如："我认为应该强迫孩子吃蔬菜"就是一句非常简单的主题句。你还可以在主题句中添加其他的内容，比如："尽管许多孩子不喜欢蔬菜的味道，但是我认为应该强迫孩子吃蔬菜。""我们应该强迫孩子吃蔬菜，因为他们还不够成熟，无法理解这是一种健康的习惯。他们将慢慢喜欢上吃蔬菜。"怎么写议论文的第一段呢？最简单的办法是在简单的主题句之后，总结一下你计划在下面要列出来的论据。

如何修饰第一自然段？

在掌握了议论文写作的基本技巧之后，再来考虑如何修饰你的文章。有一些方法可以帮助你提升文章的趣味性：（1）加入个人佚事；（2）加入新闻故事；（3）加入一段材料引用或者一个例子；（4）加入当前最具争议性的话题。

例文：米歇尔·奥巴马，美国第一夫人，鼓励孩子多吃蔬菜。她在白宫的花园里开辟了一块菜地来告诉美国儿童吃新鲜蔬菜的重要性。虽然许多孩子不喜欢蔬菜的味道，但是我认为应该强迫孩子吃蔬菜。吃蔬菜是一个健康的习惯，时间长了孩子们就会喜欢上吃蔬菜了。

第二、三、四自然段怎么写？

第二至四段，每段都有一个主题句。段落的主题句通常是第一句话，总结全段的主要内容，用于介绍该段的论点并引出论据。你可以直接使用大纲中的主题句，"蔬菜对孩子的健康有好处"。在接下来的文章中，提供证据证明蔬菜如何有利于健康，紧紧围绕主题句展开论证。你可以说孩子的健康是家庭的目标，因此我们不应该允许孩子不吃蔬菜来危害自己的健康。第三段和第四段可以遵循同样的模式。

第五自然段怎么写？

五段式议论文的第五自然段是结论。不要在主题句中写下"总之"之类的开头，读者都知道文章要结尾了。回到主题句，但是采用不同的表达方式。如果有一个强大的反方观点，请在文章中提出来，但是必须要证明，相比于反方，你的论点更有力更正确。最后一段必须要和第一段首尾呼应。

当然我们还有其他的方式可以组织议论文，但是五段式无疑是最简单的一种。正文可以超过三段，也可以少于三段。不过为了讲清楚议论文的写作技巧，我今天采用了三段式的论据来支撑论点。

好吧，我们来看一篇五段式议论文。

例文：

米歇尔·奥巴马，美国第一夫人，鼓励孩子多吃蔬菜。她在白宫的花园里开辟了一块菜地来告诉美国儿童吃新鲜蔬菜的重要性。虽然许多孩子不喜欢蔬菜的味道，但是我认为应该强迫孩子吃蔬菜。吃蔬菜是一个健康的习惯，时间长了孩子们就会喜欢上吃蔬菜了。

蔬菜对孩子的健康有好处。蔬菜中含有丰富的维生素、纤维和其他重要的营养物质，能为孩子们的成长提供适宜的关键养分。全国的儿科医生均要求儿童采用高蔬果饮食，任何能够提升美国儿童健康的方案都应该得到推广。

孩子并不总是知道什么对自己是最好的。当我还是个孩子的时候，我也不会总是听妈妈的话。通常，她会强迫我服从她。有一次，她决定要给我一个教训。我决定去参加同学聚会，但她这次却不再强迫我完成家庭作业。第二天，我在学校遇到了麻烦，考得非常差劲。儿时的我不知道什么对我才是最好的，所以我犯了错。当涉及孩子的健康和安全时，我们不应该允许孩子犯错。

吃蔬菜的孩子会慢慢接受甚至喜欢蔬菜的味道。成人的口味是基于童年的经历，小时候在家里不吃蔬菜的孩子长大后会变成有不良饮食习惯的成年人，他们可能会患上糖尿病、癌症或心脏病。但是如果在孩提时期就常吃蔬菜，他们会养成健康的饮食习惯，学会爱上健康食品。

有些人觉得强迫孩子吃蔬菜，吃他们不喜欢的东西，很残忍。我认为真正的残忍是让孩子成长为不健康的成年人！如果强迫孩子吃蔬菜，他们的身体不会受到伤害。随着时间的推移，他们将学会欣赏健康的选择。从美国第一夫人到一个普通的父母，大人必须为孩子做出最好的选择。美国的未来取决于孩子们的健康。

附英文版：

Michelle Obama, the First Lady of the United States, encourages children to eat more vegetables. She grew a garden at the White House to show American children the importance of eating fresh vegetables. Even though many children don't like the taste of vegetables, I believe that children should be forced to eat vegetables. Eating vegetables is a healthy habit that children can learn to enjoy with time.

Vegetables are good for children's health. Bursting with vitamins, fiber, and other important nutrients, vegetables are critical for proper growth and development. Pediatricians around the country recommend a diet high in fruits and vegetables for their young patients. Anything that improves the health of American children should be promoted.

Children don't always know what is best for them. When I was a child, I didn't always listen to my Mother. Usually, she would force me to obey her. Once, she decided to teach me a lesson. She did not force me to do my homework because I was determined to go to a party instead. The next day, I was in trouble at school and did very poorly on an exam. I didn't know what was best for me, and I made a mistake. Children should not be allowed to make mistakes when it comes to their health or safety.

Children who eat vegetables will learn to enjoy them. Adult tastes are based on childhood experiences. Children raised in homes where they do not eat vegetables will grow up to become adults with poor dietary habits. They may develop diabetes, cancer, or heart disease. But children who eat vegetables at a young age develop healthy habits and learn to prefer healthy foods.

Some people feel that it is cruel to force children to eat vegetables when they do not like the taste. I feel that true cruelty is allowing children to become unhealthy adults. Children will not be harmed if they are forced to eat vegetables, and over time, they will learn to appreciate healthy choices. From the First Lady of the United States to an ordinary parent at home, adults must be willing to make the best choices for children. The health of America's future depends upon it.

59 怎么做和孩子教育有关的重大决定

你知道吗？最常见的事情不见得就是对孩子最好的事情。

我很同情那些必须和孩子一起面对高考的中国父母。一方面，我知道社会上有一些徇私舞弊的现象，所以作为最"客观公平"的大学入学测试——高考——对于学生而言实在是太重要了。除非达到学校要求的分数线，没有任何一个学生能够被录取，高考意义重大。然而，高考也并非完全公平。因为它在很大程度上取决于你能够调动多少资源来备考，取决于你的户口所在地，取决于你的经济实力。所以，即使是如此客观的考试也不可能完全地客观！高考存在的另一个问题是，许多研究已经证明高风险的考试并不能提高现实世界中的生产力（比如高分低能问题）。这想来是很悲哀的，因为学生花了那么多时间来准备高考，而这些时间本来可以花在为社会做贡献上，花在讨论好书上，花在和家人共度的美好时光上。高考的问题并非如此简单。

由于高考的存在，由于政府针对高考的改革进程缓慢，在子女的教育问题上父母面临着严峻的考验：该如何做出重大决定呢？如果孩子想要上大学，他有三种选择：第一个选择是随大流，别人做什么自己就做什么，尽一切可能在高考中取得好成绩。第二个选择是不去费尽心思地准备高考，只是参加考试，然后期待分数上线，能够被大学录取。这样的选择可以保证中上水平的学生考上大学，但绝对不会是什么一流大学。第三种选择是不参加高考，出国留学。每个选择都有各自的不足之处，要做出选择着实不易。

当你需要为孩子的未来做决定的时候，你必须考虑到哪些因素呢？

让孩子参与对话。你不能不和家里人商量就擅自做决定。我建议你先读一读第7条建议"描绘人生蓝图"，仔细思考一下孩子想要的是什么。当你对孩子的人生目标有了更深刻的认识之后，你就知道为了达成目标第一步应该做什么，你应该收集哪些信息。一旦你有了目标，即使是一个很宽泛的目标，你也应该和孩子谈谈他希望如何达成这个目标。他必须说服自己，坚信自己的决定是正确的，否则他将不会全力以赴地去实现目标。

　　整合家庭资源。上述三种选择的成本是不一样的。我所说的成本不单单指经济方面的，也包括家庭愿意为此所做出的牺牲。有些牺牲是值得的，有些牺牲是不值得的。不要为了实现对孩子的教育目标导致家庭关系的破裂，你会发现这么做是不值得的。经济成本和家庭资源是必须重点考虑的因素，任何你负担不起的选择都要从候选名单中划掉。

　　缺少睡眠和锻炼都不利学习成绩。如果孩子的学习计划严重影响了孩子的健康，那么这就是个错误的计划。这不仅仅是因为孩子的健康非常重要，也因为身体不好只会让孩子的学习成绩更差。

　　跳出传统思维。如今，在世界范围内，免费教育变得触手可及。例如，麻省理工学院（MIT）有免费的网上公开课，世界各地的人都能看到，只要你会使用互联网。如果你想知道麻省理工学院的学生都学了些什么，只要点击这个链接就可以了：http://ocw.mit.edu/index.htm。我认为在将来大家都可以更快、更方便地接受教育，如果你认真努力，如果你积极向上，你几乎可以自学所有的东西。

　　换一种学习方式。听课和背书并不是最有效的学习方式，自学的学生能学得更深入。比如，我见过一些学生通过背单词表的方式学习英语单词，但问题是，他们没有在相应的语境里去学习这些单词，即使记住了也很快就给忘了，使用起来也不得章法。用Kindle电子书来学习单词是一个不错的办法，可以在阅读的同时点击触摸屏上任何一个不认识的单词，以显示单词的释义和例句，同时还会为你创建一个生词复习本。通过阅读学习单词的学生要比单纯背单词表的学生记得更牢靠，因为单词只有放到语境中才有意义。

　　动动手，用实践来解决问题。我女儿通过自己看书和查代码学习编程的时候，一直觉得编程很难学。但是，当有人叫她去设计一款游戏的时候，动手实践的过程大大加深了她对编程的理解。如果你打算参加一个以记忆力为基础的课程，找找是否有别的更好的办法，让你能够真正记住需要学习的内容。

　　参加模拟考试。备考的最佳方式（不是指学习，而是指备考）是参加模拟考试。你不会因此而增长知识，却可以考出更好的成绩。如果你参加了模拟考试，就可以制订出更有针对性的学习计划。

60 怎么帮助孩子学习英语

你知道吗？能帮助孩子学习英语的资源非常丰富！

问题： 孩子需要学习英语，但你不会说英语。你应该怎么办？

利用电子书。电子书，特别是Kindle，对于英语学习很有帮助。但是，你可能需要买个最新版的Kindle，才能提供你需要的功能。美国的家长教师协会（PTA）和Kindle合作，希望提高学校对阅读的重视程度。我没有打广告的嫌疑，但即使父母不会说英语，有Kindle的帮助，学生也能更好地进行英语阅读。在新版Kindle上，学生只要点击任何一本书上的单词，就可以看到单词的解释。Kindle将保存这些词汇，创建专属的单词训练卡，以备学生在阅读后背诵和记忆。你可以让孩子从每周读到的书中选出10个新单词。你也可以给孩子选单词，但是不要选太难的单词，这会造成孩子的负担。另外，Kindle上有一个程序允许家长制订阅读计划，叫作"Kindle自由时间"。孩子靠阅读来获得徽章，而家长可以追踪孩子的阅读进展。你可以列出想要孩子阅读的书单，给他定下目标。最后，Kindle附有"生词提示"功能，可以在文本上显示单词的定义，这样孩子就不会因为查单词而泄气了。如此，父母不需要懂英语也可以为孩子制订阅读计划了。

利用有声书和互联网。如果你不能大声朗读英语，找一本有声书，把同版本的纸质书也买下来。让孩子一边听录音，一边看图片（如果这是一本图画书）。对于更高级的图书，让孩子先听真人朗诵是非常好的学习方式。通过这种方式，孩子可以单纯地享受听故事的过程，并了解故事的主要内容。等孩子对故事产生了兴趣，再把纸质书给他，让他一边听故事一边看书。在美国网站YouTube上，有许多给小孩子听的有声书，我想大家在中国的网站上也能搜到这类有声书。父母只需要搜索有声书的网站或者资源，这不需要懂英语。找到那些孩子比你家孩子大一些的家长，让他们给你提供一些建议。通常这些父母都非常了解孩子小时候喜欢什么样的书。有了他们的帮助，你可以更容易、更方便地帮孩子找到一本有趣的好书了。

找一个外国朋友做口语搭档。许多孩子害怕说外语，怕丢脸，所以喜欢保持沉默，不幸的是，这个习惯很不好。听和说，这两项能力对于学习语言至关重要。我自己也有同样的经历，我不愿意和我的两个孩子说外语。说老实话，我必须承认我也觉得说外语很尴尬。但是，如果孩子不能克服这种恐惧，他们将永远无法说好一门外语。如果你不会说英语，你就不能用英语和孩子对话，就无法帮助孩子学习。但你可以找到一些网站，这些网站通过Skype让孩子和来自世界各地的学生进行沟通。如果孩子的老师碰巧认识某个在美国或者英国教中文的老师就更好了。通常，口语搭档的协议是中国学生帮助外国学生学习中文，外国学生帮助中国学生学习英语，双方都会觉得很有趣。孩子可以配合Skype的口语练习再找一个笔友来练习英文写作。

听孩子朗读英语。即使你不懂英语，你也可以要求孩子为你朗读课文，迫使他把书上的单词和句子大声读出来。要求孩子把当天学过的课文读出来就好。这样，即使你不知道单词的意思，也可以帮助孩子练习英语。

要求孩子用英语写日记。我在前面写过一篇关于如何写日记的建议。无论用什么语言来写作，这些建议对孩子都会有所帮助。大多数孩子用自己的母语写日记，那为什么不可以用外语来写呢？让孩子用英语来写日记，用上我给的建议。让孩子把日记的目录展示给你看。你不需要读懂日记的内容，你只需要知道他写了日记就行。还有，让孩子检查自己的日记以确保日记里用上了新学的单词。这种办法对学好英语很管用哦！

让孩子给你翻译。如果孩子已经能够阅读一些简单的英语书，让他一边大声朗读，一边翻译出来给你听。用这种方式，你可以一次性考察他的英语口语能力，阅读技巧和翻译技巧。如果孩子遇到不认识的单词而你听出来了，你可以把它们写下来。如果孩子使用的电子书，他可以直接点击单词查看释义。注意，让孩子翻译的书一定不能太难。自信心的树立离不开挑战，但不是无法完成的挑战。鼓励孩子有感情地朗诵，也不失为一个好办法。

你还可以让孩子用同样的方式给你翻译电影或电视节目。

找一个好的英语学习（ESL）网站。在网上你能找到许多很好的英语学习网站，从中再让孩子的老师推荐她喜欢的网站。下面这个链接包含了十个最好的英语学习网站，你可以和孩子一起学习学习：http://busyteacher.org/7054-top-10-websites-esl-teacher.html。

注释：

1. United States. The National Commission on Writing for America's Families, Schools, and Colleges.

2. College Board, "Writing: A Ticket to Work Or a Ticket Out", *A Survey of Business Leaders*, 2004.

3. K. H. James, & L. Engelhardt, "The Effects of Handwriting Experience on Functional Brain Development in Pre-literate Children", *Trends in Neuroscience and Education*, 2013.

推荐网站：

https://www.khanacademy.org

https://owl.english.purdue.edu/owl

www.penpalworld.com

www.pen-pal.com

www.storyjumper.com

http://ocw.mit.edu/index.htm

http://busyteacher.org/7054-top-10-websites-eslteacher.html

水

水元素主题：交叉训练以适应未来，灵活思维以促进创新，灵活沟通
以增进合作，灵活处置以适应环境，都是与灵活度相关的理念。
世界变化太快，我们只有懂得灵活应对，才不会一遇到挫折就感
到失望。这一章的建议对于培养孩子的灵活度非常有帮助。

61 用新办法解决老问题

你知道吗？灵活的思维能帮助孩子使用创造性的新办法解决很多问题。

美国国家大学与雇主协会（NACE）最近完成了一项调查[1]，以确定哪些技能是雇主们在招聘应届毕业生时最看重的。新员工应该具备的最重要的四大特征均是和"水"（灵活性）相关的技能。根据参与调查的雇主的反馈，像"水"一样灵活的技能比技术熟练程度、知识掌握程度以及问题分析能力等都要重要得多！研究表明，雇主更希望雇佣能够独立思考的员工。

老板们在寻找新人的时候，决策和解决问题的能力是必备的。在这里我想举一个关于灵活思维的例子。在典型的课堂教学中，学生们需要掌握新的概念、背诵知识点、做练习题，这些学习都只是为了提高学生对技术水平掌握的熟练程度，而技术水平在雇主看重的能力中排名第六。如果你希望孩子在社会上有竞争优势，必须要清楚地认识到——决策和解决问题的能力才是成功的关键！

怎么帮助孩子掌握解决问题的能力呢？你必须先教会孩子从一个全新的角度来思考和看待问题！鼓励孩子用新办法解决老问题！

我们家每天都必须做的事就是做饭。做饭当然算不上什么"火箭科学"，不过即使是简单得像做饭这样的事儿，还是可以用全新的创造性的方式来完成！我朋友就教了我们一款"巨型饼干"：不是按习惯把饼干做成小块小块的，而是把整个面团做成一块巨大的饼干。看，"旧瓶装了新酒"。小的可以做成大的，大的当然也可以做成小的。比如比萨也可以做成一小块一小块的。这只是一个简单的例子，用完全不同的方式来完成习以为常的事情，比如重新设计食谱。

日常生活中方方面面的问题都可以用全新的方式加以解决。如果这些事儿太简单，或者你的新方法不过是改变物体的大小，你大可不必因此而气馁。练习的目的是为了学会用新的方式来思考问题。让孩子思考如何用新的办法来解决问题或完成任务，培养他们的决策和解决问题的能力。如果孩子学不会换位思考，他也许永远都无法创造性地解决问题。

如何帮助孩子进行换位思考呢？很简单，问问孩子下列几个问题："你能想到更好的办法吗？""如果你能改变这个东西（食品、任务、活动）的某个特性，你希望改变什么呢？""有没有什么办法能把这件事变得更有趣呢？""你能想到的最疯狂的处理办法是什么？""如果让你换一种办法来处理这件事，你会怎么做？"这些问题能够让孩子们开启全新的思维模式。

现在，让我们回到上面的那个改变食谱的例子。我们家常常思考怎么改良食谱。我们经常想办法让菜肴变得更健康、热量更低、更有吸引力，而且做起来更容易、更快、更美味、更有趣。正如你所看到的，哪怕是像做饭这么简单的事情，只要你下定决心做出改变，就会有无数全新的操作方式。孩子们可以用全新的创造性的思维方式来处理任何事情。孩子们会用什么新方法来洗衣服呢？可以把洗衣服变得更简单、更高效、更有趣，并且洗得更干净、耗时更少？孩子们会用什么新方法来采购食品呢？有没有什么办法可以更好地挑选、购买和储存食品呢？游戏有没有什么新的玩法？有没有什么办法可以使游戏更有趣，玩起来更快，参与的人更多？事实上，孩子在生活中遇到的一切问题都可以成为训练灵活性思维的素材！

如果你允许和鼓励孩子"解放思想"，他将开始以新的、充满创造力的眼光看待每个问题。通过这种方式，孩子们将学会灵活地思考。一个简单的问题，一个全新的挑战，都将成为通向新世界的钥匙。

62 学会与人轻松交谈

你知道吗？害怕在公共场合进行演讲是最常见的恐惧症之一。

"水"能力中第二重要的能力就是灵活的沟通能力。根据美国NACE针对新员工最重要技能的研究[2]，做出聘用决定最重要的因素的第二条即为"与内外部人员的口头沟通能力"。换言之，如果你不能够在人群面前流畅地表达自我，你将失去最好的工作机会，就这么简单！

孩子经常被教导要安静、认真地听讲，当老师提问的时候才能够开口回答问题，安静和听话的学生容易获得高分。然而，一旦孩子进入美国大学，他们必须知道如何在课堂上发起谈话，如何积极参与口头讨论。通常，课堂表现将是期末成绩的一个重要组成部分。

一旦孩子开始寻找实习和工作机会，沟通技巧将变得更加重要。如果"未来的员工"只会安静礼貌地坐等面试官提问，他绝对无法赢得这份工作。雇主希望他们的雇员聪明，友好，能够进行有效的沟通。没有人愿意看到自己的员工在谈话的时候过分紧张或者是感到尴尬。

沟通技巧的重要性远不止于找工作这么简单。在大公司中，交际能力出色的人往往更容易获得提升并成为主管。在出现升职机会的时候，安静的人和容易紧张的人往往容易被忽略。NACE在最近的一项调查中再次强调了这样一个事实：所有的公司都在积极地寻找"会说话的人"！

父母应该如何帮助孩子习惯与别人舒适地交谈呢？实际上，我们只有一种办法——给孩子机会，让他尽量多地在公众场合发言！

当我的孩子读中学的时候，我要求他们加入一个叫作"青年领袖计划"的演讲协会。在参与协会活动的过程中，他们学习并掌握了公共演讲的技能。我强烈推荐这个项目，而且该项目在中国的活动也越来越频繁。这个组织将及时通知您，在您所居住的区域内什么时候有青少年演讲的机会。

当孩子们了解了公共演讲之后，他们开始热衷于参加演讲比赛和辩论比赛。我们和当地高中一起创建了一个演讲与辩论俱乐部，这段经历非常有意义。如果你所在的学校没有类似的俱乐部，创建一个也不是什么难事儿。

假如你的周围没有演讲俱乐部，你仍然可以帮助孩子赢得在公众场合发言的机会。我的建议如下：

联合一群志同道合者。 没有观众的时候你难道要对着空气说话吗？你可以联合一群朋友和一些家长，家长可以充当孩子们的观众。这类活动并不需要一个很大的空间，教室甚至是家里的小餐厅都可以。

找到一些简单的话题。 孩子们需要一个可以讨论的话题。但是，如果他们从来没有做过公共演讲，刚开始时一定要选择一些非常简单的话题，因为你的目的不是要羞辱他们让他们觉得自己有多么糟糕，而是让他们鼓起勇气开口说话！让所有的孩子用同一个题目来进行第一次演讲："给我们讲讲你自己吧！"这是一个不可能犯错的话题。其他的话题还可以是："我最喜欢的电影""如果我有超能力""我吃过的最好的一顿饭""如果我能改变世界"……我们希望能够找到一些幽默、有趣、发人深省但又易于讨论的话题。

把这些话题写好，装进信封。让孩子们轮流从信封中抽出演讲题目。把信封传下去，让第一个学生从中抽取一个题目，给他1分钟时间准备，然后让他面对其他学生和家长进行演讲。每个人有3分钟演讲时间，演讲结束后，请他坐下。让其他学生依次进行准备并完成演讲。通常，刚刚开始进行练习的学生只能进行1分钟左右的演讲，但这也没有关系。计时员可以通过手势提醒学生演讲时间，比如举起一个手指代表1分钟，两个代表2分钟，三个代表时间到。

每一轮演讲之后，让学生们讨论各自的表现。让每个学生评论一下其他人的演讲，说说自己最喜欢的地方，给出改进建议。注意，不要让任何人给出过多的建议（超过1个），因为太多的建议会打击演讲者的士气。确保每个人都有机会评论自己最喜欢的部分，因为在孩子学习公共演讲的过程中受到鼓励非常必要。在每个人都完成了评论之后，我们可以开始下一轮演讲。

另外，这些简单的技巧也许是你需要的：

（1）说话的时候要看着每个听众的眼睛。要有眼神的交流！

（2）语速不要太快。演讲的时候容易语速过快，要放慢语速并有适当停顿，以利于听众听得清楚。

（3）口齿要清晰。如果没有人听清楚你说的话，就不能与你进行交流。

（4）双手放松置于身体两侧，除非你需要通过手势来加强演讲的效果。不要紧握双手，不要把身体转来转去，不要把手放在衣服口袋里。

（5）微笑！

随意的演讲练习是一种很好的方式，可以帮助孩子克服在公众场合发言时的恐惧感，让他们放松自己。因为如果听众只有父母和朋友，演讲也就不太可怕了。如果你希望增加孩子的沟通技巧，这将是一种非常有效的方式。

63 学习演讲

你知道吗？写演讲稿就像写论文。

当孩子已经能够轻松地和别人进行交谈以后，他们应该学习如何进行基础的演讲。如果他们能够做到这一点，演讲技能将会用在课堂上，或者在必要时用在以后的工作中，这就是灵活的沟通能力。无论是书面写作还是口头报告都是沟通能力中极有价值的技能。

有一则古老的谚语是这样描述公共演讲的："把你想要告诉他们的，告诉他们；然后让他们来告诉你你所告诉他们的。"（云已所欲，云之，使人亦云之。）是的，你没有看错，"TELL"（诉说）这个词在这里出现了3次。只有充分地表达自己才能让听众了解你的想法。这种重复就像一幅路线图——带你的听众上路，引领他们走向理解！

第一步：告诉他们，你将要告诉他们什么。在演讲的导入部分，你需要勾画出一幅"地图"来说明你所规划的路径。例如，你的演讲题目是"中国制造"，如果你希望大家理解你的组织结构，就不要绕圈子。所以在导入部分，你需要告诉听众你准备从哪些方面来讲述"中国制造"。你也许会说："我将从中国制造的历史、现在及其未来几个方面讲述其发展的历程。"这样，听众将对你演讲的话题和结构有一个清晰的认识。当你在写演讲稿的导入部分时，你可以引述一则新闻、一件轶事或者一个使大家感兴趣的不同寻常的故事。不同寻常的故事在演讲一开头就能抓住观众的注意力。也许你会说："在古老的中国，曾经有一位工程师制造出了一个震惊世界的仪器，用来预测地震的发生。那是在公元132年，大约2000年以前！"当你在绘声绘色地讲着故事的时候，你已经激发了观众们的兴趣，然后你可以导入你关于中国制造的话题。在听了这个有趣而神奇的故事之后，观众们一定对你接下来要讲的内容"洗耳恭听"了。

第二步：告诉他们。在演讲的主要部分，你必须沿途留下"路标"——也就是说，你必须通过"起承转合"帮助听众了解你演讲的主要论点。举个例子来讲，当你完成了导入部分，一定要明确告诉听众，现在你要开始讲第一点了！"过去，中国制造……"这些"路标"帮助听众了解你演讲的进程，便于他们预知你接下来要讲的内容。当你讨论完与第一点相关的所有内容后，别忘了标注下一个论点，告诉听众，接下来你要讲的是"今天，中国制造……"。最后依然不要忘了提醒你的听众，你的论证已经接近尾声，"未来中国制造的发展……"。当你在演讲中通过一个又一个的"路标"来绘制完整的论证"地图"的时候，你的听众将认真倾听并且清晰理解你所表述的内容。

第三步：告诉他们你说了什么。在演讲的结论部分，请合上你的"地图"，再次阐述你的论证之路，以帮助听众理清他们从你的演讲中接收到的信息。如果你用一个有趣的故事或者真实的事件作为演讲的开端，那么在结尾的时候重复这个故事是非常有用的。你可以说："我们已经了解了中国制造的过去、现在和未来。我想知道当初那位汉朝的发明家有没有想到过中国制造竟然会有全球化的一天？"当你再次回到起点时，你的演讲已经在听众的大脑里形成了一个完整的循环，首尾衔接使得他们能够回忆起你的演讲所激发的思考，并且帮助他们理解和欣赏你的演讲。如果你的演讲缺乏明确的观点，言之无物，估计很难激起听众的共鸣。我相信每个人都经历过空洞冗长的演讲，让你觉得永远都没有尽头！切记，演讲的时候不要兜圈子！

演讲长度。简单的话题，孩子们应该试着在3～5分钟之内结束。如果打印出来，演讲稿大概需要两页A4纸。

背诵。在演讲前，最好大声朗读几次，记住所有的要点。不需要逐字逐句地背诵，除非是参加正式的演讲比赛。演讲经验越少，背诵演讲稿的帮助就越大。

提词卡。通常，用来提词的卡片的尺寸约为3cm×5cm。每张卡片写上一至两个段落，字体要足够大，方便辨认。重要的单词要用下划线标注出来，即使是很快地扫上一眼也能反映出自己要说的话，有助于你在演讲的同时翻看。一般情况下，我们只需要写出要点即可，不必完全拘泥于稿子。在演讲的时候，一定要目视听众，只有在忘记自己接下来要讲的内容的时候才需要看一下卡片。

眼神交流。演讲中至关重要的一点就是避免"读稿子"。一定要直视听众的眼睛，让他们觉得你是在对着他们讲话——当然，你也确实是这样做的！如果你必须把演讲稿背下来才能做到这一点，那就背吧！

节奏。良好的演讲节奏必须避免过快的语速。在提词卡上标注出需要停顿的地方，将有助于你避免在演讲的过程中越说越快。在标注停顿的地方一定要停顿，微笑，和听众进行眼神的交流。在要点之间使用停顿，在你需要强调的部分使用停顿。

音量。在你演讲的过程中，你的声音要有抑扬顿挫。在适当的时候，调整你的音高和音量。如果你在讲述一个激动人心的故事时，你可以大声些；但是当你的故事变得感伤，你的声音也应该变得轻柔起来。说话就像唱歌，有高潮也有渐弱。

手势。除非需要通过手势强调演讲的效果，在演讲时应该让双手自然地垂放在身体两侧。如果你需要做手势，动作一定要足够大，不能仅仅只是动动手指头这么简单。如果你在演讲中提到"整个世界"的时候，你可以从左到右挥动你的手臂来展示世界之大，如果你在演讲中提到"中国是世界第一"的时候，你可以竖起你的大拇指来表示"第一"。记住，你的每个手势都应该有明确的意义。

仪态（动作）。如果没有固定的演讲台，你可能需要在台上左右走上几步。不要前后移动，也不要踱方步。当你开始讲述下一个论点的时候，你可以试着向左或者向右走上两步，停下来，再次面对你的听众。在你进入演讲的下一部分之前，不要再走动。

上述建议是一些演讲的基本技巧，可以帮助你指导孩子准备一场大约5分钟的演讲。让孩子选择一个话题，准备一场最简单的演讲，组织一次演讲聚会，给他们创造在朋友面前展示的机会！

64 加入辩论俱乐部

你知道吗？辩论是发展批判性思维技巧的好办法。

没有任何人比辩论冠军的头脑更快更灵活。当对手向你发起攻击，提出挑战性的问题和新的论点论据时，作为辩手你必须快速分析和应对——在呼吸之间就必须给出答案！因此辩论是帮助孩子培养灵活思维能力的不二选择，而灵活的思维能力则有助于孩子在未来世界获得更多学术和就业的机会。

辩论中最重要的一个特点就是每个辩手都必须对双方的论点有深刻的理解，并且要做好充分的准备，能够满怀激情地表达自己的观点。通过辩论，学生能够更好地了解社会上思想的复杂性，并学会如何自我质疑。如果一个人无法接受除了自己以外的其他任何人的观点，他将永远也无法掌握批判性思维和灵活性思维的本质。永远不要让辩手局限于某个论点的正方或者反方，一个好的辩手应该时刻准备着从正反两个方面来论证一个观点。固执己见或者永远只论证论点的某一方的辩手注定无法成为批判性的思考者！

你孩子所在的学校有辩论俱乐部吗？一个人是无法开展辩论的！因此，我们需要加入俱乐部来把自己变成一个优秀的辩手！如果学校里有辩论俱乐部，加入吧，至少可以帮助孩子积累必要的辩论经验。如果学校里没有辩论俱乐部，让孩子自己找一群志同道合的朋友和同学组建一个，坚持和朋友们讨论那些有争议的话题。这类兴趣小组的活动可以成为课后活动的一部分。

选好辩题。辩论的主题必须是有争议性的，否则就失去了辩论的意义。好的议题应该在正反两方论点上都能找到学术研究或者事实依据作为支撑。辩题可以是地方性的、国家性的也可以是全球性的问题。我们学校在辩论比赛上曾经采用过一个全国性的议题——"是否应该允许在墨西哥湾设置近海石油钻井"，我们也曾采用过的一个全球性议题——"你认为朝鲜还是伊朗更有可能破坏现有的国际关系"，我们还选择过一些基于本地的政治性话题——"是否应该通过立法来防止空气污染"……生活中有很多潜在的议题，老师和家长也可以帮助学生找出一些好的辩题。

立论。假如你们的辩题是："高考应该采用取否法（Pass-Fail）。"你首选需要选择支持或者反对这种说法。假如你支持这个论点，意味着你认可高考应该采用"取否法"。这时候你需要立论来支持论点的正确性。因此你可能需要一些论据来声明你的主张："高考获得高分并不能确保明天的成功。""过度的花时间准备高考对教育是一种伤害。""高考作弊不公平。"当然你的对手也会找到支撑自己观点的论据来证明高考不应该采用取否法。正反方的选手都应该能够随时调换角色，并且熟悉正反方的论点和论据。

通过论据来支撑论点（论证）。论据是立论的基础，是说明论点正确的原因。如何通过论据来支撑你的论点呢？如果你的论点是"高考获得高分并不能确保明天的成功"，你必须通过研究数据和事实来证明这一说法的正确性。"高分低能"或者是高分学生的跟进研究数据都是强有力的论据。你还可以使用新闻故事、个人事例、专家观点和科学研究等来支持你的论点。

你的论点会导致什么样的后果很重要。如果你关于"高考获得高分并不能确保明天的成功"的论点是正确的，你的听众会更关心它所带来的影响。所谓影响，即当论点正确时，会导致什么样的结果。如果高考的分数最终不能决定一个人的成功，那孩子们是否需要花费这么大的力气在一件不值得的事情上呢？后果是孩子们花了很多时间、很多钱，承受了很大的压力，却做了无用功；是年轻人把自己美好的青春浪费在了高考上而没有接受真正的教育。

交叉检验和反向论证。当你把辩题的论点和论据及其所带来的影响结合起来，就能够得出一个完整的论证。但是，等一等，你的工作并没有结束！你的对手会通过提问来破坏你的立论。他们可以攻击你列举出来的影响："学习对学生非常重要，因为通过学习可以帮助学生建立秩序感。因此，高考并不是浪费时间。"或者，你的对手还可以反证自己的观点："高考不应该采用取否法，因为如此一来，我们将失去最好的大学入学的判断标准。"

驳论。如何保护自己的立论免受交叉检验和反向论证的干扰呢？你需要驳论，就是反驳对方的论证！当你的对手说："学习对学生有好处，帮助他们建立秩序感。"你可以回答："确实，学习能够建立秩序感。但是还有很多比准备考试更值得学习的东西。因此，准备高考并不是建立秩序感最好的方式。"你也可以认为高考不应该成为大学招生唯一的途径，因为通过"取否法"，我们可以了解一个学生是否已经准备好进入大学学习，而学生的成绩和排名也可以作为入学的重要参考。

当正反两方分别完成了自己的辩论时，仔细讨论他们的论点、论据和影响，同时看看他们自由辩论过程中的交叉检验和反向论证。让其他在场的孩子讨论辩论中的亮点、优点然后确定辩论的胜方！

如果没有其他学校参加辩论比赛，学校可以安排辩论俱乐部的学生进行内部的辩论赛，让其他老师和学生充当观众，请他们选出辩论的胜方。

如果无法组织口头辩论，如果没有人愿意加入辩论俱乐部，你仍然可以进行辩论练习并参加辩论比赛。你可以在博客上、在课堂里，或者是在日记中写出你的论证。我们的目的是训练周详全面的思考问题的能力。如果你愿意，可以就某个辩题的正反两方面分别写一篇有说服力的文章，请老师帮你批改并且评价文章的质量。在写作之前，务必要参阅其他有说服力的文章以了解更多的信息。

65 提高批判性阅读的技巧

你知道吗？批判性阅读不仅仅是SAT的考试科目，还有助于提高思维的灵活性。

你为什么需要成为一个灵活的思考者呢？因为有些今天的工作明天将不复存在。你该怎么办呢？你最好有其他的办法来应付，对吧。如果你擅于批判性阅读，你就能够分析在你生活和职业生涯每一个阶段出现的新问题。如果你能培养终生学习的技能，你就能适应社会的高速发展和变化。你将能够确保自己在工作和社会生活中的领先地位。批判性阅读是灵活思维的基础，是当今社会必不可少的技能。下面是批判性阅读的策略，希望能对你有所帮助。

预习课文

（1）你读的是什么类型的文章？是学术期刊中的论文吗？是报纸上或者网络上的故事吗？是文学作品吗？这是一篇表达个人观点的文章吗？每种类型的文章有着各自不同的写作目的，某些类型的文本要比其他类型的更为真实可靠。

（2）文章是原创的吗？还是对原创文章的总结或者是阐释呢？

（3）作者有什么偏见呢？上网搜索一下作者简介，了解作者的观点、信仰和其他相关研究。试着揣摩作者可能持有的观点。

（4）文章的目的是什么？是在讨论事实，还是在说服你支持某个观点？

概括文章大意

（1）阅读第一段，通常你能在这一段里找出"主题句"，用一句话来概括作者在文章中要谈论的话题。有时候，主题句就是文章的标题。在学术论文中，摘要就是文章的概述。

（2）阅读每一段的第一句，并用下划线标注出来。这句话叫作"主题句"，大多数学术性文章在每段的开头都会告诉读者这段的主要内容是什么。在许多论文和文章中，仅看每一段的第一句话，就能够了解整篇文章了！

（3）理解大纲，并把它写下来。找到标题或论点，以及主题句，并用自己的话写下来。如果文本非常学术或者专业，那么这种做法将非常有效。例如："在植物的生物系统中，光合作用机制使吸收的太阳能光子转换为可用的葡萄糖，储存能量。"你可以改写成"植物把阳光转化为糖"，以便于阅读。如果材料本来就写得很简单，你可以直接抄下来作为笔记。

评估论据

（1）圈出每段的重要论据，确保这些论据能够支撑主题句的观点。假如主题句是"植物把阳光转化为糖"，你需要判断该段的论据是否支持这种观点。如果事实是"100%的人都吃植物"，就无法支持论点，只是额外的信息罢了。如果事实是"据《植物学杂志》报告，葡萄糖合成于叶绿体内"，便足以支撑"植物把阳光转化为糖"的观点。

（2）论据带有偏见吗？程度如何？实际上，大量的"事实"都带有偏见，在使用统计数据和论据的时候具有一定的欺骗性。评估论据的来源，并乐于自己查找证据。如果证据来源于维权网站或公司网站，那么这些论据极可能是带有偏见的。

将信息与你自己的知识体系和价值观进行比较

（1）你不同意作者的观点吗？不用感到意外，即使是真实的故事，其内容也可能大相径庭，这主要取决于作者是谁。关于历史或社会的文章尤其如此。例如，我可以确信的是，日本和中国的教科书中，关于第二次世界大战的"事实"肯定是不同的。

（2）找到支撑论据的原始材料。如果可能的话，寻找原始的第一手资料进行阅读。通常，原始资料包括调查研究、历史记录、目击者的陈述、调查数据以及类似的信息。原材料在其他文章中往往经过多次"解读"，难免透露出作者的偏见。

（3）思考你的观点是否存在问题。你并不总是正确的，所以你要愿意保持开放的思维。至少，努力理解别人的观点！

（4）指出作者的错误。你的研究可能会加深你对自己观点的理解！

学会运用你所学到的知识（高级）

（1）你学到的知识有什么意义呢？如果阳光真的有助于植物合成葡萄糖，那么对人类来说意味着什么呢？也许意味着阳光对我们的生活和食物非常重要。

（2）这对其他主题或学科有什么意义呢？如果阳光对植物非常重要，那么烟雾这类污染会危害植物生长吗？如果植物不生长了，人们会因此而面临食物短缺的问题吗？

（3）这对企业家有什么意义呢？如果你希望成为一个思维灵活的人，这是一个关键性的问题！如果你正在考虑一项业务或一个发明，你可以考虑开发一个减少烟雾的设备以辅助农业生产。看，批判性阅读为你提供了关于未来的全新想法。这就是灵活的思维方式！

SAT考试

在SAT考试中，批判阅读是个难题，即使对于以英语为母语的人也是如此。用铅笔辅助你做题，虽然你没有时间字斟句酌，但是采用以下阅读策略可以帮助你做题。

（1）借助铅笔进行快速阅读。画出每段的主题句；圈出关键词，比如"但是""然而"，因为这些词通常意味着作者思维的转换。

（2）找出文章的主要观点。通常在文章的第一段或最后一段能够找出主题句或者结论。在SAT考试中，经常会遇到"文章的主要观点是什么"这样的问题。

（3）不要被"绝对"欺骗。带有"总是"或"从不"的答案往往是不正确的。检查答案，避免出现带绝对性陈述的句子。

（4）做大量的练习题。想要做好SAT中的批判性阅读，多练习类似的文章，"学会考试"对于SAT很重要。

（5）词汇积累。在阅读部分关于词汇的问题也很常见。做练习题时，将不知道的单词勾出来，或者写下来，以便以后学习。词汇量是做好批判性阅读的关键。

（6）根据上下文猜词义。试着根据上下文想想这个词的意思可能是什么，在进入下一个生词之前，写下你认为的该词在此语境中的含义，然后再查阅词典检验你的猜测是否正确。

66 适合有语言障碍的学生的课堂学习小技巧

你知道吗？一个有语言障碍的学生可能在许多科目上都有问题。

问题：孩子的语言能力有问题。怎样才能让他跟上课堂进度呢？

本文中提到的技巧有助于那些有学习障碍的学生克服在学校里面遇到的语言上的困难，对以中文为母语的孩子同样有效。

去美国读高中或者读大学的中国学生有一个普遍的问题：语言障碍。当你在理解某种语言都很困难的情况下，要跟上课堂的节奏听懂老师上课和同学讨论就更是难上加难了。其他同学听课时飞快地记着笔记、倾听并理解，但是对于那些无法快速用英语书写的学生而言，他们很可能错失许多重要的信息。而对于有学习障碍的学生来讲，他们既写不快，也读不快，所以这些建议对于有学习障碍的孩子同样适用。

巧记课堂笔记。上课的时候需要把老师讲的内容、课堂讨论、图表和问题都记下来，这需要学生集中注意力。对于以英语为母语的人来说，他们可以一边认真听老师讲课，一边奋笔疾书，把各种图表都抄下来。但如果你还在费力地理解着老师所说的话和在黑板上所写下的内容，一边还要把笔记记好，就几乎不可能了。这就是为什么你需要科技的帮助。

使用录音笔是记课堂笔记的好办法。想象一下，老师一边讲课，一边在黑板上写下问题或者画个图。但你因为英语不够好而做不到一边听讲，一边抄笔记。有了录音笔，你就不用担心老师讲课的时候你抄不了笔记了，因为这种笔能在你做笔记的时候把老师讲课的内容录下来。在你抄笔记的时候，智能笔就像一张特殊的"纸"，记下了老师在课堂上的一字一句。当你"触摸"纸张的时候，就能够回放课堂上任何一个部分。这样，你就可以专注于理解内容，而不是抄笔记了。你的笔记也可以上传到手机或平板电脑上去，不仅方便查找，甚至还能转换成文本。

做作业的技巧。你有没有过这样的经历——你突然有了灵感，但是等你坐下来去写的时候却因为灵感稍纵即逝而溜走了？这常常发生在用第二语言写作的学生身上。我注意到，很多学生说得比写得好。他们很擅长用口语来表达思想，但当他们试着把想法写下来时，文章却挺糟糕，写作和拼写阻碍了他们的思维。有时候我问学生："为什么你写的没有说的好呢？"有学习障碍的学生就经常会遇到写作方面的问题。有些学生则单纯觉得写作很艰难。

让科技帮你写文章是个不错的办法。龙（Dragon naturally speaking）是一款语音识别软件，能把语音转换成文字，有助于学生直接将口语转化为文字，这扫除了他们写作过程中的障碍，从此写作和拼写都不再会是绊脚石。当你使用这个程序时，你的语言更加自然，在输入时直接转化成文字文本。你所需要做的就是对着这个程序说出你的想法，让他将你的想法转换成文字。然后，你再回过头去删减或者增加一些文字，把片段整合在一起，一篇文章就大功告成了。科技使得创作文章的过程变得轻松了许多。

巧听课程：预习。如果你还在饱受语言的困扰，那课前不预习就去上课真的是一个非常错误的选择。对于那些比较困难的课程来说尤其如此。课上肯定有很多你以前没有听过的新单词和新术语。事先了解这些知识对你很有帮助，让你不至于完全听不懂。

首先，了解课程大纲。当天课堂讨论的话题是什么？话题对应教材的哪个部分？这些都是你在下一周上课之前需要提前搞清楚的问题，包括所有的课程。然后，翻开课本，找出标题和词汇表。当你在使用传统的中文翻译软件来翻译自然科学词汇时，一定要特别注意。因为有些自然科学术语的定义非常古怪，即使是翻译成中文你也不一定能读懂。不要试图用一两个中文字来定义，建议上网查一下是否有简单的英文注释。记得，那些一长串的千奇百怪的新兴科技术语，对于班上那些以英语为母语的同学们而言也同样陌生。因此你一定能找到简单易懂的英文解释。其次，注意课文的标题。在谷歌（百度）里输入关键词，看看能不能找到一个简要介绍该课题的5到10分钟的视频。接着，你可以看看教材了。我发现有时候教科书也写得不是太好。这就是为什么你需要使用其他资源来帮助你搞懂书面作业的原因。

参与课堂讨论的技巧。如果你连课都没听懂，连笔记都没抄好，想要挣到"课堂表现分"就是"难于上青天"了。有语言障碍的学生在课堂上往往落后一大截，他们很可能会反复问一些大家都问过的问题。如果你跟不上进度，重复老师解释过的问题，会显得你没有认真听课，老师可能会因此生气，你也可能会觉得很尴尬，因此你需要事先准备好问题。关于如何提问，我将在另一章中作详细说明。不过你在预习的时候一定要把发现的问题写下来，课前预习和事先准备好的问题会显得你更认真，理解起来也更快。即使你对材料十分熟悉也要准备一些问题，但是问题可以稍微复杂一点。向老师提出比较深入的问题，并且要求老师举出具体的例证。你也可以举出大多数同学都没有提到的一些实例。许多课程会根据课堂参与程度来打分，所以你需要提前做好准备。

完成阅读作业的技巧。大家都知道有声书籍，但课本经常没有配套音频。这时候，这个网站就派上用场了：http://www.learningally.org/。这个学习联盟网站有许多音频形式的教科书，对于失明的学生和有诵读困难的学生来说都是绝好的选择。注册这个网站的费用非常合理，但它为理解课本有困难的学生提供的帮助确实很大。你只需翻开课本，戴上耳机，就可以听到教科书的音频版了。

我知道让有语言障碍的学生阅读英语文学作品是比较困难的。英美文学作品中往往涉及很多文化背景，对中国孩子来讲比较难以理解。这时候你可以借助"星火笔记"（http://www.sparknotes.com/）的帮助来理解书中的内容，并启发你探寻作品深层次的意义。不要只是把书读完算数，让网站帮你学习。同时，如果你用Kindle看书，遇到不懂的单词，就可以直接触摸屏幕，马上就能看到解释。如果你不想因为某个生词卡住而读不下去，这倒不失为一个非常有效的办法。

67 如何写好满足美国学校要求的学术论文

你知道吗？大多数课程都需要写学术论文，但是要想把学术论文写好却非常困难。

问题：你要写一篇学术论文，却不知道该如何动笔。

首先是计划好时间。这条建议适用于任何事情，比如完成作业或者准备考试。但是，如果你要完成一篇学术论文，安排好时间绝对是重中之重。如果一直拖到截止日期才开动，你是绝对不可能想出好的观点的，有时候甚至需要承担不及格的风险。所以写好论文的首要诀窍在于规划好时间，把论文写作分割成便于处理的小型任务。

如果需要写论文，在学期刚开始的时候你就应该得到通知了，因为课程大纲里会列出来。如果大纲里没有论文要求，你应该询问老师这门课是否需要写论文。在截止时间之前弄清楚这些问题。然后再核对你的日程表，把你的任务分成几部分：查找论文话题，初步阅读，确定论点，列出大纲，完成一稿……这些在你的日程表里都要有合理的时间标注，不要总想着跳过哪个步骤不做。如果可能的话，最好在其他同学还没反应过来之前就开始查阅相关资料，越早越好。

做好参考阅读材料的计划。如何参考阅读材料是初级阅读阶段最重要的问题。通常，老师会给你指定一个基本主题，比如"污染"。但是这个主题比较宽泛，你需要根据课堂大纲把主题缩小，再具体化。自己决定相关主题的阅读材料，并收集大量的信息，这将有助于你决定想要讨论污染的哪个方面。当然，你需要把相关信息都记下来，有条理地整理好，标注出相关的参考文献。如果你在写人文学科方面的论文，如历史或者文学，最好使用MLA（现代语言协会）的论文参考格式。以下网站提供MLA论文格式的说明：https://owl.english.purdue.edu/owl/resource/747/01/。如果你在写社会科学的研究论文，比如心理学论文或社会学论文，最好使用APA

（美国心理协会）的论文参考格式。APA格式的说明可以在这里找到：https://owl. english.purdue.edu/owl/resource/560/01/。芝加哥参考文献格式也常用于各类研究论文，可参考http://www.chicagomanualofstyle.org/tools_citationguide.html。最重要的是询问老师你应该使用哪种论文格式。

你会非常高兴自己找到了这个网站，网址为http://www.easybib.com/。这是一个免费网站，可以自动调整引文格式，并为你提供参考文献。有了它，论文写作将变得更美好更轻松。记得把你读到的论文参考资料都输入到EasyBib网站中去，网站将会为你自动生成一个参考文献表。只要你点击了一篇你喜欢的文章，网站就能为你找到它的相关参考文献。这样，在你动笔之前，你就可以组织好你的资料、引文和专家观点。

构思论文的主题句。论文的主题句就是你想通过论文来表达的观点，并且把这个观点提炼成一句话。举个例子，如果你决定要写一篇论文探讨关于空气污染的危险和可能的解决方案，你的论文主题句可能是："空气污染对人类健康和环境安全的风险日渐增大，政府部门应通过相应的步骤采取措施来减少其危害。"只要扫一眼这句"概要"，你就知道这篇研究论文是要说什么。主题句可以用作论文的标题，也可以放在论文的第一段中。为什么我要把"论文主题句"放到第三步，而不是第一步呢？因为在你清楚地确定论文主题之前，需要进行大量的阅读并收集大量的信息。你不可能跳过阅读和信息收集这一步，也不可能认为自己有了点灵感就马上开始动笔写作。如果你没有通读大量关于你感兴趣的话题的文献资料，你的论文观点就不可能是一个好的论点。而论文研究阶段（阶段2）包含了大量的引用、阅读和思考，阅读可以帮你找到一个好的论文主题。

当然，老师会给你一个课题，但通常非常宽泛。一般情况下，你必须决定怎样围绕这个课题来展开，考虑好论点并阅读相关文献。论点要尽量具体详细，确保你的论文围绕话题展开，并能支撑你的主要论点。假如你写的是空气污染的危害，就不要偏题跑去讨论水污染的问题了。

打造论文提纲。你选好了话题，有了条理清晰的事实和学者观点，有了参考文献，拟好了论文主题句，下一步就需要打造论文大纲了。老师可能会要求你提交论文大纲。通常，在老师心里，提纲有特殊的写作风格。最基本的提纲写作规则就是把文章分成几"块"。比如，论文的第一"块"可能是关于"空气污染历史的背景资料"，第二"块"可能是"空气污染对人体健康的危害"，第三"块"可能是"空气污染如何危害环境"。文章的每个部分都要有一个主要论点来支持论文的主题，每个主要论点后面都应该有例证和论据来支撑的分论点。一旦列出了大纲，论文写作中最艰难的工作也就大功告成了。接下来你需要做的就是把中间的"缝隙"补上。一般来说，论文大纲应该包括引言、主体和结论。

整理论文参考文献的笔记。对照论文大纲来看看你的笔记。数据应该放到大纲的哪个部分呢？一定要整理好参考文献的笔记，把笔记和论文的相应部分对照起来。你是不是读了一本历史书籍，学到了一些关于空气污染的历史？这一部分的文献资料对应的是空气污染的历史背景吗？

保证不抄袭。如果你是直接引用，引用的部分必须标注出原文的出处。如果你从专家学者那里得到了新的想法，即使是用"自己的话"表达出来的，你还是要注明该观点的参考文献或信息的出处。如果你在论文中添加了大家都不熟知的事实或数据，说明其出处同样非常重要。

撰写初稿。当所有研究、整理、构思都完成之后，你就可以开始写论文初稿了。如果前面你整理得好，写初稿应该不是难事，只要把你收集的资料变成句子融入大纲里面，再加上自己的想法和观点。一定要在每个段落的开头写上"主题句"——用一句话来概括这一段接下来要写的内容。如果你想讲一个因为空气污染而染上肺癌的人的故事，那么这一段的主题句可以是"另一个已知的因为空气污染而造成的健康风险是肺癌"。接着，你就可以用这段的剩余部分来写你的例子，列出数据，进行分析。

语法。请仔细检查你的语法，尽量保持句子简洁明了，也可以请朋友帮你检查论文中的语法。

68 教会孩子用谦恭的态度来"为自己代言"

你知道吗？"为自己代言"能够增强孩子的自信心，提高孩子处理问题的能力。

到底怎样才叫"为自己代言"呢？为自己代言就是懂得如何表达自己的观点，在关键时候为自己挺身而出，为自己辩护。许多成年人都缺乏这样的技能，以至于他们总是忍受不公平的待遇，错过自我发展的大好机会。当孩子遭遇了什么不好的事情时，我们的第一反应就是站出来帮他解决问题。当然，某些时候，这样的反应是正确的，尤其是当孩子处于无助且危险的境况中的时候。但是大多数时候，对家长们而言，鼓励孩子们学会自己解决问题才是真正对孩子们好。解决问题是一种重要的技能，尤其是如果孩子们打算出国留学，那样父母也就鞭长莫及，没办法再为他们遮雨挡风了。

为自己代言是一种灵活的沟通方式，需要一个人非常了解自己的需求，能够有意识地将个人权利与责任结合在一起。表达你的需求和权利，同时承担你的责任，是自我代言的两个主要方面。作为留学生，所在国公民的权利与责任显得尤其难以捉摸，正因为如此，如何自我辩护成了旅居海外的学子们最难的必修课。

知道你自己的需求和权利。对于孩子们来说，了解自己的需求和权利非常重要。首先，他们应当知道自己的需求。例如，某些留学生可能特别需要语言上的帮助。其次，他们应当知道自己的权利。例如，学校通常都会为学生提供帮助，只要学生提出来。因此，需要帮助的学生有权利寻求帮助。

有时候，让学生了解自己应该享有的权利很困难。也许他并不知道校方不允许有人倚强凌弱，所以他也不知道自己可以向老师寻求帮助；也许他并不知道残疾学生有权利在校内住宿，因而他一直住在校外。

我建议只要当孩子对自己的权利不确定，或者感觉自己需要帮助的时候，都应当请老师或者辅导员解释一下在这种情况下自己所享有的权利。孩子们不应当单纯地回避问题，要知道只要他们把问题提出来，总是能获得一定帮助的。

了解自己的技能和能力。孩子们应当了解自己的长处和短处。如果一个孩子有长处，那么他可能需要为自己争取机会来展示自己的长处。举例来说，如果学校或者班上准备成立数学小组，孩子应该知道自己是否可以尝试加入，这是否是一个好主意。有些孩子对于自己的能力缺乏准确的认识，有些孩子本身擅长数学，但是却因为对自己的能力没有信心而害怕加入这个小组。这就需要家长或老师给予适当引导，当孩子了解了自己的优势所在，他们可以大胆地为自己争取比赛、工作、实习或者研究工作的机会。如果孩子不敢为自己争取，他将错过提升自我的机会。

我建议父母应当多和孩子们一起讨论他们的技能和能力，鼓励孩子们寻找发挥自己优势的机会，要敢于毛遂自荐，抓住合适的机会展示自己。因为不会把握机会的人，机会也不会帮你。

我也建议父母应当和孩子们讨论被拒绝的可能性。通常，机会只会垂青一个幸运儿，孩子们应当学会直面拒绝而不是害怕拒绝。让孩子学会这句谚语："尝试而后失败，远比从未尝试过强。"机会总会再有的！

知道如何进行有理有节地沟通。当孩子需要某样东西的时候，当孩子遭遇不公正的待遇的时候，他能否有理有节地与相关人员沟通存在的问题是至关重要的。如果孩子很安静，对他来说，要和别人沟通本身就够吓人了。

我建议提前把想说的内容写下来，有助于减少尴尬并且说明情况。有些孩子可能还需要在镜子面前先练习一下。

建议先从最容易沟通的人入手。比如孩子认为另一个学生占用班级电脑的时间太长了，对大家都不公平，他应该在告诉老师之前直接跟这名学生说明自己的意见。如果这名学生仍然拒绝和大家分享，他才应该向更上一级的人（老师）反映这个问题。

建议在与人沟通的时候避免相互指责。你不应该说："你占用这台电脑的时间太长了"。恰恰相反，你应当说："我需要用一下这台电脑，我们可以商量一下，排个日程吗？"在沟通的时候，总是说明自己的需求，而不要轻易责备他人。

建议利用老师的课后辅导时间和教育援助。美国的大多数学校都会提供教育援助，学生可以向老师寻求帮助，但是许多学生却害怕利用这一方法。有时，学生会觉得向老师寻求帮助会使自己看起来很蠢。但是他们刚好搞反了，在需要帮助的时候敢于寻求帮助，才是最聪明的行为。

知道什么时候让父母介入。大多数时候，孩子都能够维护自己的正当权益，然而有时候他们也会需要父母的介入和帮助。

当孩子需要父母为他们争取权利的时候，多数情况是因为与孩子发生冲突的一方和孩子在身份和地位上有着很大的差距。如果问题是由老师引发的呢？孩子肯定要先找老师解释才行啊。但是，老师有可能不相信他或者不在意他。因为老师的地位比他高，所以需要父母出面调解。

另一种需要父母出面的情况就是当孩子面临危险的时候。如果有人打了孩子或者威胁了孩子，或者当孩子感到危险的时候，父母出面解决问题是理所应当的。

如果孩子在国外生活，而你却不会说当地的语言，那么你需要一位能说两国语言的朋友，在你需要与其他相关各方讨论一些重要事情的时候为你提供帮助。

69 SAT备考建议

你知道吗？参加SAT（美国学术能力评估测试）的考前辅导和培训顶多能多考30分[3]！

你可以花大价钱参加SAT的考前辅导和培训。这种辅导班课程密集、消耗精力而且价格昂贵。2009年一个针对SAT考前培训的调查显示，通过这种方式，阅读分数能提高5～10分，数学分数能提高10～20分。如果你有兴趣，可以读一读整个研究，但我却很清楚SAT的考前培训效果如此之低下的原因所在。

我将从两个方面来阐述，SAT考前培训班无法大幅度地帮助考生提高分数的原因。第一，我敢肯定，很少有学生是自愿参加SAT考前培训班的。这意味着他们不想学，也根本没有学习的动力。第二个原因，也是最重要的原因，SAT考前班是被动学习。老师讲得滔滔不绝，学生却听得昏昏欲睡，也许他们会在某个时间突然回过神来："哦，我忘了！刚才讲的什么来着呢？"当学生们被迫坐在教室里听讲的时候，他们不会主动学习。

如何准备SAT考试呢？我的建议如下：

让孩子自己制订SAT学习策略。这并不意味着他不需要其他指导和建议。这样做的目的是让他感受到自己对整个过程的控制。孩子应该能够明确自己的目标，并且了解如何制订计划以实现自己的目标。如果孩子在制订学习计划的时候缺乏主动性，那么他将会成为一个被动学习者，不会愿意主动学习更多的东西。孩子的学习策略中至少要包括SAT学习指南中提到的每一个批判性阅读问题。学习策略的制订必须从定时测验开始，以确定需要多大的提升才能实现你的学习目标。如果某一部分特别薄弱，辅导老师的帮助就显得非常必要了。让孩子找出自己的薄弱点。

建议孩子制定一个时间表。什么时候进行测试？你的准备时间还有多少个月、多少周、多少天？让孩子把每天需要达成的目标写在日历上！确保孩子自己决定每天的学习时长。孩子不应该超时学习，而是应该在规定时间内完成任务，然后停下来休息，他必须对每个阶段需要达成的目标做出计划。如果他愿意每个月学习100个新单词，那么就必须要在规定的时间之内完成并检查完成情况，确保达到自己设置的目标。如果孩子没有达成目标，作为家长，你必须坐下来和孩子谈谈存在的问题：有可能是目标不太现实，也有可能是孩子不够努力。先确定问题出现的原因，再解决问题。

利用最好的资源来帮助孩子备考。最好的SAT备考资料是由美国大学委员会（The College Board）编制的《SAT学习指南》，售价20美元。另外还有一个名为"专业测试"的网站，网址为http://www.majortests.com/，为考生提供免费的测试和大量的词汇。

大多数孩子的"考试准备"都应该包括模拟测试。听应试讲座的帮助并不大，参加应试课程也不太管用，因为这些都是被动学习，最好是自己一遍一遍地做练习题。刚开始做题的时候可以不考虑时间限制，但是随着孩子加深了对测试的了解，随着他信心的增强，在做题的时候就需要计时了。我经常跟孩子们说的一个俗语就是"好记性不如烂笔头"，因为多记笔记确实很有用。我这么讲是因为要想考得好，熟悉考试是非常重要的一部分。孩子必须通过无数次的模拟考试来熟悉考试的流程和题型。

没有必要多次参加SAT考试，两次足矣。我儿子只参加了一次。为什么要反复参加SAT测试呢？最好是多做模拟测试，提高阅读和写作能力。反复参加考试意义不大，只是浪费时间和金钱，还给孩子增添了很大的压力。我建议学生在高二的第二学期和高三的第一学期参加两次考试即可。

如果孩子能够按时完成官方的模拟试题，那么测试的结果将能清楚地展示孩子的程度。如果他用完了所有的模拟试题，还可以购买旧版的《SAT官方指南》。如果孩子想继续练习SAT测试某个特定的部分，如批判性阅读，这种方式特别有用。

词汇，词汇，词汇。再怎么强调词汇的重要性也不为过。如何扩大词汇量呢？让我来告诉你。你需要把所有在模拟测试中遇到的生词都划下来，抄在笔记本上，好好记忆，反复背诵。我的两个孩子为了准备SAT考试学习了大约300个新单词（因为他们是以英语为母语的人，如果是中国学生，大概需要记1000～2000个新单词）。他们把不认识的单词写在单词卡片上，在卡片背后写上单词的定义和例句。只要一有空，他们就会翻看这些单词卡。当然还有很多别的词汇学习方法。最好的办法还是之前我提过的"专业测试"（Major Tests）这个网站，因为上面有很多很好的词汇表。另外，还可注册"SAT每日一问"，https://sat.collegeboard.org/practice/sat-question-of-the-day。

使用电子阅读器。学习词汇最好的方法是阅读！Kindle的新版本有一个功能，只要触摸文章中的生词，就会自动出现这个词的定义和解释。该程序甚至可以为你创建专属的个性化的词汇卡片。

计划每周你需要背诵多少单词。不要制订不切实际的计划，你的目标是要真正理解并且记住这些单词，所以死记硬背是没有用的。每周背25～50个单词应该比较合理。让孩子根据自己的需要和能力来制定目标。

批判性阅读。时间紧迫，你正在读着一篇又长又难的文章，里面有许多新单词，你开始冒汗了。你尽可能快地读着文章，但是当你读完了之后，发现自己根本不记得刚才读了些什么，因为你太紧张了。你感到一阵慌乱，又重新读了一遍。看，无数学生都掉进过批判性阅读的陷阱。

批判性阅读的诀窍在于有效的快速阅读。找出文章中每一段的主题句（通常是每一段的第一句话！），过渡词（例如"但是""然而"），论文的主旨大意和结论，并且划出来。这些关键句可以帮助你清楚地了解文章的主题。如果你的母语不是英语，或者时间相当紧迫，试着用上面的方法快速浏览文章，找出文章的大意，否则，你可能会时间不够。用铅笔划出或者圈出关键词。先读问题，再带着问题细读文章。

学习环境。时不时改变一下学习环境是一个不错的选择，有助于孩子恢复精神，突破难点。只要确保你学习的地方没人干扰、明亮、舒适就可以了。改变学习环境还可以提高记忆力。

学习时间。每次学习的时间最好不超过50分钟，否则会适得其反。每学习50分钟后休息一下，出去走动走动，伴着你最爱的歌曲跳跳舞，做一做仰卧起坐，跳跳操，让血液流动起来会让你更有活力。如果你接下来还需要接着学习也是可以的，但是前提是先休息或活动一下。

50分钟的学习计划建议

建议一：①做一篇《SAT学习指南》上的批判性阅读。（25分钟）②检查答案。（20分钟）③抄写词汇。（5分钟）

建议二：①句子完成部分做一半。（10分钟）②检查答案。（10分钟）③记单词。（30分钟）

建议三：①研究模拟测试中遇到的一些典型问题，不计时。（20分钟）②问题分级、复习。（20分钟）③背诵单词卡。（10分钟）

每个学习时段都必须解决一个实际的问题，并记一些单词！

SAT2（学能倾向测验）测试，也叫"课程测试"。如果想要申请竞争激烈的学校，往往需要提交SAT2的成绩。这里有一个可以下载各类课程测试的网站：https://sat.collegeboard.org/about-tests/sat-subject-tests。如果英语能力不太好，建议学生参加数学2和化学科目的考试。如果你的母语是中文的话，不要参加中文测试，因为校方会知道的！

养成真正良好的学习习惯。如果孩子在初高中期间读了很多书，学习了写好文章的技巧，那他就不需要花太多时间准备SAT3。因为他本来就擅长阅读和写作，所以没必要顶着压力去死记硬背装模作样，也一样可以考得很好。如果孩子还小，要隔好几年才能参加SAT考试，那就只需要让他多看书，多学习写作就可以了。因为阅读和写作才是SAT真正需要考察的技能。订立词汇量和写作技巧的学习目标，列一个书单，通过阅读来学习单词。学习如何有效地进行写作。这些技巧对孩子的一生来说都具有价值，也会让SAT容易很多！

70 面试和申请技巧

你知道吗？展现出风趣自信的一面有助于你成功申请到理想的大学。

每一片雪花都是独一无二的，成千上万的雪花，没有任何两片是一样的。但是，当你从窗户看出去，草坪上覆盖着一层层厚厚的白雪，你能够分辨出任何一片雪花吗？绵延的雪像一块白色的大毯子。此时如果有一片雪花是亮红色的呢？你的注意力立刻就会被它所吸引，因为它是如此的与众不同，即使是在一片白茫茫中你也无法错过。

在准备面试或者提交申请的时候，你必须信心十足，要充分表现出自己幽默和独特。如果你看起来显得迟钝、安静、犹豫、害羞，很容易让人忽略你的存在。在你阅读本文之前，最好先读一读《怎样自我介绍能给人留下好印象》和《美国大学需要什么样的学生》。这两篇文章将为你提供良好的背景知识，帮助你掌握面试和申请的技巧。那么，我们应该如何运用这些技巧来成就一次成功的面试和申请呢？

面试：恭喜你！某人将与你面谈，或者通过Skype与你联系。你感到紧张吗？你应该怎么做呢？

查找面试官的资料。找出面试官的姓名，看看他是校友还是学校的老师。通常情况下，大学会任命校友来主持面试。那样的话，你可以问问他们在大学里的生活或者问问他们学校的教育给他们的发展带来了什么帮助。通过问答，你将和面试者之间展开热烈的对话，大大提升你的吸引力。如果面试官是大学的工作人员，你同样可以问一些礼貌的问题以体现你对面试官的兴趣。

尽可能了解面试官所代表的学校（公司）的情况。你一定不愿表现出对学校或公司一无所知的样子吧。如果你提的问题能够轻松地在网站上找到答案，还不如不问，相反，你应该先从互联网上了解信息，然后据此提出一些更有深度的问题。举例来说，如果学校为学生提供了去华盛顿特区实习的机会，你就可以问问申请实习是否有专业限制，还是任何学生都能申请呢？

注意着装。穿着要适宜、得体并显得较正式。不要佩戴过多的珠宝配饰，确保衣着不会过于精致。衣着应该简洁、干净、谨慎和职业，牛仔裤或者运动装都是不合适的。确保个人卫生状况良好：清洁牙齿，打理头发，面试前吃一颗薄荷糖消除口气！面试中要保持微笑和良好的眼神交流，避免摆弄头发、嚼口香糖和抖动双脚的行为。

思考你的独特性。虽然你想要成为备受关注的人，但是你需要恰当的理由。你不想自夸，但你得自信。要想达到平衡确实很难。列出你的优点以及任何能展示你的独特性之处，特别是那些值得一提的地方。如果你能提到一些不平常的内容，往往能激起面试官的兴趣，并且主动询问你特别的兴趣点和能力。我的孩子们就经常被人问及家庭教育的经历。任何关于你的独特之处，都值得认真思考，深度探讨。如果面试官问到你这方面的问题时，绝对要抓住这个大好机会。

准备典型问题。面试常见问题中，一般最先问的是："谈谈你自己。"这是一个开放性问题，给你提供一个主导话题走向的机会。在简要提及家乡和家庭信息后，你应该谈论自己最着迷的独特兴趣。如果问到"你最喜欢哪本书"，你首先需要读过这本书才行。你可以谈谈你最喜欢的书的类型，即使是奇幻类故事或者口袋小说也无妨，但千万不要假装读过某本书。当然，最好是能够谈论更严肃更有深度的书。如果你能谈论某本面试官都从来没读过的中文书，你会更有优势。"你为什么要申请这所大学"是你必须回答的问题。你不能回答说："因为这所大学很有名气。"你需要提供一些具体的原因。其他常见问题还包括：你想要学什么专业？为什么你这个科目的成绩是B？你能为学校做出什么贡献？为什么我们应该接收你？……你必须要认真思考如何回答这些问题。

不要说谎，不要编造任何东西，不要谈论一本你没有读过的书，不要不懂装懂。

当面试官问你"有没有问题"的时候，正确的答案永远是"是的"。永远都不要对面试官说你没有任何问题。一定要提前准备有见地的问题，至少一个。为了在面试中集中注意力，你可以提前把问题写下来。

感谢面试官。在面试结束后的一两天内写一封感谢信或者发一封电子邮件，感谢面试官给你的上一次面试机会，态度要诚恳。

申请：美国的大学、工作和夏令营需要采用不同类型的申请方式。

掌握通用申请书的写作规范是最重要的。你需要在高二结束之前，去这个网站上注册一个账号，网址是https://www.commonapp.org/Login。

制作一份简历。大学委员会提供了许多关于制作简历的有效建议，帮助你从申请者中脱颖而出。可参考网址为：https://bigfuture.collegeboard.org/explore-careers/careers/how-to-create-your-resume。

很多学校还会提出其他的问题或者需要你提交论文。每所学校对问题和论文的要求不尽相同。很多学校会要求申请者提交下列问题的简要回答：你喜欢读什么书？你在什么时候最像一个领导者？你怎么为我们的校园增加多样性？这些额外的问题和论文会占用很多额外的时间。所以在高三第一学期要准备好写很多论文。同时，还要准备面试。

最重要的文章。我简直无法告诉你用于申请大学的论文（个人陈述）有多么重要，因为无论怎么强调都不为过！不要让任何人代你写。你可以参阅我在"如何写记叙文"这一章中提到的写作技巧。论文的目的旨在进一步检测你的水平，观察你的性格特点。在"个人陈述"中描述你自己、你的生活，还有那些发生在你生活中的重要的或者有意义的事情。在你选择一个问题作答之前（一般申请函中有5个选择），想想对你而言生活中最重要的是什么。从5个问题中选择一个最适合的问题来阐释，不要陷入挑选问题的陷阱，也不要落入回答问题的泥沼。先想好你想要表达的内容，再选择一个和答案相匹配的问题。

71 了解美国的饮食习惯

你知道吗？世界上没有美式菜系。

问题：如果你想到美国学习，了解美国的食物将有助于你更好地融入社会，知道自己将面对的生活环境，并且能够更灵活地选择喜欢的食物。

美国没有独特的菜系。要知道，美国成立于1776年，迄今为止还不到250年。在美国，几乎每个人都是从其他国家移民来的后裔，其中有13%的美国公民并没有在美国本土出生。没有任何一个美国家庭和另一个家庭吃着相同的食物。所以，我无法描述典型的"美式"菜肴！

有些家庭吃素，有些家庭喜欢有机健康食品，而另一些家庭生活喜欢高热量的食物，还有些家庭特别喜欢"下馆子"。许多美国家庭的饮食习惯都是其民族"遗传"的体现。很多家庭的父母来自不同的民族，比如意大利人和西班牙人，法国人和德国人，或者英国人和犹太人。这些家庭看似是典型的"白人"家庭，其实却各有不同。大多数"白人"家庭都是混合民族的结合。这些民族之间的差异就像中国和日本的差异一样大。而大多数"黑人"家庭中还混入了约20%的白人。因此，美国人的家庭结构是非常复杂的，这也反映到了他们的饮食结构上。比如在我们家，中国食物和北欧食物就常常同时出现。我必须重申一遍，很难定义美国的食物。麦当劳可不是典型的美国食物，也不会是当你寄宿在美国人家里时能够常常吃到的食物。不过，如果你真想吃麦当劳，他们的餐厅确实随处可见。

大多数美国人的饮食习惯非常全球化。典型的"全美式"餐饮包括了意大利菜、墨西哥菜、美国黑人的传统食物希腊菜以及中国菜。随着新文化而来的新菜式每天都在更新着美国人的食谱。泰国菜、印度菜、非洲特产在美国越来越常见，融合菜式——将来自两个不同文化的菜式组合在一起——也越来越受欢迎。大多数美国人会定期享受一些来自不同民族的食物。美国文化多姿多彩，美国家庭希望每个成员都乐于尝试新的食物。在面对新的食物时，美国父母总是会鼓励孩子至少要"尝几口"。对于那些坚持只吃本民族食物的人，美国人会觉得有点难以理解，而对于那些不敢尝新的人，他们也会感到奇怪。但是美国人对食物多样性的追求是有限度的。基于道德和文化的原因，某些食物会让美国人感到"可怕"，一般不会尝试。美国传统文化认为有些肉是不能吃的，这类"可怕的"食物包括头、脚、爪子、大肠，或者任何不含"肉"的部分，如脂肪、软骨、血或肌腱等。至于道德冲击主要是人们觉得获取这类食物的方式太过残酷，比如鱼翅。所以，尽管美国人不排斥新奇的食物，但是他们会避免食用某些肉类。即便美国人再愿意尝试新的食物，他们许多人都不太适应味道过于浓烈的菜肴。提到重口味，大多数美国人不太喜欢苦瓜汤、人参、鱼子酱，还有过重的姜味儿。

美国人饮食选择的一个重要因素是时间。美国人的生活非常繁忙，每个人都需要长时间工作，还得开车接送孩子参加各种课后运动和活动。通常情况下，一天下来父母都累了，所以没人愿意花很多时间来做饭，有些家庭甚至没有多少时间吃晚饭。美国人并不像中国人这么重视食物，大多数美国人认为食物的作用仅仅是为生命提供能量，并不是文化的重要组成部分。这就是为什么一些美国人对吃饭总是抱着"拿了就走"的态度。这种态度最后转化成美国人的饮食习惯，买已经做好的食物或者是快餐，打包在车上吃。吃这些食物通常速度快、价格便宜，尽管不算太美味但是填饱肚子还是没有问题的。当然，假期和家庭聚会的食物通常需要精心准备，不过大家都挺享受这样的时光。但是在工作日，烹饪和进餐的速度明显会影响人们对食物的选择。

确实有些典型的美国食物。事实上，有一个谚语说的正是："这是美国传统，就像苹果派一样。"颇为讽刺的是，苹果派其实是随着移民而来的舶来品，它源自欧洲，但是美国却因为苹果派而闻名于世。实际上，美国发明了不少食物，像花生酱、热狗、薯片、巧克力曲奇等。现在把美国餐桌上一些常见的食物罗列如下：

早餐最常见的食物就是"没有食物"。许多美国人完全不吃早餐，因为他们没时间。也许有些人会买一杯热咖啡，但是最受欢迎的早餐食品包括谷物加牛奶、酸奶和格兰诺拉燕麦卷，或者糕点。大多数的早餐都是冷餐。周末人们可能会花时间准备一顿热气腾腾的早餐，熏肉和鸡蛋，薄饼或华夫饼。美国人的早餐中常有水果，最常见的是橘子。

午餐，许多学生为了省钱会从家里带便当。如果学生自带午餐，他们常常会在学校里面买上一盒牛奶。三明治是午餐最常见的选择，大多数人喜欢花生酱三明治、奶酪三明治或者肉片三明治。便当里还会有其他食物，薯片、胡萝卜、苹果或者饼干。便当通常也是冷餐。学校餐厅也会为学生提供热饭热菜，但是大多数学生不喜欢学校的食物。作为留学生，你基本上只能在学校吃午餐，即使你不喜欢也没有其他选择。

晚餐通常是一家人一起吃的唯一的一顿饭。晚餐会有许多不同菜肴，多变的烹饪风格和食物选择是晚餐唯一的规则。但是，美国家庭晚餐在两个方面与中餐有着极大的区别。第一，美国人倾向于把食材分开进行烹饪，一种食材就是一道菜。比如，典型的美式烹饪法，喜欢将整块的鸡肉、猪肉或者牛肉放进烤箱。用餐时，每个人从上面割下自己想吃的部分。肉类一般不和其他食物混煮。中国人可能不习惯单单吃肉，而常常把食物切碎，每道菜里都混合着不同的肉类和蔬菜。第二，大多数美国家庭在烹饪时都不会放太多的调料，这也是中美烹饪习惯上的另一个重要区别。你会发现美国家庭的菜式大多保持最自然的味道，不会添加大量的盐或者香料。而在中国，料酒、酱油、大蒜、生姜以及其他有着浓烈味道的调味品都常常出现在烹饪过程中。当中国人在吃经过简单烹饪的食物的时候，难免会想念来自家乡的调料，你会发现味道比较淡甚至有点"甜"，因为美国菜不会太咸或太辣。

现在你知道你在美国会吃到什么食物了，所以必须试着吃几口！除非你对某种食物过敏，否则你应该试着品尝一下。如果你住在寄宿家庭里，你的美国妈妈总是会让你尝一尝。如果你不喜欢这些菜，没有关系。接着尝试，你总会找到自己喜欢吃的菜的！

72　懂得如何与寄宿家庭共餐

你知道吗？不熟悉的食物常常让离家在外的学生更想家。

问题：你寄宿在一个有文化差异的家庭里，他们生活中的一切都与你是如此的不同。他们希望和你共餐，但是你却觉得不舒服。你应该怎么办呢？

没有什么比家常的食物更让人舒服了。因此，在美国我们把某些食物称作"安慰食物"。什么食物可以让人感到安慰？每个人都有不同的选择。"安慰食物"往往是那些能够让我们想起童年时期母亲为我们准备的那些食物。在西方美食里，鸡肉面条汤就是一个典型的例子，热气腾腾的，自制的，比药还管用，能让人感觉无比熨帖。中国美食中的粥应该是最好的"安慰食品"，简单易做，让人想家。如果你想要适应外国文化并在其中找到家的味道，一个重要的组成部分是适应当地的食物。对于留学海外的中国学生来讲，这一点尤其困难。想想中国地大物博，不同地区的食物各自有着独特的风味。中国人从一个地方搬到另一个地方还可能想念家乡菜呢，因为不同地区的口味实在是天差地别！家乡的味道经受住了时间的考验，多年来已经成为中国人不可分割的身份象征。当你吃到来自家乡的食物时，那种情感上的亲近感是如此的自然和正常。每个移居海外的人都会经历一段艰难的过程去适应饮食上的变化。这篇文章主要讨论你在美国可能遇到的饮食问题，希望我的建议能够帮助你克服这些困难。

计划与寄宿家庭共餐。一些寄宿家庭发现，住在家里的学生既不愿意和他们一起在家里吃晚餐，也不愿意和他们一起下馆子。如果你不愿意和他们一起共餐，他们会觉得无法理解。如果你坚持选择逃避，他们会受到伤害。偶尔，如果你有充足的理由无法和他们一家人一起吃晚饭，他们当然能够明白。然而，寄宿家庭不希望你经常缺席晚餐。晚餐时间不要一个人躲在房间里，你最好主动帮帮忙，去摆摆餐盘吧。不要让"新妈妈"一遍又一遍地叫你吃饭。让一家人等你是非常不礼貌的行为，而且吃完饭后要主动帮忙清洗盘子。

如果你不喜欢寄宿家庭的食物，怎么办？有些学生不喜欢寄宿家庭提供的食物。即使你不喜欢，你还是必须要试一试。但是如果你真的不想吃应该怎么解释呢？最好的解释方式是告诉他们："我不太适应这种类型的食物。适应新口味对我来讲挺困难的。"记住，你不应该说："我不喜欢你做的菜。"如果一起用餐，你可以说："让我自己来。"给自己盛菜的时候，尽量少盛一些。

如果你需要一些熟悉的食物，怎么办？你的寄宿家庭希望你尽可能多的和他们一起吃饭，他们希望你能够享受他们为你准备的食物。即便如此，你的美国父母完全能理解你对家乡风味的思念之情。他们一定愿意帮助你找到那些"安慰食物"，让你不那么想家。你可能想要一个小电饭煲，给自己蒸上一锅白米饭。虽然不过是一碗白米饭，却将使得每一顿饭都变得舒适无比。

你所需要的仅仅是把你的想法大胆地说出来："我晚餐喜欢吃米饭。"你想多加一道菜，对你的寄宿家庭而言应该没有问题。另外一个办法是给自己准备一个调味品，里面装上你喜欢的调料。也许你喜欢五香粉或者花椒粉，那么在煮好的菜里加入熟悉的味道，会让你吃起来更舒服。当然，如果你需要去一趟亚洲超市或者中餐厅，一定要获得寄宿家庭的许可。在美国的很多杂货店里都能买到速冻饺子、白菜、拉面、香菜、豆腐这些中国的家常菜。

与寄宿家庭分享你的食谱。寄宿家庭愿意深入地了解你的家庭和文化，这也是他们接纳你进入他们家庭的部分原因。如果你为他们准备中国菜，并且分享一两道你最喜欢的食谱，他们会非常高兴。曾经有一个美国妈妈告诉我，当她们家的寄宿学生终于亲自下厨为家人做中国菜还和她分享食谱的时候，她真的是非常高兴！她们一起去商店挑选食物，这个孩子终于有机会教全家做自己最喜欢的中国菜了。而且这个孩子非常乐于倾听，她还跟着美国妈妈学会了一些美国家常菜的做法。这位美国妈妈认为每个寄宿学生都应该尝试和寄宿家庭一起烹饪！在出国之前一定要学会一些简单的菜肴！

在你去美国之前了解美国的食物。你应该在出国前试试那些广泛流传的食品，如炸鸡、比萨饼、花生酱或意大利面等。这样，如果你去餐厅，至少知道该点什么。这也许会有点挑战你的胃口，因为"中式版本"可能与美国当地的截然不同！

如果能找到你喜欢吃的东西，别人就不太容易觉得你"挑食"。如果你特别喜欢吃某种食物，大家会更愿意邀请你参加各种活动。

假如你是那个"喜欢吃炸鸡的孩子"，而不是那个"什么都不吃的孩子"，大家一定更愿意请你吃饭吧！不要把注意力放在你不喜欢的食物上，想想那些你喜欢的，这种态度有助于你在新朋友中树立一个更积极友好的形象。当你找到越来越多喜欢吃食物的时候，别忘了把它们加入你的"喜欢"清单。

学会吃生菜。美国人喜欢吃生的蔬菜，你在寄宿家庭经常能吃到生菜或者沙拉。如果你不喜欢，试着加点调料，拌上醋、酱油、芝麻油。纯生蔬菜是非常新鲜和健康的，如果吃不惯，可以多加练习。此外，新鲜水果很好吃。只要你吃水果和蔬菜，总会找到你喜欢的食物。

要有冒险精神。每次我听到有人说"美国人不喜欢正宗的中国菜"时，总是情不自禁地微笑。美国人喜欢中餐，也喜欢世界各地的食物。但许多美国的中餐馆并不提供正宗的中式食物，事实上，许多中餐馆都没有把所有的菜看翻译成英文，并且放在英文菜单上。怎么能怪美国人不喜欢点正宗中餐呢？他们都没有这种机会！美国人希望你多一点冒险精神。他们希望你敢于尝试不同民族的餐馆，吃不同国家的食物，当你有机会，试试墨西哥菜、印度菜、意大利菜、阿拉伯菜……记住，至少要吃一口。

放松心情。不要一到晚餐时间你就压力山大。诚实永远是最好策略。告诉你的寄宿家庭，你不能一边吃饭一边还得绞尽脑汁地想怎么说话。也许你吃饭的时候只需要听别人讲话就行。

试着告诉你的寄宿家庭："让我一边想着怎么说英语一边吃饭实在是太难了。希望你们不介意我安静地用餐。如果我不说话，只不过是在让大脑休息。"

73 如何与美国寄宿家庭沟通

你知道吗？在美国，每当住在寄宿家庭的学生需要沟通的时候，他们就感到无比紧张。

问题： 当你随时随地都需要讲外语的时候，你会觉得每一天都变成了一场口试。你必须集中注意力，实在是太累了。最糟糕的是，你还会担心自己说错话，特别是在寄宿家庭里，那就太可怕了！

出国留学很累。在学校里，你必须集中精力用英语来学习自己的专业。回到寄宿的家里，你可能觉得自己还在学校里。因为你无时无刻不得不用英语来交流，哪怕你累了，病了，或是心情不好了。英语交流铺天盖地，你无法逃避。有时候，你难免需要从这种环境中脱离出来，安静一下。但是，你的寄宿家庭却完全没有意识到，你需要全神贯注地来进行英语谈话。他们觉得英语太简单了！对他们而言，英语当然简单！为了避免引起不必要的矛盾，你应该练习如何进行良好的沟通。

导致你与寄宿家庭产生冲突的最常见的原因往往是你们双方的愿景不一致。

如果寄宿家庭的行为模式和你所期待的不一样，你可能会觉得不舒服。而另一方面，你的寄宿家庭可能也会因为你的行为模式和他们所期待的不一样而感到生气。但是，你有没有告诉过他们你的期待呢？我想可能没有吧！不要以为你的寄宿家庭知道你在想什么。我们没有特异功能，不会读心术。避免冲突的最好办法是了解自己应该如何期待别人。除非你问，否则你永远得不到答案！

（1）"请告诉我，你们家有些什么我应该遵守的规则吗？"在进入寄宿家庭之前，一定要询问家庭规则，让你的美国父母解释一下他们为孩子定下的规则，一一写下来。

（2）"当我住在你们家里时，请告诉我你们希望我怎么做。"请告诉你的美国父母，让他们给你明确的指示，让你清楚地知道自己应该做什么，怎么做；比如你什么时候该和家人待在一起，什么时候该待在自己的房间里。你需要提前被告知，甚至你可以让寄宿家庭给你制定作息时间表。

（3）"我希望如果我做了什么你不喜欢的事情，一定要告诉我。"创造机会，开放性地讨论你的习惯和行为，以此避免未来可能出现的冲突。

（4）"我能告诉你，我想象中的寄宿家庭生活是什么样子吗？"问问你的寄宿家庭，你是否可以告诉他们你想象中的寄宿家庭生活。让他们告诉你，你的想法是否实际。帮助他们理解你的想法和期望。

（5）"我能告诉你们一些我和父母的生活情况吗？"如果你的寄宿家庭能够了解你在自己家里需要遵守的规则以及你父母对你的期望，他们将收获良多。因为你创造了机会来探讨你们双方各自的期待，了解其中的异同。务必要诚实，不要信口开河地欺骗你的寄宿家庭，把那些你在家里不被允许的行为说成是可以做的。记住，寄宿家庭不仅要对你的安全负责，也必须对你的父母负责。请尊重你的美国父母，对他们就像你自己的父母一样！

（6）"您能帮我一个忙吗？"如果你的美国父母希望你做什么事，但是你刚好非常不愿意，请求他们给你"放个假"。比如，你觉得很累希望能够一个人待一会，你可能会不想和大家一起吃晚餐。告诉你的美国父母，这只是特殊情况，不会经常发生。当你不想履行某项职责的时候一定要解释清楚原因。

有时候，冲突源于意见相左。比如，你觉得你需要更多的学习时间，但你的寄宿家庭却希望你能多参加一些户外运动。如何解决这种由于意见不一致而引发的冲突呢？

（1）"我们能否共同努力达成妥协呢？"如果有分歧，通常也可以妥协。一定要认真解释你的原因，也要认真听别人的解释。

（2）"你有什么建议让我们双方都能接受吗？"有时候，我们需要想其他办法来解决冲突。怎么能让自己既有多一些时间学习又能多参加一些户外运动呢？一定要主动提出一些自己的想法来实现你的目标！

（3）如果你实在是找不到更好的办法来解决问题，请向第三方寻求帮助，比如你的老师或者是学校里的顾问。

有时候，冲突来自于不良行为。许多美国妈妈会因为寄宿孩子长久待在卧室里面玩游戏或看电视而感到非常难过。如果美国妈妈被叫到学校去和老师讨论寄宿的孩子的学习成绩，她们的心里该多难受啊！中国的父母应该明白，美国妈妈也不愿意对着孩子大喊大叫，强迫他们改正自己的错误行为。作为中国家长，一定要保证双方沟通渠道的畅通，一定要定期和孩子的美国妈妈交流和讨论。不要让你的孩子夹在你们中间，帮你们进行沟通和翻译，也许你需要找个翻译。

冲突会带来压力、疲惫和情绪问题。每个人在面对压力的时候都不可能表现得太好。如果你感觉很糟糕，希望我的建议能够帮助你进行有效的沟通：

（1）"我现在感觉有点不知所措。我需要休息一下。我可以……吗？"你可能需要独处的时间，听音乐、散步的时间，和朋友聊QQ、微信的时间。当然，也许你只是想小睡一会儿。如果你觉得不舒服，说出来。告诉你的美国父母，你需要休息一下。

（2）"我感到非常担心，我能和您谈谈吗？"在美国，我们经常会把自己的担忧说出来。通常，我们会和老师、家长或者顾问聊一聊，他们会给我们一些建议或者只是安静地倾听。也许你希望能够找一个能说中文的成年人聊一聊。别怕，把你的想法说出来！

（3）"我有点想家了，我可以去吃中国菜吗？"如果你想家了，请你的寄宿家庭帮你找找熟悉的中餐，或者让你和家里的朋友在线网聊。

（4）"对不起，我有点心烦意乱。但是这不是你的错，只是我压力大而已。"如果你偶尔表现失常，比如性子太急或者喜怒无常，一定要让你的寄宿家庭知道这只是暂时的。不要让他们误会你是因为他们而生气。一定要表达你的真实感情，让他们知道你其实只是压力大。

通过诚实和礼貌的讨论，能够尽量避免冲突的产生并且圆满地解决问题。人与人之间难免有冲突，但只有通过有效的讨论才能解决双方的分歧。第一步，要说清楚你的问题。第二步，征求其他人的意见，看看别人是怎么看待这个问题的。第三步，确定解决方案。最后一步，达成谅解和妥协。当你在解释问题的时候，请着重描述你的感受而不是责怪别人。要知道，文化差异可能导致误解，所以一定要仔细倾听别人是怎么说的。

74 出国前请先学会接受文化差异

你知道吗？地球上的每个人都觉得自己的文化是最好的！我们都错了！

问题：有时候当我们接触到其他文化的时候，我们更倾向于认为一切都是"错的"而不是单纯的"不同的"。

如果我们能够客观地看待一种全新的文化，那我们将更容易理解这种新的文化。无论是干工作还是做生意，灵活的思想者都能够自如地穿梭于不同的文化中，促进双方的理解。

"你简直像中国人一样好！"每次有人这样恭维我，我都不知道应该如何应对。有那么几个中国人，毫不掩饰他们对我真诚的赞美。他们总喜欢说，我和来自中国的谁谁谁一样好。

我感谢他们的好意，因为我知道，他们本意是好的。但是他们对待来自其他文化的人的态度却不是很开放，他们深信自己比我们好，因此他们认为，如果他们告诉我，我几乎就和中国人一样好了（不过还是差一点哈），我会欣喜若狂。他们甚至没有意识到这对我而言是一种侮辱。当你和来自不同文化的人相处时，很容易犯错误。事实上，犯错误是正常的。但是，你必须记住，当你旅居异国他乡的时候，你就是一个文化大使，必须要代表本国文化中最好的一面，同时也应该学习其他文化中的精华部分。如果你犯了错误，也没有关系，大可一笑了之，不用把这些错误太当回事儿。最好的办法是学习新东西！

文化是什么？根据阿尔弗雷德·史密斯开创性的作品《交际与文化》中的定义，文化是系统的学习体系，是一个群体共享的知识、行为、态度、信仰、价值观和规范的总和。认为自己的本土文化才是最好的，这是人之常情，大多数生活在同质文化中的人都会深有同感，正如每个小孩都深深地相信自己的妈妈是世界上最好的妈妈。事实上，人人都觉得"金窝银窝不如自己的狗窝"。如果有人不这么想，反而不正常。但是如果你只是一个置身事外的观察者，你会发现这个世界上还有很多好妈妈，她们同样尽职尽责地承担着养儿育女的责任。孩子用一颗纯真的童心，用自己对家庭的热爱，把自己的母亲看得无与伦比的美好。也许她并不完美，但是却并不妨碍孩子对母亲的爱，超越一切的爱。同样，我们对待文化的态度，就像我们对待自己的母亲一样。我们热爱自己的文化，相信自己的文化才是最好的，这也确是人之常情。然而，我们也必须承认：所有的文化都有自己的优势，没有任何一种文化可以全方位地超越其他文化。

如果你从很小就开始学习一种文化，你周围的人和你一样从很小就开始学习同样的文化，你们可能会失去质疑的能力。你会认为合乎这种文化的就是对的，其他的都是错的。曾经所有的欧洲人都认为世界是平的。世界怎么可能是圆的呢？如果是圆的，那人们不是早就掉下去了？但是现在我们都知道世界是圆的。想要那些从小就觉得"地球是平的"的人接受"世界是圆的"这个事实，并不会一帆风顺。文化亦是如此。我们总是觉得自己从孩提时代起从文化中学到的东西一定是完全正确的，但是如果我们多倾听别的声音，多接触新的想法，我们一定可以学到很多新东西。大多数人都会坚持自己的观点，所有的文化都自有其正确之处，但是没有任何一种文化敢宣称真理永远站在自己这一边。

如果文化背景不同的人住在一起，如果大家都觉得自己的文化才是最好的，会发生什么呢？如果你想找到答案，来看看今天的美国吧！美国的许多问题都源自多元文化。文化的融合也产生了冲突，因为每个人都认为自己的想法是最正确的，自己的生活方式是最好的。另一方面，美国同样得益于多元文化的融合。当不同意见的人坐在一起的时候，他们也许会互相争论——但是他们也会相互倾听、相互学习并且共同成长。当出现新的思潮、不同的理念，美国文化总会照单全收，并且融合成自己的一部分。

当你和不同文化的人交流的时候，应该持有什么样的态度呢？我想，你希望别人如何对待你，那你就应该如何对待别人。当你漂洋过海和异国文化发生碰撞的时候，理解是第一位的。对于外国文化，你会喜欢其中的某些部分，你也会讨厌其中的某些部分。你不可能全盘接受也不可能全盘否定。即使你不喜欢新文化的某些表现形式，但是你依然应该保持积极勤奋的态度。记住，当你有机会接触全新的文化时，仔细倾听和认真学习。做好准备，一定会有人不理解你的行为模式和思维方式。如果有人认为你做错了或者你的文化有问题，不必惊讶，也无须生气。事实上，从他们的文化角度来看，你的所作所为确实是错的。这也正是为什么当交换生是一个体验不同文化的好机会。你应该是一位"文化大使"，保持积极的态度，传播你的文化。你应该是一个好学生，保持勤奋的态度，积极学习新的文化，不去随意猜测他人以及他们的信仰。你应该以开放对话来构建双方的信任机制。

在跨文化交际中，你应该避免下列问题：

"我们对他们"的态度——当大家希望比较哪个更好或者哪个更糟的时候，当大家意见不一致的时候，你会感到无比的沮丧，因为你发现自己完全不喜欢他们的主体文化。

"我们对他们"的态度——发生在比较哪个更好或者更糟时，这将使你感到沮丧与失望，感觉你不喜欢它。

"害怕失败"的态度——如果因为害怕导致冲突或者害怕自己犯错误，使得自己想做的不敢做，想说的不敢说，你会感到孤独和被孤立。

"个人防御"的态度——当你受到威胁，感受到别人的批评和拒绝，你会觉得自己受到了误解，你会觉得大家都在和你做对，于是你充满了自卫的情绪。但是请记住，他们其实没有针对你！

"享受当下自由"的态度——当你发现他们的主体文化对你缺乏权威性时，远离父母使得你相信自己可以随心所欲。

"人以群分"的态度——当你把人们分成不同的群体，并且假定这种类型的人大都会采用同样的行为模式。记住，这就是偏见。

"我们是一样的"的态度——当你以为每个人都和你所想的一样，误会可能因此而产生。因此，最好问问别人，他们的真实想法！

75 如何与来自不同文化的人交朋友

你知道吗？来自不同文化背景的人对人际关系有着不同的期望。

问题： 许多留学生只喜欢和自己本国的同学交朋友，然而他们更应该学习如何与来自不同文化背景的人交朋友。

文化就像DNA——是天生的，在不知自觉中影响着我们生活的方方面面。正如DNA一样，文化是生活的无形动力。没有人能够控制固有的文化基因在自己身上留下的印记，但是每个人都能够控制自己对于其他文化的理解。

在古代，大多数人不需要了解什么是文化，因为他们没有接触外来文化的机会。文化环绕在人们周围，无孔不入，让人熟悉到无法想象其他的生活方式。在现代，全球化使得人与人之间的关系变得比以往任何时候都更重要，学习如何与来自其他文化背景的人一起生活和工作成为一项重要的生存技能。那么你应该如何与来自不同文化的人交朋友呢？

如果你转学去了新学校，或者搬家到一个新城市，你会发现你一个人都不认识了。你是"新生"，而其他学生已经有了好朋友，有自己喜欢的俱乐部或者是课外活动。也许没有人注意到你，也没有人会邀请你加入他们的群体。其实，即使是在你自己的国家，这种事情也常常发生。因为当你成为某种共同文化的一部分之后，你将很难适应"新生"的生活。而当你成为留学生，去到异国他乡，这种陌生感会强烈10倍。在新学校里，你可能会觉得你都不知道自己该怎么交朋友了，因为要了解来自不同文化背景的同学更难。

如何尽快适应自己作为美国"新生"的生活？我的建议如下：

其他学生并不是刻意无视你的存在。好吧，如果你不洗澡不洗头，如果你有口臭，其他同学可能会刻意回避你。但是如果你个人卫生情况良好，那么其他人不是在回避你，而是还没发现你，他们可能还在想着自己的计划、朋友等。如果没有人注意到你，请别放在心上。大多数人都不会考虑邀请陌生人参加社交活动。你会邀请什么人参加你的聚会呢？当然你只会邀请你的朋友。反之亦然，大多数情况下，别人在邀请你之前都需要先了解你的为人。

记住别人的名字，并且抓住每个机会加深印象。当你微笑着迎向他，看着他的眼睛，亲切地喊出他的名字，大多数美国人都会觉得你很棒！如果你希望大家认为你是个不错的友好的人，你应该设法记住他们的名字。然后，当你遇到他们的时候，你能够微笑着问候他们。如果你是个女孩，你可以挥挥手。如果你在碰面时不微笑问好，美国人会认为你是一个不太友善的人，或者你不喜欢他们。在美国文化中，太过安静或者害羞都是不好的，尤其是男孩子。如果你能够认识到这一点，将在社交活动中占据优势。

找一个对话伙伴。如果你所在的学校里有学生想学习中文，你可以提供帮助，成为他的对话伙伴。你们可以花半个小时练习英文再花半个小时练习中文。找一些适合在学校里面随意交谈的话题，谈话往往是友谊的重要组成部分。如果你无法和其他人随意闲聊，那么你也很难和东道国的学生交朋友。

寻求帮助。通常，如果有人向你求助，会让你觉得自己很重要，因此你会很乐意给出意见和建议。学会寻求帮助，但是却不要经常这样做。也不要总是向同一个人求助，学会向不同的人求助。如果你是女孩，称赞另一个女孩的衣服漂亮，让她给你一些关于着装的建议，告诉你学生中最时尚的装扮是什么。如果你是男孩，让另一个男孩给你解释一下橄榄球的规则。你们还可以聊聊这些话题：学校食堂里最好的食物是什么？你能告诉我哪个俱乐部最有趣吗？你觉得那个老师最好？哪门课最好？你最喜欢哪个音乐组合？你能告诉我怎么从YouTube上找到好听的歌吗？……这些话题都能够表现你对他人意见的尊重，而且能够表现出你对主体文化的关注和兴趣。

加入俱乐部。如果能够找到你感兴趣的俱乐部并且加入其中，将有助于你交到朋友。俱乐部为人们提供了一个自然的社会群体，共同的兴趣爱好使得大家更容易成为朋友。当你加入俱乐部以后，一定要用心记住每个人的名字。不要忘了微笑着问候大家，虚心求教。这样，你将很快在俱乐部里交到朋友。

给自己"制作"一张"独特的名片"。想想看，你能不能准备一些小礼物来送人，这种独特的方式将使你显得与众不同。这些小礼物应该是免费的，简单的，具有创造性的。比如有个女孩，喜欢用笔记本纸来折千纸鹤，并且作为小礼物送给看上去有点忧伤的人。她会说："希望这只纸鹤给你带去好运！"还有一个女孩，喜欢用手工材料来制作可爱的书签，每周她都会送出一些手工书签。给自己制作"独特名片"的秘诀是好好利用你的兴趣和天赋。你的"名片"应该很简单，看起来不应该像一份礼物，而更像是一个表示"我在乎你"的姿态。你的"名片"不需要每天冲着每个人散发，而应该是偶尔为之的个人选择。你的"名片"应该充满了你独特的个性，让人看到就会情不自禁地想起你。很多简单的小东西，比如一包薄荷糖，比如在别人打喷嚏的时候递上的一包卡通面巾纸，都会让你变得与众不同。

认识到"朋友"和"友好"之间的区别。大部分美国人都是友好的，即使是对陌生人。这种友好只是一种礼貌的表示，并不是做假。但是请不要误会，如果要把你当作朋友，他们需要更多地了解你，和你更亲密，只有等彼此的关系更进一步，你们才能够成为朋友。

学会做朋友。你必须要愿意做别人的朋友才能交到朋友，最好的朋友应该善于倾听而且乐于交流，学会表达你对别人的关注。认真思考你可以提出的问题，仔细倾听别人的答案。另外，好的朋友一定会愿意花时间在朋友身上。如果朋友希望你陪他吃个午饭聊个天，或者去看他表演的校园话剧，不要找借口拒绝，因为友谊需要时间来培养。

不要与其他交换学生拉帮结派。如果你花太多时间和其他留学生在一起，你将很难在主体文化中找到朋友。吃午餐的时候，试着坐在外国人身边，大胆搭讪吧！

不要挑剔主体文化。你不必爱上主体文化的一切，但是也不应该通过批评别人的文化来侮辱人，更不要肆意吹嘘自己的文化。保持积极的态度，尽量说好话。只有先表示对他人的关注，别人才会也对你表示关注！当你很快融入新的环境后，尽量分享你的文化中的积极的一面，学习主体文化中的积极的一面。通过这种方式，你可以增进双方的友谊和尊重。

76 如何应对"下暴"

你知道吗？所有的文化中都有"恃强凌弱"的因子，"与众不同"常常是受欺负的原因。

问题：你也许知道有些同学受到了欺负，你也许被欺负过。如果你知道如何应对"下暴"，你就不会害怕别人欺负你了。

如果你把一只新的鸡扔进鸡群里，其他的鸡会一哄而上地去啄这个"新来的"。如果这只鸡太虚弱了或者受伤了，其他的鸡甚至会把它啄死。动物会恃强凌弱，在面对比自身更弱小的动物时，像老鼠、狼和鸡等都会表现得非常强悍。灵长类的动物，如猩猩、狒狒等，甚至会通过有组织地群架来决定哪一个族群更强大。你也许觉得人和动物不一样，但事实恰恰相反。所有的文化中都有"恃强凌弱"的因子。

在中国，人们看起来很像，价值观趋同，来自同一个种族和文化。因此在中国，没有种族问题。但是在中国，你依然可以看到有人嘲笑甚至欺负进城务工人员的孩子、超重的女生和不聪明的男生。什么样的人最容易被欺负呢？任何一个与众不同的人都可能成为受害者。

在美国，有许多不同的种族。如果你和别人不一样，你可能被嘲笑被欺负。我小时候经常被黑人小孩欺负，因为我是白人。当我和白人小孩一起的时候，他们欺负我因为我很穷。有时候，甚至有同学会逼我帮他们做作业，在考试的时候给他们抄答案。任何一个让你与众不同的因素都有可能成为你受欺负的原因。

什么叫"下暴"？下暴不是偶然为之的嘲笑，也不是攻击性的评论。下暴是一个持续性的问题，是一个人或者一群人经常性对弱者进行辱骂或者是孤立的粗暴行径。下暴是一种会引发长期性问题的病态行为，而不是一次性的偶发事件。

通常情况下，相比与其他种族的孩子，亚洲籍的学生一般不容易受到欺负。根据美国心理协会一项关于"下暴"的研究表明，有18%的亚洲学生曾反映被欺负过，而与之相较，白人学生为35%，黑人为31%，拉丁美洲籍为28%。因此，在美国，亚洲籍学生受欺负的概率较低。但是在受欺负的亚洲学生中，约有11%认为自己受欺负是出于种族原因。美国学校的"下暴"率已经降至接近国际平均水平，既不高于其他国家也不低于其他国家。总而言之，作为国际学生，你如果进入美国的学校，你受欺负的概率应当不会高于其他国家。即便如此，无论你是在中国还是在美国读书，你都应该知道如何应对"下暴"。

以前，当我还是小孩子的时候，对付"霸王"的最典型的美国方式就是冲着他的脸狠狠地给他一拳。家长们常常这样教导孩子："不要打架，不过如果打架就要打赢！"但正如我所说，那都是老一套的做法了。现在如果你受到了欺负，肯定不能一拳头打回去，也不能够随意动粗。那么，我们应该如何来应对"下暴"呢？

告诉欺负你的人，停止他的无理行径。直视暴者的眼睛，严肃地让对方停止他们的错误行为！不用威胁他们！不要侮辱他们！在他们的朋友面前保全施暴者的面子，给他们台阶下！礼貌但要坚决！有时候，这些人无法意识到自己对他人已经造成了困扰。有时候，这些人会认为你好欺负，认为你不敢为自己而战。向他们证明他们是错误的，冷静地告诉他们"住手"。如有可能，告诉他们，你已经原谅他们而且愿意重新开始。这是最好的结果。

向其他同学寻求帮助。如果受欺负的情况没有改善，向几个深受大家欢迎的同学求助。告诉他们有人欺负你，请他们给你一些建议。因为受欢迎的同学常常有很多朋友，在学校里的影响更大，他们可以要求其他人停止犯错。同样，当你发现身边有同学正在遭受欺辱的时候，你也应该挺身而出。找一群同学商量一下，确定你们愿意和受害者站在一起，要求施暴者停止错误的行为。一个人也许势单力薄，但是一群人将成为一种强大的力量。

向老师和家长寻求帮助。老师在阻止"下暴"的时候，作用微乎其微。他们常常说"别这样"，而恶霸学生往往对老师的要求置之不理。但是，如果你够坚持，让你的父母去找老师，你们最终将能制止恶霸。

生理下暴。在美国，人身伤害是违法的，即人身攻击。如果有人攻击你，马上报警。攻击你的人会被逮捕。

骚扰。骚扰也是违法的，骚扰是你感受到来自另一个人的威胁。也许某个人总是打电话给你，威胁你，或者总是跟踪你，长时间地让你心神不宁，这种感觉非常让人不安。如果出现这种状况，你可以对骚扰者提起民事诉讼，从法官处获得禁令。你不必因此而感到不安全。

粗暴的老师。有些老师会针对学生发表一些粗鲁的攻击性的言论。尽管罕见，但是依然存在。如果出现这种情况，请报告校长，要求老师道歉。

"来自中国"的陌生人。不要接受陌生的中国人，他们打着"我是你的朋友，我将帮助你理解美国"的幌子来接近你。因为很难分辨这些人的动机的好坏，所以跟这些人联系时必须要让朋友和学校知晓情况。

互联网上的陌生人。如果互联网上认识的人提出带你去认识新朋友，不要接受他们的邀约。很多网友都是另有所图的坏人。交朋友，最好是在校园里认识和了解的人。

大街上的陌生人。不要和那些在街上走到你面前向你要钱的人说话。如果你在散步的时候觉得不舒服，一定要走到离你最近的公共场所。另外，不要搭乘陌生人的车，虽然世界上大多数人都是好人，但是我们永远无法确定。

如果你需要帮助或者你迷路了，当然，你可以打电话求助。但如果你需要向陌生人求助，最好是找带着孩子的女人，因为"母亲"永远是最值得信赖和最安全的人。向在某些工作场合中工作的人求助，也是非常安全的选择，比如商店店员。在智能手机中下载安全网站的APP（getbsafe.com）也能获得有效的帮助。我个人认为，如果你长期一个人，带上胡椒喷雾、个人报警器等市面上常见的个人防护设备也是非常有必要的。

77 当你出国旅行的时候，请尊重不同的宗教信仰

你知道吗？在美国有超过300个宗教派别。

我有一个音乐家朋友，专业的那种。作为艺术大师，他喜欢弹奏古典音乐，经常参加各种音乐会。可惜的是，这位朋友除了古典音乐以外，不尊重任何其他类型的音乐。有一天，当我正在讨论蓝草音乐的时候，他毫不掩饰对这类"民间"音乐的蔑视。没错，蓝草音乐很压抑，歌词常常是关于痛苦和死亡的，但是这正是这类音乐家的生活经历，因为他们很穷，他们把自己的感情生活诠释在了蓝草歌曲中。我已经活了一把岁数了，我听过很多不同类型的音乐，每种音乐都自有其美好之处，即使是一些我并不喜欢的流派。每一个音乐流派都出现过大师和天才，丰富着各种艺术形式。尽管我并不喜欢所有的音乐类型，但至少在我听到的时候，我懂得尊重差异和欣赏卓越。

同样，不是每一个人都有相同的观点和信仰。一些国家的学生在出国旅行时，很难理解为什么有些人的信仰和自己被教导应该相信的那些东西会有着如此巨大的不同。比如，在日本，人们相信天皇是神启。即使日本是世界上唯一持有这一信仰的国家，但是日本人仍然无法理解为什么世界上其他地方的人不能够接受他们的天皇信仰观点。有谁的信仰体系是绝对正确的呢？没有人能够给出唯一正确的答案！所以重要的是理解和尊重这样一个事实，那就是，人们的认知方式与思维模式是有差异的！

美国是一个由多元文化构成的国家，每个人都拥有选择任何宗教信仰、哲学思想和政治理念的权利。因此在美国发展的各个历史时期，都出现了各种各样的文化流派与社会思潮，各个宗教派别的活动也十分活跃。一些中国人刚到美国，可能会感到迷惑，甚至觉得无所适从。追求自由是人们的基本需要。然而，自由的代价正是可能面临的冲突。你可能不得不尊重别人的信仰和观点。

作为一名中国学生，如果你到美国游学，你很有可能住进一个和你家庭有着完全不同的宗教信仰的寄宿家庭。在美国，许多私立学校隶属于宗教团体，主要是基督教。一方面，有些希望能够践行自己信仰的家庭常常把孩子送到教会学校；另一方面，一些家庭把孩子送到教会学校主要是因为当地公立学校里充斥着毒品和暴力泛滥的问题。有时候，父母把"坏孩子"送到教会学校是希望道德教育能够改善孩子的行为；有时候，仅仅只是因为父母希望孩子受到比当地学校更良好的教育。事实上，并非每个上教会学校的人都一定有宗教信仰。然而，如果你在教会学校上学或者生活在一个有宗教信仰的家庭里，请务必记住，即使你并不赞同他们的信仰，你也必须尊重别人的选择。

你会发现哪些基本差异呢？基督教的道德价值观非常类似于儒家。两者之间主要的差别在于，基督教的"仁爱"依赖于上帝的爱、宽恕和超度，而儒家的仁爱更依赖于个人的追求与自我控制。所以，信奉基督教的家庭和遵从中国传统文化的家庭之间的差异其实并没有那么大，他们的共通之处远比你想象的多得多，不同的只是哲学基础。

在我们谈论哲学、宗教和科学的时候，我们必须先问一个问题："我们怎么知道自己知道什么呢？"无神论者会说，除了我们所能看见和触碰的自然世界，一切都不存在。"看见和触碰"让我们知道自己知道。有神论者会说，世界上总有一些超越了自然的——仅仅只是依靠人类的知觉将限制我们的知识。不可知论者会说，他不确定哪种观点是正确的！无论一个人是否有宗教信仰，他都必须首先确认自己对自然的哲学界定。哲学家在思考人类存在的时候提出了这些问题，即使我们对这些问题的答案并不一致，但是我们必须互相尊重。

你会发现哪些实际的差异呢？大多数美国基督教家庭周日都会参加宗教活动。一家人一起做礼拜是宗教文化的一部分。礼拜中会唱赞歌，其次是祷告，通常随后还会有布道——很像是一个老师就某个话题发表演讲——主题一般是《圣经》。大多数中国学生喜欢音乐和唱歌，但是却不喜欢说教。有时候，布道会很冗长、混乱和难以理解。如果你不喜欢，你可以不关注布道的内容，但是你应该安静地坐着，因为这是对他人的尊重。

另一个差异是基督教家庭在餐前要进行祷告，这是他们对自己受到的庇佑表示感谢的一种方式。他们不需要你参与祷告，但是你需要安静地坐着。你可以把这些经历当作一个更好地了解别人的机会。想要几句话说清楚美国人的宗教信仰是不可能的，因为每个人都与众不同。

所以，不要觉得你所寄宿的家庭和其他家庭一样，不要以为你就读的学校和其他学校一样，不要以为你去的教堂和其他教堂一样。接受和适应差异将是你美国生活中的一个重要组成部分。

你可能经历什么样的冲突？最主要的冲突也许是你不想和寄宿家庭一起参加宗教仪式。你也许觉得太无聊了，太浪费时间了。其实，这也是一个学习的机会。你不需要参与，但是你可以静静地观察，你甚至可能借此提高你的英语水平和社交技巧。如果你觉得布道实在是没有意思，你可以不听，你可以在心里默记一些东西，时间会很快过去的。另外，如果你有音乐才能，你还可以参加教堂的演出，成为乐队或管乐队里的活跃分子！每个人都会欣赏到你所分享的艺术才能。

你可能经历的第二大冲突是，美国人喜欢讨论分歧。美国人不认为争论是不礼貌的，事实上，美国人喜欢辩论。这是非常不同于中国的地方，因为在中国，人们会为了保持和谐而避免讨论分歧。所以如果当人们试图和你争论你的想法和信仰的时候，不要惊讶！但是如果你不喜欢辩论，那就说出来。美国人期望你明确地表达自己的想法。如果你发现有人老是对你的信仰指手画脚，告诉他们："我不想和你讨论这个问题。我喜欢安静地观察。我会尊重你，就像你尊重我一样。"准备好与他人分享你的信仰，准备好倾听不同的声音。但是，不要害怕给任何讨论设置底线。记住：如果你不希望别人质疑你的信仰，你也不要质疑别人的信仰。你要知道如果你先评价了别人的信仰，比如"我不同意你的观点"，就仿佛你向别人发出了辩论的邀请一样。

78 灵活自如地从情感上接受外国文化

你知道吗？几乎每一个身处外国文化中的人都有情感压力。

你不孤单，你不是一个人在战斗。很少有人可以生活在完全不同的文化中却感受不到任何压力。你曾经去离家千里的地方度过假吗？无论你的假期多么美好，当你回到自己熟悉的环境，回到舒适的家，吃着熟悉的食物，睡着熟悉的床，你难道不觉得松了一口气吗？你肯定有这种感觉。假期结束后你会觉得更疲倦。为什么呢？度假的目的不是为了放松吗？你觉得累，是因为你远离家乡承受着来自异乡文化的巨大压力。

想象一下，你离家千里，没有家人和朋友，你承受的情感压力只会更大！身边的一切都非常陌生。如何才能灵活自如地从情感上接受一个全新的环境并活下来呢？情感灵活性是成功的关键。

置身于异乡文化仿佛"千刀万剐"的酷刑。每天你都会发现自己为了某些微不足道的小事而心绪不宁，其实没有一件事是值得一提的。如果你还在家里，你可能一点感觉都没有。然而，当你到了一个新的环境，如果你没有足够的心理准备，一个小小的"抓痕"都会被你放大成一个巨大的"伤口"。你身上每天都会出现一些"小伤口"。海外生活的压力使得你的观点显得不合时宜，所有日常小事的累积会让你觉得自己仿佛受到了异乡文化的迫害。

如果你提前做好准备，承认自己的情绪变化，将会改变你看待问题的视角。你会有意识地进行调整，认识到这些调整并不会带给你伤害，更不会让你"心如刀割"。

你可能会遇到下列问题：

我觉得我不属于这里。如果你一个人刚到国外，你可能会缺乏归属感，觉得自己不是这种新文化的一部分。这样的感受是很正常的，因为这种感受是很真实的。

如果有人问你"你来自哪里"，你可能会觉得生气。如果有人嘲笑你的英语，你可能会觉得大家在为难你。但是如果是在你的家乡呢？如果你遇到一个外国人，你会不会问他来自哪里呢？如果他说的中文很搞笑你会不会笑呢？这些都是很自然的。大多数人在遇到和自己不一样的人的时候总是这样，这不是刻意为难谁，也不是故意要惹谁生气。如果你早有心理准备，当别人对你感到好奇的时候，当别人觉得你说话的方式很奇怪的时候，你自然就不会放在心上了。你可以安慰自己："这不是针对我，每一个处于新文化中的人都感同身受。"

我觉得我的所作所为代表了我的整个文化。许多国际学生会觉得自己是展示本国文化的例证或者使者，他们觉得其他人会透过自己的行为模式来了解和认定自己的母文化。事实上，这种认识在一定程度上是正确的。当人们缺乏接触另一种文化的机会时，如果他们认识某个来自这种文化的人，他们自然会把这个人的行为看成是这种文化的典型代表。所以如果你表现不好，人们可能会判断你的整个母文化都有问题，但这不是你的错。中国人也会通过认识的美国人来判断美国文化，这是人类的本性。最好的防御政策是抗拒这种压力，对自己说："我会努力做好我自己。如果有人以此来判断我的文化，问题不在我。"如果你愿意，你可以坦率地告诉别人："不要基于我的一言一行来判断我的文化。我是中国人，但我不是中国。"如果你能够以开放的态度坦诚相告，人们会认识到自己的错误。

我觉得人们会"脸谱化"我的种族特性。来到美国后，你发现这里的每个人都可能会因为自己的种族而被定型！我们的一些媒体对每个人的刻画都有标准的"脸谱"！每一个族群都可能遭受到种族歧视、性别歧视和刻板印象的攻击。美国某些媒体上常常有一些可笑而且非常可怕的"脸谱化"例子：金发女孩一定是愚蠢的，白人都是傲慢的种族主义者，黑人都是罪犯，黑人女性不友好，拉美裔人喜欢酒后驾车，拉美裔女性都是女佣人，同性恋都是瘾君子……这样的例子不胜枚举。如果你是中国人，最常见的负面形象是学究气或者是呆板。说实话，比起其他种族，这个"脸谱"已经好太多了，好好享受吧！对自己说："每个种族、每种性别都难免给人一些刻板印象，如果有人把我'脸谱化'，我才不放在心上呢！"美国文化不是同质文化。我们有这么多不同的种族，人们总是试图通过"脸谱化"的视觉效果来划分不同的群体。做你自己，弄清楚在美国每个人都有"脸谱"。让我猜一猜，也许你心中也对所谓的"美国人"有一些刻板的印象吧！

我不喜欢文化差异。多数情况下，人们不喜欢另一种文化是因为太多的不同让人感到压力重重。如果你仔细观察在操场上玩游戏的孩子们，你会发现他们常常因为游戏应该怎么玩而争论不休。每个孩子都会坚持认为自己学过的游戏玩法才是正确的。孩子们无法忍受有人提出用别的方式来玩这个游戏。谁才是对的呢？作为一个成年人，你当然知道没有人是错的，怎么玩这个游戏其实并不重要。大多数文化差异都来自偏好和教养方式的差异。告诉自己："我知道来自不同地方的人会采取不同的方式来处理同一件事情，没关系啊，这无关乎是非！"但是在处理这类事情上，你必须有一定的灵活性。首先，你会因为文化的差异而倍感压力。压力会让你感到疲劳和焦虑，而疲劳和焦虑会影响你的情绪。你会把你的坏心情归咎于文化的差异，这会让你产生厌恶感。记住，不要讨厌文化差异，要讨厌就讨厌那些变化带来的疲倦和压力吧。同时，要知道，有这种感觉是很正常的，只要找到办法来处理好自己的情绪就行了！

如何战胜变化带来的压力。第一步，通过预测来战胜变化带来的压力。因为知道变化在所难免，你就不会措手不及。第二步，通过加强理解来战胜变化带来的压力。当你明白，这些感受都不是"个人的""针对你的"，你将能更好地应对情绪的副作用！第三步，管理好自己的情绪。情绪是可以预期的，是有办法平静下来的。

情绪管理的首要任务是睡个好觉，养好精神！不要熬夜，太多的变化会让人尤为辛苦，所以你必须睡得好！其次就是坚持定期锻炼。慢跑或者舞蹈对压力和抑郁的疗效比药物还好！然后是找个朋友定期聊一聊。不要试图独自压抑情绪。密友、牧师或某个住在附近的说母语的成年人都是你聊天的好对象。在美国，你总是能够找到一两个说母语的成年邻居。不要认为美国朋友无法分享你的情绪，美国人可是以开放的心态而闻名于世的哦！即使是一些非常私人的感受，美国人也会愿意和别人讨论。不要害怕说出你真实的感受。但是记得，当你在谈论你的感受的时候，以"我觉得"开头，不要说"你们美国人怎样怎样"。在阐述自己的感受的时候，不要评论他人。人们会尊重你的感受。而当你愿意表达自己的感受时，你更容易交到好朋友。

243

79 美国父母和他们对性的态度

你知道吗？现在，超过40%的美国婴儿是非婚生子女[4]。

当一个年轻的国际学生向我提问的时候，我有点惊讶。她问我："艾米，为什么美国女孩穿得这么性感呢？"我环顾四周，发现所有的中国女孩都穿着舒适得体的像运动装一样的校服，然后我想到了在美国学校里那些为了穿着更暴露和性感的衣服而不断和校方抗争的女孩们。实际上我不得不承认，我从来没有想过这个问题，我从来没有真正关注过这个问题，中国学生的着装确实和美国学生大相径庭。

我思考了一下，很快就得出了答案。"因为媒体！"媒体、电影、电视、电子游戏和广告的目的都是为了赚钱，通过树立人人喜欢的性感形象来赚钱。媒体总是用非常性感的方式来渲染女性，因此女孩子们会把这些形象作为自己理想的榜样。媒体为什么不会渲染智力的价值呢？因为如果人人都很聪明，大家就不会乱花钱了，也不会轻易受到广告形象的影响了。事实上，在美国，聪明人通常是被丑化成长相丑陋、缺乏社交能力和不受欢迎的。我有深刻的切身感受，因为我用了生命中的前18年来扮愚蠢！强化身体的欲望，忽视精神的力量，虽然对社会发展没有好处，但是对于生意却大有助益！商店里不卖得体的衣服，女孩们只有买到什么穿什么。在这个问题上，我也曾经遇到过不少麻烦，因为我总是试图为自己的孩子找一些得体的衣服。

当你的孩子去美国读高中或者大学，你可能会对美国社会的宽容度感到担忧。你希望孩子专注于提升他们的头脑，而不是试图让自己看起来性感或者像是要去找个性伴侣，这些担忧都是合情合理的。你可能想知道，美国父母对性的看法。

我必须通过学术报告来探寻美国父母对青少年性行为的看法。第一，我发现，70%的美国父母不赞成青少年性行为，也不希望自己的孩子过早涉足性行为。一个众所周知的事实是有宗教信仰的人更不赞成青少年性行为。而越富有的父母越倾向于赞同青少年性行为，至少态度更宽容。美国富裕阶层的父母似乎对任何事情都更宽容些。

其次，青少年对性的态度似乎更加宽容，因为超过42%的美国青少年发生过性关系[5]。然而，数据显示，年龄分化非常大。15～17岁的青少年主要住在家里，27%的人有过性行为。18～19岁的青少年大多离开家庭进入了大学，63%的人有过性行为。看来父母的监督对青少年的行为有很大的影响。同样，如果孩子和双亲生活在一起，如果他母亲读过大学，如果他的母亲不是在十几岁的时候就生了他，这种孩子一般不会过早进入性活跃期。事实上，大多数美国青少年是在十八九岁之后才进入性活跃期的。事实同样证明，已婚的受过良好教育的父母能够为孩子提供更多的指导和监督，这种指导的影响力能够一直持续到孩子进入大学以后。

对于那些希望把孩子送到美国留学的家长们而言，美国父母的态度和行为有什么指导意义呢？中美青少年的态度和行为有很大的差异吗？如果你的孩子注定要去一个远离你的监督的地方，你必须要和他探讨性，探讨目标文化的典型价值观和信仰。你必须告诉孩子你的价值观以及你对他在美国的行为有什么期望。有效保护孩子是你的责任，即使你觉得有些尴尬，你也必须承担起来。建议如下：

讨论你对性的观点。你认为青少年性行为是对还是错呢？你的理由是什么呢？写下你的答案。把你的答案读给孩子听。

讨论怀孕和性传播疾病。学生了解关于怀孕、避孕和性病的相关知识是非常重要的，这有助于开发他们对性知识的兴趣，开启对性问题的讨论。如果遇到你不了解的信息，可以通过图书馆查阅相关资料，或者通过一个可信度较高的网站搜索和查询，比如政府机构和大学的官网。

讨论孩子在美国可能会经历的困难情景。一位曾经和我交谈过的国际学生，饱受其美国见闻的困扰。我们最好在送孩子出国之前和他们讨论一下可能遇见的人和事。

理解宗教学校和世俗学校之间的区别。你会发现有宗教倾向的私立学校更看重谦逊稳重，反对青少年性行为，同时也反对毒品和酒精。这类学校更倾向于严格的管控学生的社交和行为。而对于青少年的性行为，世俗的私立学校的观点通常更加自由和宽容。世俗学校在提及性行为的时候只会强调"安全"，其目的是防止感染疾病或是怀孕。你的孩子可能会注意到这些截然不同的态度，也可能感到迷茫。让你的孩子明白，美国人有很多不同的信仰和价值观，并不是每个人都一样。如果你的孩子能够理解你的价值观，他将更容易保持正确的观念和态度。

情色文学。中国政府认为，情色给社会带来了极坏的影响，并采取措施阻止色情网络的发展。但在美国，互联网上没有过滤器，除非你主动安装在自己的电脑上，否则在任何计算机上观看色情作品不过是小菜一碟。如果你不希望孩子接触色情，你可能愿意为孩子买一台自带情色过滤器或监控软件的电脑。只要每个月缴纳订阅费，这些软件还会告知你孩子使用游戏网站的频率和具体的上网时间。

与异性生活。美国非教会大学里几乎找不到单一性别的宿舍楼。所有的宿舍都是男女混合的，有些学生甚至要共用浴室，因为大学试图把自己的价值观强加给学生。如果你不愿意与异性住在一起，大家会觉得你太拘谨、太老套了。然而，什么样的女孩愿意和男孩一起洗澡呢？女孩们才不愿意每次使用浴室的时候都得从男孩身边挤过去，她们也希望能够保留一些隐私。这就是为什么我女儿租住了套房里的一个单间，租金很贵，但是却可以保证她生活中只有几个女孩子，她们不用每天在洗完澡之后裹着浴巾从一大群男生身边走过。

80 为孩子选一所"对的"大学

你知道吗？选大学就像选衣服，也有"合身"或者"不合身"（合适或者不合适）的区别。

每个人都梦想去读像哈佛这样的名校。事实正是如此吗？大学排名系统所产生的影响，如"美国新闻与世界报道"之类的机构，已经给学生和大学带来了严重的伤害。排名系统往往非常主观，大部分排名依据学校顾问的意见，而这些人既没有在这些学校里读过书也没有教过书。排名成了人气的竞争，或者是名气的检验。为了跻身排行榜的巅峰，全国各地的高校不得不斥重金打广告，研究市场策略，鼓动更多的学生来申请学校。但是这样做不是为了招进更多的学生，而是为了拒绝更多的学生。因为学校拒绝的学生越多，学校的排名就攀升得越快。

不幸的是，美国大学的综合排名并不能告诉你哪所学校的哪个专业更好，或者告诉你学校对孩子的未来能有多大帮助。而这恰恰是你应该了解的最重要的信息。希望我的建议能够帮助你了解各地的大学，为孩子找到合适的学校。

你想去文科学院还是理工科大学？ 大学和学院之间的区别是什么？学院不能授予研究生学位，不招收硕士和博士。学院往往比较小，专注于本科教学。学院的教师们也会做研究，但是教学才是他们的主要任务。学院的班级通常更小，更有针对性。通常，学院的人文学科教育比大学更好。大学可以招收研究生，授予专业学位，如医学博士、法律博士及其他博士学位。一般来说，大学面积更大，开设课程更多，在自然科学方面比学院较强。学院选址通常比较偏僻，营造出一种"美丽的校园"之感。而大学通常建在城市或者郊区，有一种宏大的都市感。

大学和学院有多大？ 你的孩子是什么样的学生？性格是内向还是外向？独立还是需要引导？孩子容易交到朋友吗？这些问题都能帮你决定孩子想要去多大的大学或者学院。如果孩子比较文静，比较依赖别人的帮助，小学院可能对他来说是一个不错的选择。但如果孩子非常独立，性格外向，那么大一点的大学可能会更适合他。一般来说，一个典型的学院每年招收的新生只有500人左右，而一个大型的综合性大学可能会招1万名新生。对于我的女儿汉娜来说，一所大学规模是她选择大学的决定性因素，她不想去太大的学校，因为她似乎不喜欢迷失在人群中的那种感觉，她也不想去太小的学院，因为那样就太单一了。所以她选择了一个"中等规模"的大学，每年大概有1 500名新生报到。而我的儿子就很喜欢大型的大学，注册本科生约为27 000名。学校规模会极大地影响学生受关注的程度。

学校的位置如何？ 在决定申请大学之前，你事先得看好航线、当地的机场、学校所在的城镇或城市。去学校的路途一定不能太艰难。那个地方天气如何？如果让你大半年都踩着雪去上学，你不会觉得厌烦吗？南方会不会太热？许多学校设在纽约或者芝加哥这样的大城市里。在大城市里，文化活动的机会会更多，但在小镇上却更能体会大自然的美丽。安全也是一个需要慎重考虑的问题。大城市犯罪率高，但小城镇就要安全得多。但是如果你有朋友或亲戚住在学校附近，家长也可以放心些！

有无宗教信仰？ 大多数像哈佛和耶鲁这样的美国私立大学，都是从基督教神职人员的培训基地发展起来的，曾经都是宗教学校。但是所有的公立大学都是世俗学校。多年来，大多数高校均已世俗化和多样化了。耶鲁还有神学院，但是耶鲁本科教育是世俗的。今时今日多数学院已经世俗化了，即便是有宗教信仰的院校一般也会接受不同信仰的学生，学校对此并无歧视。只有极少数的宗教学校现在仍然只招收有宗教信仰的学生，有些宗教院校要求学生去上宗教课程。即使你不信教，了解一下宗教也是有用的。通常来说，一个学校的宗教氛围越浓，这个学校就越保守，就越不能容忍学生的"不良行为"。而有些州立大学，"派对"氛围浓厚，常常有学生喝酒。我儿子就常常受不了发酒疯的室友，因为这让他很难静下心来学习。但是这也没什么关系，因为他搬到另一间公寓去了，新室友都很爱学习。除了个别只招收同样宗教信仰学生的大学以外，是否选择一所有宗教背景的学校其实无伤大雅！

你喜欢什么专业？ 即使是同一个专业，不同高校之间的差距也是非常大的。例如，我从来没有想过罗格斯大学的哲学能在所有学校中排第一，而综合排名仅为

70。如果你对哲学很感兴趣，你愿意去哈佛大学还是罗格斯大学呢？很明显，你会更愿意去罗格斯大学的。哪所学院在工程方面排名第一呢？那肯定是印第安纳州的罗斯豪曼理工学院，而不是索斯摩学院或者威廉姆斯学院。多多权衡自己的选择，如果你因为索斯摩学院非常"著名"，就认为这是你学习工程专业的最佳选择，那你就错了。

你的英语水平有多好？如果你的英语不是特别好，在一个更大的、人际关系更冷漠的环境中，你可能很难表现出色。通常情况下，小型学院会给学生提供更多的私人帮助。另外，如果你去的学校SAT平均成绩较低，往往意味你的同学也更普通，要想和SAT成绩超高的学生竞争是一件很艰难的事情。有的时候，做"小池塘里的一条大鱼"要比做"一条在大海里与鲨共舞的小鱼"更好，我希望你能理解这句英语谚语，就像中文里的"宁为鸡头不为凤尾"一样。选择大学的时候，好好想想这句话。

你能承担多少费用？一所州立大学和一所私立大学的收费相差很大。例如，一个留学生去哈佛读书每年可能要花6.8万美元，而像马萨诸塞大学艾摩斯特分校这样的公立学校，每年只要4.1万美元，而孩子在两个学校接受的教育可能并没有实质性的差异。一些私立大学会根据留学生的成绩提供奖学金，而大多数的"顶尖"大学不会提供这种奖学金。但是如果有些贫困的留学生真有这个需要，还是会从学校得到帮助。

性别比例如何？很多学校都是女生比男生多，比例大概为6：4。如果你是一个女孩，你可能想去男生更多的地方。如果你是个男孩，我觉得你应该不介意周围有很多女生吧。不好意思，妈妈们，我只是实话实说而已。

注释：

1. http://www.naceweb.org/about-us/press/skills-employers-value-in-new-hires.aspx.

2. http://www.naceweb.org/about-us/press/skills-employers-value-in-new-hires.asp.

3. http://www.nacacnet.org/research/research-data/documents/testprepdiscussionpaper.

4. http://www.cdc.gov/nchs/fastats/unmarried-childbearing.html.

5. http://www.cdc.gov/nchs/data/series/sr_23/sr23_031.pdf.

推荐网站：

http://www.chinatoastmasters.net/

http://www.learningally.org/

http://www.sparknotes.com/

https://owl.english.purdue.edu/owl/resource/747/01/

https://owl.english.purdue.edu/owl/resource/560/01/

http://www.chicagomanualofstyle.org/tools_citationguide.html

http://www.easybib.com/

http://www.majortests.com/

https://sat.collegeboard.org/practice/satquestion-of-the-day

https://sat.collegeboard.org/about-tests/sat-subject-tests

https://www.commonapp.org/Login

https://bigfuture.collegeboard.org/explorecareers/careers/how-to-create-your-resume

http://www.pbs.org/ampu/crosscult.html

http://biculturalism.ucr.edu/pdfs/Kim%20et%20al_JCCPinpress.pdf

http://jpkc.fudan.edu.cn/picture/article/357/bc/c2/013518934 86a9d82da022ebded10/2db5ff9c-5-dff-4075 be55-724 a3d5d99c2. pdf

http://www.livescience.com/26166-china-one-child-policy-changes-personalities.html

http://www.apa.org/pi/oema/resources/ethnicity-health/asian-american/bullying-andvictimization.aspx

http://www.acf.hhs.gov/sites/default/files/fysb/20090226_abstinence1.pdf

http://www.cdc.gov/nchs/data/series/sr_23/sr23_031.pdf

金

金元素主题：要培养孩子正确的道德观和良好的品行，孩子们首先需要正确认识自己并正确看待他人。本章中的建议将帮助孩子避免自恃过高和轻视他人。孩子的性格通常在很小的时候就逐步养成了，因此家长要尽早开始灌输你的价值观，但是也不要求全责备。

81 孩子做好事、做对了，一定要"抓现行"

你知道吗？坚持强化孩子的积极行为能取得最好的教育效果。

原则： 正确的自我认识。当孩子持续不断地把事情做好、做对时，他会开始形成正确的价值观，并且把自己视为正直的人。

每当我们发现孩子做错了什么事儿的时候总少不了批评他们。在我家，每当看到两个孩子互相折磨的时候，我就忍不住大喊："不要再打了！"现在回想起来，我看到的永远是两个孩子之间的争斗，却从来没有因为他们两个之间相亲相爱的行为而称赞过他们。

我不知道，如果当初我能够让孩子们了解到他们的各种好行为让我有多么兴奋和骄傲，会对他们有什么样的影响！我的儿子常常帮妹妹倒牛奶，准备食物，因为他怕妹妹太小，够不到食物，这说明哥哥其实很关心妹妹。我的女儿总想着帮哥哥策划庆祝活动，走到哪里都想着给哥哥买礼物，这说明妹妹对哥哥也十分关心和慷慨。我的孩子们在生活中常常体现出善良、慷慨和对对方的关怀，但是我却从来没有告诉过他们，他们的这些行为有多么的美好！我只是在他们打斗疯闹的时候，冲着他们大喊大叫地训斥。我错过了太多的机会，给予他们正面的强化。

你有没有发现自己往往只关注孩子犯的错？也许你常常对孩子说的话是："看你搞得这一团糟！""你太懒了！""你为什么老是不能按时完成家庭作业啊！"……如果你对孩子说的大部分话都是纠正或者是抱怨，正说明了你的教育方式已经失去了平衡。请注意批评和表扬的均衡！

当孩子所展现的价值观和行为模式符合你的要求时，一定要及时表示鼓励和赞许。如果你发现孩子耐心地帮助自己年迈的祖父母时，你应该说："看到你这样耐心地帮助祖母，我真是高兴啊！"你的赞扬可以帮助孩子认识到耐心和善良是可贵的品质，认识到父母对他的耐心和善良感到由衷的高兴，认识到自己希望成长为一个耐心和善良的人。通过这种赞扬，鼓励他保持这些良好的行为。最终，这些良好的行为会固化为他优良品质的一部分，让他成为一个更善良、更有耐心的人。

所有的孩子都希望得到父母的赞扬。父母必须抓住机会，帮助孩子形成良好的道德观和行为模式，成长为父母所期望的人。这也正是为什么当孩子做对了、做好了，就一定要"抓现行"的原因。通过这种持续不断的赞扬，强化孩子对正确行为的认识，他们自然会按照父母的希望越变越好。

赞扬孩子有没有什么好办法呢？最简单的办法是微笑着告诉他们，当你看到他们做得那么好时你是多么的快乐和骄傲！对于小孩子而言，准备一张纸和一版贴纸，每当孩子表现出色的时候就奖励他们一张贴纸，把贴纸贴在纸上。时不时地展示一下这张纸，告诉孩子这是他为你收集的幸福。另外一种表扬的办法更能显示你对良好的价值观和行为模式的赞许，那就是大声而自豪地向配偶赞扬孩子所取得的进步，不过你得保证孩子听得到哦！

当你持续不断地用赞扬来强化孩子良好的态度和行为，当你通过这种方式把你所认可的道德观和价值观灌输给孩子时，你已经成功地帮助孩子培养了优良的性格品质了。

82 做志愿者，帮助有需要的人

你知道吗？为别人服务会让孩子感到快乐！

原则： 正确认识他人。孩子通过帮助别人学会放弃自己的期望和需求，并认识到他们应该关心别人的需要，特别是穷人和弱者。

当我在为一所无家可归者的收容所招募志愿者时，惊讶地发现许多人居然害怕无家可归者。他们经常问我这样的问题："我该对一个无家可归者说什么呢？""和无家可归的人待在一起不是很危险吗？"这些人并没有真正理解无家可归的人。他们和我们一样都是普通人，只是他们居无定所。志愿者们需要亲眼见见这些无家可归的人，认识到这些人都是"正常人"，也许他们中有一些人患有精神疾病，也许他们中的一些人失业了，也许他们中的一些人没有受过良好的教育，但是他们仍然是正常人——需要帮助的正常人。

我在读书的时候曾经经历过一段无家可归的日子：当时的我把所有的"家当"都放在旧车上，晚上就到学校找个浴室睡觉。学校的保洁员本来可以把我赶出去，也可以给学校打报告，但是她们没有这么做，而是让我在女浴室里安营扎寨。有时候，生活难免艰辛，而我们所能做的只能是尽力而为。事实上，任何人都有可能陷入人生的泥沼。

当孩子向需要帮助之人伸出援手的时候，他们将学会以全新的眼光去看待别人。儿童，特别是青少年，往往只关注自己的需求和欲望。通常情况下，他们不懂得欣赏父母和老师为他们所做出的牺牲。他们无法理解什么叫牺牲，除非他们有了切身经历。对孩子而言，花时间和精力去帮助别人是一种难得的学习机会，能让他们懂得"给予"的重要性。同时，通过帮助他人，孩子可以学会关心别人和感恩生活。

如何帮助孩子参与他们的志愿活动和提供社会服务呢？我有一些建议，当然你

也可以问问孩子自己的想法。

食物捐赠。学生们可以聚在一起，在学校里为穷人捐赠一些不易变质或腐烂的食物。当孩子收集到足够的食物之后，可以请老师或者是父母帮忙把食物运到食物银行或者是某个社区，分发给需要食物的老人或者穷人。

学习用品捐赠。许多学生没有多余的钱购买学习用品和书籍。也许你的孩子可以和学校里的其他同学一起为贫困生或者是贫困学校组织学习用品捐赠。

支教。也许有来自贫困地区或者家庭的儿童需要学习上的辅导，青少年可以组织起来帮助来自贫困家庭的孩子补习数学和阅读。

社区花园。每个社区都有一些地方，需要人们提供义务服务，来把生活环境装扮得更美丽。也许可以把孩子们组织起来用一天的时间帮助社区修建花园，种植花草树木。

陪伴老年人。很多老年人离群索居，鲜有人探访。有时候一年到头，只有一两个人会去看望他们，因此他们大多比较孤独。让孩子到养老院去"领养"一个祖父母，经常去看望他们，给他们送水果，带他们散散步。

为不幸的家庭准备一顿饭。如果你所认识的某个人正在经历着家庭危机，比如严重的疾病甚至是死亡，帮他们做饭或者帮他们购物吧。当然，你还可以为有需要的邻居提供其他帮助，比如看小孩，取包裹，或是帮他们做一些简单的家务。

到医院去演奏音乐。通常情况下，病人和他们的家属在医院中常常会感到不安和害怕。如果你刚好有一群唱诗班的朋友或者一个乐队，你们可以问问医院是否需要免费的音乐表演以帮助缓解病人和家属的紧张情绪，为他们打气加油。

每个社区都是千差万别的，每个社区里都有各种各样的人需要不同的帮助。你需要做的就是看看你的周围，有没有人遇到了困难，然后想想自己应该怎么帮忙！

83 让孩子学会自我评估

你知道吗？许多教师发现自我评估可以帮助学生改进自己的目标。

原则： 正确看待自己。对自我行为的反思有助于孩子客观地评价自己的行为，有助于他们重新认识自己。自省尤其适用于那些不喜欢听从父母建议的孩子。

有没有这么一天，你在状态特别不好的情况下看到了镜子中的自己？你细细审视自己，为什么头发不够服帖？为什么皮肤上的瑕疵这么明显？于是你一遍又一遍地梳着头发，一遍又一遍地洗着脸。你发誓要改变自己，因为你知道，你有能力做得更好！

如果有人走过来告诉你，你看起来状态欠佳，你会怎么想？你可能会觉得深受伤害和冒犯。你一定不会感谢那个说真话的人。我们对待真相——特别是关于自己的真相——的态度，取决于这些真相是从谁的嘴里说出来的。

自我评估在两个方面对孩子的帮助最大，一方面是学业，另一方面是道德。让孩子通过照镜子来感受别人眼中的自己，他们也许更愿意接受自己的意见和建议，而不是家长的。

当你要求孩子做自我评价的时候，请务必采取友善和不带偏见的态度。毕竟，不是你在做评估。无论孩子做得好还是坏都不重要，重要的是他能够看到真实的自己，这样会有助于他改进自己的目标。

当学生完成了一项作业或者结束了一个学期时，反思非常有用。当反观自己的表现时，他们会看到自己的优点和缺点。你可以试着通过一些问题来帮助他们：（1）你觉得自己在完成作业（或者在这一学期的学习）的过程中投入了多少时间和精力？（2）你觉得自己尽力做到尽善尽美了吗？（3）如果你是老师，你给自己打多少分？（4）你哪里做得最好？（5）你哪里做得最不好？（6）你觉得自己有哪些地方可以改进？（7）在这次的作业（这学期）中，你最大的收获是什么？大多数时候，学生们都能够对自己的表现做出中肯的评价。有时候，他们对自己的评价比较严苛，如果你发现了，一定要纠正他们。自我评价的目标是得出一个实际的结论，而不是要低估自己。对于前两个问题的答案是最重要的。每个学生都能够做最好的自己，但是不是每个人都能够成为最好！如果学生已经尽力做到了最好的自己，一定要让他知道，这正是你对他的期望。

自我评价也适用于道德品质的表现。你可以让孩子评估一下自己的行为，看看哪些事做对了哪些事做错了。同样我们也可以通过提问的方式来帮助孩子反省自己的行为：（1）为什么你会这么做或者为什么你不这么做？（2）你觉得你的行为带来了好的影响还是坏的影响？（3）你以后还会继续这么做吗？（为什么？为什么不？）（4）你觉得自己有哪些需要改进的地方？如果孩子的行为值得鼓励，通过自我评估能够帮助他看到自己的行为对世界带来的好的影响，从而使得他表现得更好。如果孩子的行为不值得鼓励，通过自我评价能够帮助他看到自己的行为对他人带来的伤害，从而使得他改正自己的错误行为。

我必须提醒你，在有些情况下，家长不能要求孩子进行自我评价。比如，当你因为孩子考试成绩差或者是做了坏事儿而气急败坏的时候。我以前经常犯类似的错误。在很多情况下，我总是控制不住自己，我没有能够把握机会冷静地和孩子们进行有效的讨论，帮助他们进行自我评价。结果呢，我大喊大叫地指责孩子："你到底在想些什么？"换来的不过是无言的沉默！

当你冷静地帮助孩子反思他们自己的行为时，你正在帮助孩子更清楚地认识自己。记住，人总是倾向于采纳自己提出的建议。

84 在公众场合要做好孩子的后盾

你知道吗？任何人也没有权力羞辱或欺负你的孩子。

原则： *正确看待他人的观点。当孩子知道你随时随地都会支持他，那么他也会勇敢地为自己或是他人挺身而出。*

在我读小学的时候，发生了一件让我终生难忘的事情。那是一场全体同学都要参加的接力赛，我们需要很快跑到一头然后把沙袋堆在一起。我跑得很快，但是当我快跑到头的时候却把沙袋掉了。当时我只有5岁，并不是很明白我到底应该做什么。体育老师在全班同学面前羞辱了我，她让我一个人站在前面，面对着同学们，骂我，说我是全班唯一一个无法完成接力的学生，让我感到非常羞愧和耻辱。我也非常困惑，因为我不知道我到底哪里做错了。体育老师没有在赛场上及时纠正我，反而是在大家面前无情地嘲笑我。我曾经是那么快乐和兴致高昂地希望表现出自己最好的一面，但是从那以后，我只想从这个世界上消失。

这件事情发生后，有好几天我都装病不想去上学。我把体温计泡在热水里假装发烧，又抱怨胃疼。妈妈让我在家里休息了两天，但我仍然无法面对回到学校将面临的羞辱。从此往后，我再也没有喜欢过任何体育活动或者体育课了。我也尽力避免成为大家关注的焦点。我觉得自己的体育糟透了。现在，我长大了，才意识到当时错的不是我，而是我的体育老师。

当孩子被同龄人欺负或者被老师羞辱时，他们往往会瞒着自己的父母，因为他们害怕父母会使得他们更尴尬。这种情况常常使学生抑郁，并且陷入学习成绩下降的恶性循环。我曾经读到过一则新闻，某所学校让成绩低于平均绩点的学生戴"绿领巾"作为一种公开的羞辱，通过这种方式来说明他们不是好学生。被孤立的学生，被欺负的学生，往往容易陷入抑郁的情绪，有的甚至会导致严重后果。他们受到了深深的伤害，因为他们身边有一些不知道应该如何对待他人的人。

父母一般对孩子有两个期望。首先，你希望他不会受人欺负。其次，你希望他不要欺负别人。"下暴"是一种常见行为，却又有着极强的隐蔽性，无论是欺负人的人还是被人欺负的人往往都会极力掩盖，但是这些行为所导致的伤害却是非常真实而惨痛的。

作为父母，你必须随时随地为孩子挺身而出。但是当你完全不知道孩子受到了欺负和羞辱的时候，你怎么支持孩子呢？答案是，你做不到！这就是为什么你必须问问你的孩子，有没有人欺负他。

孩子们总是不愿提及这些惨痛的经历，因为实在是太尴尬了。作为父母，你一定要善于倾听。如果父母是好的倾听者，孩子可能会更愿意坦承他所遇到的问题。当你在问到他们关于欺负的话题时，尽量装作漫不经心的样子，不要表现出过分的震惊和愤怒。你可以随意地说："有时候小朋友也会使坏哦。有没有人对你说了什么或者做了什么你不喜欢的事儿吗？"但如果涉及老师的时候，你需要特别注意。你可以说："有时候老师也不是和所有的同学都相处融洽。你是不是和所有的老师都处得来呢？"让孩子明白，一旦有人伤害了他或者让他感到郁闷，就应该马上告诉你。

当然，你也要明白，仅仅只是问询和倾听，是无法解决实际问题的。如果你发现孩子被欺负了，你必须要行动起来。和其他的父母、老师、学校的管理人员一起讨论这个问题。别害怕，保持冷静。如果你发现自己无力改变现状，那就把孩子带离这种生活。我想大家对"孟母三迁"的故事都耳熟能详吧，看似反应过激，但也比长期饱受欺辱带给孩子的影响要来得小得多。

如果你对孩子表现出无条件的支持，他会懂得如何为自己据理力争，他也会懂得作为一个有道德的人，应该为他人挺身而出的道理。

85 让孩子自己选择接受惩罚的方式

你知道吗？孩子应该成为一个有道德的人，不是因为他害怕惩罚，而是因为他的良知。

原则： 正确看待自己的想法。孩子需要自律。如果让他事先就想想可能受到的惩罚，也许能帮助他从他人的视角来看待问题。

如果你家里有个十几岁的孩子，你肯定经常听到他抱怨"这不公平"！

有时候受到惩罚的孩子会表现得更糟糕，不但知错不改甚至还怨声载道。他们无法从父母和老师的角度来看待自己的行为，因为他们没有形成对自己的正确认识。

在刚刚进入青春期的时候，我女儿的各种不良情绪总是凌驾于纪律之上。她喜欢把自己关在房间里，拒绝和任何人交流。我当然理解每个小女孩在青春期都有那么一段易怒的时间，毕竟我也经历过青春期。我们母女间也会有意志的较量。但是我并不知道应该如何阻止她闷闷不乐地跑回房间，再关上门跺脚发泄。我唯一的解决办法是取下了她门上的铰链，让她没办法把自己反锁在房间里。我们当时的表现都有点极端。现在，当我们母女再回首那段时光时，就已经可以肆意取笑了。我的女儿长大了，她才真正了解别人会如何看待她。但是倒回去几年，这的确是她无法理解的。

孩子们也许不知道别人眼中的自己是什么模样，他们也无法理解别人的眼光，但是这并不意味着他们看不到自己的错误。但即使是小孩子也有明辨是非的能力，他们必须知道，犯错是要承担相应后果的。

孩子们明白每件事情都有两个选择：正确的和错误的。那么，他们做出正确选择的动机何在呢？我认为只有内在的动力才是最有效的。关于这一点我在"火"这一部分有过详细的阐述。我们希望孩子们能时时做出正确的选择，是因为他们相信自己内心的力量，并且在良知的引领下坚持正确的道路。良知才是真正的内在动力。如果我们的孩子只是因为害怕惩罚而不得不做好事，那么一旦他们能够逃避责罚，谁又能保证他们不会偷偷摸摸为非作歹呢？长此以往，他们将走上歧途。

我想还是以我为例吧。开车必须限速行驶，这是法律规定。我害怕如果我犯法会受到惩罚。但是我必须承认，如果我周围没有警车，我就会忍不住加速。我超速的原因是因为我觉得自己能侥幸逃脱。同样的事情也会发生在孩子身上，因为在孩子眼中，父母就是"警察"。他们可能会观望，看看有没有可能做了坏事却不受惩罚。这也正是为什么我们要努力改变孩子们对于惩罚的看法！

如果你希望帮助孩子培养强大的动力去做出正确的选择，让孩子自己选择所受的惩罚是一个有效的方式。首先，你应该问问孩子他觉得自己哪里做错了；然后，请他从关心他身心健康的父母的角度来看看自己的所作所为。

如果孩子能够理解自己的错误并且明白犯错的原因，他才能更好地认识到自己的行为所带来的后果。给孩子充足的时间，让他好好反省一下自己的行为可能带来的后果。当孩子最终能够平静地（保持平静非常重要）和你讨论这些问题的时候，也说明他确实已经明白了自己的错误行为是有不良影响的。然后，你再来和他讨论应该接受的惩罚。假如孩子不听话，你们都同意取消他玩游戏的资格，如果你们觉得这个惩罚方式比较公平，你可以制定规则：以后凡是发生同样的事情，孩子不听话就没有用电脑的机会。父母和孩子均想到行为的后果将有助于建立一个公平适宜的处罚机制，既不会太严厉也不会太宽松。

如果父母在讨论孩子的错误时能够保持足够的冷静，大多数孩子都能够仔细检查和反省自己的错误。如果父母还在生气，最好等到平静下来再和孩子讨论这些问题。虽然不是所有的孩子都能够心平气和地接受惩罚，但是大多数孩子还是讲道理的。

在孩子反思和理解错误行为及其后果的过程中，他能够更清晰地从你的视角看到自己。由于他自己参与制定了惩罚机制，当你指出他的错误时，他也不会因为过于抗拒而知错不改！

86 赋予孩子无条件的爱

你知道吗？无条件的爱能帮助孩子认识到自己和他人的价值。

原则：正确认识自己和他人。孩子需要把自己视为最宝贵的家庭成员之一，即使他失败了，家人依然会爱他。这种自我价值的认知会帮助他们看到他人的社会价值。

我们都听说过这样的故事：一些有钱有势的人常常欺辱他人，甚至用一些很可怕的方式，因为他们认为社会地位低下的人就没有价值。举个例子，我最近在一则新闻里看到一个富翁常常殴打自己的女仆，不给她饭吃，直到最后被人发现才把濒临死亡的女仆送进重症监护室。这样极端的故事常常使我们目瞪口呆。我们难以相信，怎么有人可以如此残忍地对待他人呢？我们难免会把这些施暴者看成怪物。

是什么让人表现得如此糟糕呢？他们的道德底线在哪里？我相信如果有人觉得另一个人毫无价值，那他对待这个人的方式一定不会非常友善。社会上有一种极端错误的思维模式：不成功的人都是微不足道的。这正是不道德行为产生的根源。大多数情况下，人们的行为不会极端到殴打他人。我之所以会以此为例是想说明地位低下的人容易受到虐待和不公正的待遇。往往不公正的待遇是很难察觉的：也许是老师无视一个穷学生，也许是商人偏袒大客户。基于人的财富或地位而给予他人不公正的待遇，追根究底还是因为大家认为有的人比其他人更有价值。

我们如何培养一个有道德的孩子呢？我们如何让孩子认识到，我们不应该因为他人的社会地位而区别对待呢？首先，我们必须找到问题的根源。我们对他人价值的认知来自于对自我价值的认知。自我价值的认知来自于社会和家庭，而不是金钱和权力。如果一个孩子认为自己的价值来自于个人的成功，他难免会以同样的方式去看待他人，这种认知看似合理实则十分错误。

如果孩子在失败的情况下仍然对自身的价值充满自信，他也能够看到别人的价值。他不会因为一个人不够富有或者是声望寥寥就认为这个人毫无价值，因为他从小接受的教育告诉他，人的价值并不完全取决于这个人的成就。即使他失败了，他的家人依然愿意接受他、爱他。这样，当这个孩子长大成人后，他也绝不会成为新闻头条里的贪污犯或是虐待狂。相反，他会赢得他人的尊重，因为他的善良，因为他能够公平公正地对待他人，不管对方的地位如何。

无条件的爱对孩子的心理健康也很重要。有时候失败的孩子会错误地认为父母不再爱自己了，因为有些父母只有在孩子在学校表现得非常好的情况下才会展现出赞赏、爱和支持，而且他们认为这才是正确的教育方式。不仅如此，他们还把这些情感作为刺激孩子加倍努力的动力。当然，这些父母的做法也是出于爱，但是却向孩子发出了错误的信息：孩子会认为自己作为一个人的价值仅在于成功。也许他会努力学习来获得父母的赞赏，但是他永远不会感到满足。如果遭受到意料之外的失败，他会觉得自己不再值得被爱了。我们知道这种情况可能会引发严重的抑郁。用爱和赞赏作为奖励和惩罚对孩子们而言是一种伤害。

无条件的爱并不意味着放弃纪律和不纠正孩子的错误，无条件的爱也不意味着努力就不值得表扬。无条件的爱不是"为所欲为"的爱。无条件的爱是让孩子明白，无论在什么情况下，你都爱他，尊重他。

如果孩子让你失望了，给他足够的时间，让他平静下来。他会愿意改正自己的错误，并且愿意和你讨论改进的办法。这个时候，不要忘了给他一个拥抱，一定要让他知道无论发生什么，他对你都有着无比重要的意义。不要让坏心情和愤怒的沉默破坏你和孩子之间的感情；也不要因此就暂停你们正常的亲子活动，比如睡前故事或者家庭聚会；更不要把亲子关系作为惩戒手段。记住，你和孩子之间的亲密关系至关重要。给孩子无条件的爱，接受他，他将懂得尊重自己和他人的价值。

87 永远不要拿孩子和别人比较

你知道吗？拿孩子和他的同龄人比较只会适得其反。

原则： 正确看待自己和他人。当孩子发现父母总是把自己拿来和其他人比来比去，他可能会感到愤怒和妒忌而不会催生动力和灵感。

美国有句谚语："草总是栅栏那边的更绿。"人们总是羡慕别人所拥有的。提到孩子，父母总是喜欢拿别人家孩子的成就来和自己的孩子做比较。草是别家的绿，同样，孩子是别家的好。

可悲啊，这则谚语真是无比正确地体现了人性的贪婪！还好我们有解药：有一则对应的谚语："你也许觉得隔壁家的草更绿。但是只要你肯花时间浇灌，你家的草也会变得更绿的。"不要坐视邻居的成功，行动起来，培养自己的"绿草地"吧！

比较是人之天性。逛商店的时候我们总是选择目所能及的最新鲜的食物或者最具吸引力的衣服。完全避免比较是愚蠢的。但是在教育孩子这个问题上，比较可能会造成极大的麻烦！

小时候我是家长们公认的"好女孩"，因为我听话，而且成绩好。这种"好"形象破坏了我和朋友们的友谊，至少一次吧。我最好的一个朋友成绩不好，而且有时候还不能很好地完成作业。有一天，我去她家玩，正好听到她母亲骂她："你为什么不能成为一个好女孩，就像你的朋友艾米那样？她知道该如何学习！"我吓坏了。我的朋友并没有因此而受到激励，反而变得讨厌我。谁不会呢？虽然本意是好的，但是这种比较只会伤害我和朋友之间的关系，而无法改善我朋友的学习习惯。

把孩子和兄弟姐妹或者是同龄人进行比较的结果往往是适得其反。这就是为什么你不应该在孩子面前谈论其他孩子的成功之处。这种比较不仅无法激发孩子身上的潜力反而只会激发他们的敌意。记住：别盯着邻居家的绿草，浇灌自己的吧！

　　如果你在别的孩子身上看到一些理想的特质，那么你该怎么帮助你的孩子培养同样的优点呢？假如你看到朋友的孩子能够成功地弹奏知名的钢琴曲目，而你的孩子演奏起来却完全没有章法，技艺生疏，你一定很想对孩子说："你为什么不能像你朋友那样努力练习？"或者你会说："你朋友每次钢琴比赛都能得奖。为什么你就不行？"结果可能是你的孩子和他的朋友都会觉得万分尴尬。你的孩子也许不会努力向他的朋友靠拢，反而对他充满了厌憎之情。不拿孩子做比较并不意味着你不能向孩子朋友的父母取经，你可以问问哪个老师教得更好些，有没有什么好的建议可以鼓励孩子定期训练。我们经常能从其他父母那里获得实用的建议。但是你必须牢牢记住，你的孩子和他的朋友是两个不同的人，他们有着不同的兴趣和能力。让孩子通过自己设定目标来检验自己的进程，而不是用别人的目标来判断他的成绩。

　　如果你不拿孩子和别人比较，你会允许他去追求自己的目标。从长远来看，这对他的成功非常重要。拒绝比较还有一个很大的好处，当孩子发现自己不需要证明自己比别人更好的时候，他们的心理会更加健康。如果一个孩子喜欢比较并常常在比较中立于不败之地，他会变得越来越傲慢，觉得自己高人一等。而一旦他输掉了"比赛"，他就会觉得自己一文不值，否定自己的所有优点。我们不应该让孩子自觉高人一等或者低人一等，孩子不需要证明自己是最好的。

　　没有人需要努力变成另一个人。相反，我们都应该努力成为"最好的自己"。

88 尊重地位比你低的人

你知道吗？认识不同的人有助于培养孩子的开放性思维。

原则：正确看待他人的观点。如果父母努力去结识那些他们平时没有接触的人，这将有助于拓展家庭中每个人的思维和观点。

有些人存在于这个世界，却离我们的生活非常遥远。对我们而言，他们是透明人。我们生活在不同的社会生态结构中，来自不同的种族，有着不同的宗教信仰和不同的社会地位。我们每天在街上迎面走过，却从来不会去想象他们是谁，过着怎样的生活。我们很难把自己的生活和这些人联系起来，无法理解他们的观点。有时候，我们甚至会粗暴地对待他人。

在美国，如果某个女士外出约会，我们通常会建议她："如果你的男朋友带你去餐厅，仔细观察他对待服务员的态度。如果他待人粗鲁，那他最终也会以同样的方式对待你。"如果一个人无视他人的感受，待人缺乏基本的礼貌，这个人一定很自私。有时候，人们看不起与他们不同的人，是我们缺乏对与自己不同的人的了解导致了这种糟糕的待人态度。

我注意到医院里不同类型的人很难在工作上合作无间。医院里有医生、护士、行政人员、清洁工、技术人员、餐厅员工。尽管这些人在同一家医院工作，但是他们却只和自己的同类交朋友，比如你很少看到护士和餐厅员工走得很近。不同的工作，不同的制服，会成为人与人之间交往的障碍。当然，人与人交往的障碍涵盖了其他因素，如年龄、种族、宗教等，各种复杂因素让了解另一个人变得似乎更加困难。

学校里的孩子们的相似之处远多于差异之处，但是他们之间仍然免不了分化成不同的群体。比如，喜欢体育的孩子通常不会和喜欢音乐的孩子交朋友，学理科的孩子不一定喜欢和学英语的孩子一起玩。当孩子们之间的交往掺杂了其他障碍，如家庭的富裕程度、学生的智力因素、在学校受欢迎的程度等方面，要想融入另一群同学中去就非常困难了。

当我们在工作中、在学校里、在社区遇到来自不同群体的人时，往往容易忽视他们，不尊重他们的观点。如果你希望你的孩子能够开阔自己的眼界，如果你希望你的学生有一天能够出国留学，请一定要教导他们去了解不同的人。

有什么人是你每天都能见到但是却与你完全不同的呢？也许是某个残疾人，也许是某个老人，也许是某个没受过多少教育的人，也许是某个地位比较低微的人。试着每天用微笑和问候来面对他们，渐渐熟悉以后，你可以停下来和他们聊聊天，去了解他们的生活。很快，你就会交到一个新朋友。（不知道为什么读到这里总有种高高在上的感觉，但是仿佛比我们自己更高层次的人我们似乎更难打交道。）

怎么让孩子学会待人接物的正确态度呢？言传身教无疑是最好的方式。当他们看到你敢于和任何类型的人接触，他们也会变得越来越开放。他们会发现，自己的父母不会忽视身边的人或者假装看不到别人，而是热情诚恳地和别人打招呼。

也许，你可以探望孤寡老人，让你的孩子和老人聊天，陪他玩纸牌。也许，你可以让孩子接触一群有着不同兴趣爱好的小伙伴。也许，你可以注册成为外国交换生的寄宿家庭。如果你孩子所在的学校正准备和外省甚至外国的某个学校成为"姐妹学校"，如果你孩子所在的学校和其他学校之间建立了交流的纽带，两个学校的孩子们可以互相成为笔友，帮助对方了解不同地方的生活，那么你可以行动起来，帮助自己的孩子选一个笔友吧。我们还可以教孩子在SKYPE上和老外交朋友，这肯定对提高你孩子的外语水平大有助益！这些方法都将帮助你的孩子变得更加善良，更加懂得如何理解他人。

8.9 不要撒谎

你知道吗？诚实是成为商业领袖和学术带头人的核心要义！

原则：道德观。若你是一名诚实的人，你将值得被信任，这在商业领域、学术研究和生活中都将成为巨大的优点！

当我还是一名新手医生的时候，一位著名的医学教授应邀给我们提出一些建议——最好的建议。我们都等着他给我们做一场冗长的演讲，但实际上他的建议非常简单："永远不要说谎！"

当时，我认为他的建议带有很强的侮辱性，年轻气盛而又缺乏经验的我并不明白教授这句话的真正含义。随着实习工作的深入，我发现自己不得不面对沉重的压力，很多时候我不得不说一些假话错话。随着工作量的增加，困难加剧，我发现自己很容易不懂装懂。如果我没有时间去实验室取检验结果，当高级医师想知道结果的时候，我常常张口就说"结果正常"，或是"结果还没出来"，而事实是我根本就没做。而当病人向你追问一些重要问题的时候，你也不可能照实回答说："我不知道。"我开始明白要在工作的高压下保持诚实的态度是多么的艰难。在恶劣的环境中依然保持任何时候都只说真话，意味着你必须时时暴露自己的弱点。绝不说谎！看似很难，但却是必需的。作为医生，信任是你的核心价值。

当我们面对尴尬的真相时，往往很难避免说谎。我们会试图掩盖事实，找借口，或者顾左右而言他。请确保自己永远不要说谎。因为谎话会损害你的名声，让你失去周围人对你的尊重。

大多数人都认为说谎是一个严重的道德问题。如果你说谎了，可能终生都无法摆脱这个错误。

在美国有许多基督徒遵循着《圣经》的教诲："是就是，不是就不是。"这也意味着人们应该100%信任你。当我还是个孩子的时候，妈妈常常教导我："你说出来的每个字都是承诺。"因此我养成了任何时候都说真话的习惯。

随着文化的发展，传统的道德价值观不再被珍惜，社会也因此而出现了越来越多的问题。人们不再追求真理的价值，不再言而有信。有的人假造实验数据，只是为了得出他们老板苦苦寻觅的满意效果；政客们满嘴跑马只为了骗选民们投票；企业的某些欺诈行为令客户不再信任……

即使你从来不说谎，你也不需要在任何场合都说真话，特别是一些残忍的事实。如果你不喜欢别人做的菜，你没必要直说。相反，你要微笑着吃下去。社交礼仪需要我们隐藏自己的真实想法。同样，为了保护自己和他人，为了远离危险，我们有时候不得不说谎。你会告诉一个杀人犯受害者的藏身之处吗？

然而，在大多数情况下，我们应该保持绝对的诚实。我们应该如何与他人建立信任关系呢？

我相信所有的父母都认同这一点，那就是他们的孩子应该诚实守信。我们希望能够相信孩子对我们说的每一句话，我们希望自己的孩子永远不会考试作弊或者靠欺骗和造假获得奖学金。我们应该如何把孩子教育成一个诚实的人呢？

第一步是敢于说出"我不知道"。骄傲是导致谎言的常见原因，尤其是在竞争激烈的学术环境中。告诉孩子，"不知为不知"是一种优良的品质。作为父母，当你遇到不知道的事情的时候，也要勇于承认。

第二步是要经常练习说"对不起"。又一次，骄傲使我们陷入危险的境地。当我们说出"对不起"的时候，我们承认自己犯了错或者做了错事。教会孩子勇于承认自己的错误并且敢于道歉。掩盖错误往往是我们撒谎的一个主要原因。

第三步是要确保不会为了取悦别人而说谎。如果孩子懂得用诚实的态度来应对一些不舒服的谈话和场合，他可能因此而赢得他人的信任。如果他计划出国学习或者工作，这将对他有极大的帮助，因为当你和来自另一种文化的人进行对话的时候，理解和信任至关重要。即使有时候实话让人难以接受，但无可否认，人们更愿意听真话！

最后，让诚实成为家庭美德。告诉孩子，诚信是你们家庭的传统。一定要让孩子知道，你更看重他诚实正直的品德而不是他的成就，因为诚实是你能够在孩子身上实现的最大的成功！

90 承认错误和道歉

你知道吗？道歉可以加强你的人际关系和别人对你的信任感。

原则：道德行为。 向别人低头很难，承认错误很难。但是如果你勇于承认错误，人们将更容易信任你！

我在前面说过，学习如何说"对不起"是保持诚实的重要一步。但是在你说"对不起"之前，你必须向这个世界上最不愿意相信你犯错的人——你自己——承认你的错误。

我们经常犯的第一种错误是判断失误，也就是说我们的想法被证明是错误的。犯这样的错误，使我们自己觉得很尴尬。有时候，我们固执地相信自己是正确的，即使证据就摆在面前。

我们会犯的第二种错误是道德沦丧，也就是说我们明知道是错的还坚持要做。犯这样的错通常是由于我们试图隐瞒自己之前的错误。生活中，只要我们尽力做出正确的选择、坚持走正确的道路就行，因为没有人能够保证一辈子从不犯错。

在教导孩子学会承认过错并且为自己的错误道歉的同时，作为家长，我们需要确保自己没有太固执或者太骄傲。如果我们自己都不能勇于承认自己的错误，我们的孩子长大以后也会成为知错难改的人。像我就是一个不太愿意承认错误的人，因为我老是觉得自己是对的。但是从逻辑学来讲，没有人可以永远正确，即使是圣人！

帮助儿童承认错误的一个最重要的策略是仔细聆听他们的借口。这看起来似乎和你的目的有点南辕北辙，因为找借口往往是逃避错误的常见方式。然而，在你安静地听完他们的借口之后，你也许已经发现了孩子犯错的地方，并且可以帮助他们纠正自己的错误，以免下次再犯。孩子们最喜欢的用来解释自己不良行为的借口是"其他人"也做了！作为家长，你的第一反应通常是："我不在乎其他人是不是做了！我在乎的是你做错了！"更好的处理方式应该是，让孩子把他的所作所为一步一步地描述出来。在这个过程中，帮助孩子找到驱使他犯错误的原因。也许是他的好朋友让他加入，因而他不好拒绝；也许是他很尴尬，因此不愿意成为唯一那个做出正确选择的人；也许他只是看着其他孩子都做了却侥幸逃脱了惩罚。当你们在讨论他决策背后的思考过程时，帮助孩子认识到如何避免再次犯同样的错误。假如他犯错的原因是因为尴尬，觉得自己是唯一不敢"干坏事儿"的人，你可以和他讨论一下再次遇到这种情况他应该怎么说或者怎么做来抵制"同伴压力"。（孩子可以说"不"，然后自行走开。）下次他再面临同样的情况时，他会记住教训，并且知道如何克服来自同辈的压力。

学习如何承认错误的另一个策略是分角色扮演。如果你的孩子需要向别人道歉，帮助他模拟一下准备说的话，这有助于消除他的恐惧情绪，然后帮孩子预测一下可能得到的回答。大多数人都会愉快地接受别人的道歉并且乐于原谅对方，但是也有一些人可能不接受你的道歉。如果面对拒绝接受你道歉的人，我们应该怎么办呢？你需要帮助孩子了解这种可能性！有些人是不讲道理的，他们易怒，报复心重。要让孩子知道他们的行为是错误的，不需要和这类人打交道。如果有人不接受道歉，他只需要平静地走开。没必要和正在气头上的人过多纠缠，这样只会让情况变得更糟糕！

有时候，孩子可能会碰到一些反应过度、怒气冲冲的人。他们可能会要求你的孩子道歉，并且接受不必要的惩罚。我曾经遇到过一个非常不近情理的老师，只要是她不高兴或者不喜欢，就会因为一点点小事就惩罚学生，比如排队时没有排成一条直线。这真是一段可怕的经历！你永远不知道她什么时候会爆发，永远不知道是什么招惹了她。如果孩子老师的情绪不稳定，一定要让他知道，这不是他的错，他无须为此而恐惧、内疚或者受罚。支持孩子，努力帮助他改变现状。如果问题很严重，而你又无法改变，最好把孩子换到另一个班去。

91 让孩子来决定捐赠形式

你知道吗？慈善捐赠使每个人都变得更好！

原则：道德行为。懂得给予的孩子能够形成更宽广的世界观，从而成为更好的学生、职员和领导。

每个人都知道这句谚语："给予比接受更好。"但是很多时候我们的行为却恰恰说明了我们并不相信这句话。我们是如此关注自己的需求和欲望，以至于忽略了别人的感受。事实是，给予确实比接受更快乐。金钱给了我们购买力，当我们捐出金钱的时候，希望能够"买"回一个更美好的世界，一个更强大的社区，强烈的幸福感和使命感。是啊，这些东西比我们平时所购买的一切实际的东西都要更珍贵、更持久！

我们很容易因为一些负面的慈善新闻而变得愤世嫉俗，比如，街上的乞丐可能拿了你的钱转身就去买酒和毒品。这就是为什么我们要认真思考慈善捐赠的方式以使我们的善心善行能够发挥出最大的作用。如果你在某个街区看到有很多饥民，是不是可以考虑把钱捐赠给专门提供免费餐饮的慈善机构呢？甚至你可以作为志愿者去收容所帮助给饥民分发食物。通过这种形式，你可以清楚地看到你所付出的钱和精力确确实实地落到了最需要帮助的人手上。

孩子们应该学会如何花钱来"购买"一个美丽新世界。许多宗教的教义里都有明确的规定，教导人们将一定比例的收入捐赠给慈善机构。如果你没有宗教信仰，你可以自行决定捐赠的数额。你决定捐赠的数量，让孩子帮助你决定捐赠的形式。

第一步，帮助孩子确定他最关注的世界性问题。你的孩子可能会担心其他孩子吃不饱，可能会担心环境问题，可能会为在自然灾害中受伤的人感到难过。通过孩子最关注的问题来帮助他寻找值得支持的相关慈善机构。

当你找到孩子感兴趣的领域后，在这个领域内锁定相关的慈善机构。如果你担心在洪水、地震或者其他自然灾害中受到伤害或无家可归的人，你可以向国际红十字会之类的慈善机构捐赠，他们为灾后的人们提供食物、水和住所。

允许孩子阅读慈善机构的条例，了解他们是如何使用这些捐赠钱物的。确保这些慈善机构开销不大，好的慈善机构一般不会花费太多的行政成本，大多数人认为这笔费用应该不超过25%。这也意味着你所捐赠的钱将直接用在最需要帮助的人身上。好的慈善机构愿意公开自己的财务报表，让捐赠者一目了然，以确保这些钱花在了该花的地方。

让孩子上网搜索自己感兴趣的慈善机构的评价，确保该机构的诚实性和透明性。这一过程有助于孩子明智地选择值得捐赠的机构。随着慈善和志愿服务变得越来越受欢迎，你必须认识到有些慈善机构是不诚实的。正如你在买东西之前要"货比三家"，做慈善捐赠也是一样的，这也是为什么你在捐款前一定要摸清这些机构的底细。

鼓励孩子跟踪研究自己感兴趣的问题，赋予他使命感。让孩子知道，即使微不足道的努力也可以使世界变得更美好，滴水可以穿石，合作就能产生奇迹！

92 通过新闻来教育孩子，形成正确的道德观念

你知道吗？故事可以帮助孩子学会明辨是非。

原则：道德观念。当你试图教育孩子形成正确的道德观念时，和生活有紧密联系的事件和故事总是最有帮助的材料，能加强孩子对道德观的认识。

每一种文化都有自己的寓言故事来阐述道德观念。在西方，最著名的是《伊索寓言》。伊索是一个古希腊的讲故事的人，他通过一个个简单的故事来讲述一个个深刻的教训和道理。我们都读过《狐狸和葡萄》。故事里的狐狸为了吃到挂在高高的葡萄藤上的葡萄，他使劲地跳啊跳啊。他非常努力但还是够不着，于是非常失望。他一边悻悻然地离开，一边自我安慰："葡萄是酸的，我才不想吃呢！"这个故事的寓意是，如果我们无法实现某个目标，我们也不应该因此而感到苦涩。这个故事正是我们常见的英文表达"Sour Grapes"（吃不到葡萄说葡萄酸）的来源。当我们告诉某人不要"吃不到葡萄就说葡萄酸"时，往往意味着我们在提醒别人不要满怀嫉妒或仇恨地去批判和恶意评论他所无法完成的某件事情或任务。中国文化中也有很多这类充满道德教育的寓言故事。

通过故事来教育孩子形成良好的道德观念是一种很好的方式，因为这些故事能够给孩子们留下深刻的印象。当孩子听到故事里的某个人物吸取了教训，他们会把这些人物的故事和自己的经历联系起来。今天，我们的孩子必须要面对各种各样的新情况。我们的环境每天都在发生变化，每天都有新的挑战。发生在现代生活中的真实故事对我们的思维模式将会产生极大的影响。

在和孩子进行讨论的时候，新闻是非常好的故事来源。古代的道德故事关注的是错误的选择会给这个人带来什么样的影响。故事的结局永远是由于这个人自己的愚蠢行为带来了可怕的后果，他承受着自己酿成的苦果，受到了深刻的教训。这些故事的道德观念主要体现在主人公的行为对自己带来的帮助和伤害。与之相反的是

新闻，新闻通过一个不同的视角来阐释了错误的选择将给他人的生活带来什么样的影响。有时候，一个选择是否糟糕取决于是否伤害了他人。这些故事就发生在我们身边，可以让孩子认识到无辜的人是怎样因为某个人的错误选择而受到了伤害。

如果你听到某个新闻，为你们提供了错误的道德选择的素材，最好让孩子来评论一下。他可能会说："这样做真不好！"不要让孩子的认识仅仅停留在觉得"这件事是错误的"阶段。你应该追问："你觉得这个人的道德是不是有问题呢？""这个人的决定是如何伤害到他人的呢？""如果你受到了同样的伤害，该做何感想呢？""是什么原因导致这个人做出了错误的抉择？"——通常，贪婪、骄傲、复仇都是常见的原因。当孩子在思考这些问题时，你还可以让他告诉你，如果他自己是这个新闻故事中的某个人，他将会怎么做。

通过新闻故事来学习经验教训，是一种简单且有效的培养孩子正确道德观念的方式。

93 别让孩子相信宿命论

你知道吗？父母的态度是构成孩子身份认知的重要组成部分。

原则：道德观念。如果孩子将自己视为"善良的人"，他可能会表现得很善良。如果孩子将自己视为"不好的人"，他很有可能表现得不好。"宿命论"对孩子的未来有着巨大的影响。

每个人都有一个身份。你如何看待自己？如果你将自己视为"努力工作的人"，你可能会更倾向于努力工作。大多数人都希望过上符合自我形象的生活。如果一个女孩觉得自己"苗条"，她不太可能会暴饮暴食。如果一个男孩觉得自己"外向"，他可能会更喜欢招呼人。

那些自我形象负面的人更倾向于表现得适合自己的形象。比如，一个孩子觉得自己"懒"，那他可能不会太努力。一个觉得自己"不怎么好"的青少年，在实际生活中的表现也不会太好。当孩子陷入了宿命的自我认同，他们难免相信自己永远都不可能好起来，他们会放弃自己的理想。"哈，"他们对自己说："反正我做的事永远都不对。"当孩子们受到不公正的评判，被贴上负面的标签之后，他可能会更加逆反，他的行为模式可能会变得极端消极。"你不是觉得我懒吗？我就让你们看看什么才是真正的懒！"

父母的态度是构成孩子身份认知的重要组成部分。父母有时候会反复对着没有完成家庭作业的孩子说"你太懒了"。最终，孩子相信自己确实"懒"。"懒"成为孩子自我认知的一部分。所以即使父母并不打算培养一个懒惰的孩子，但是不断抱怨孩子的懒惰却导致孩子形成了自己"懒"的身份认同。当孩子开始相信自己是一个懒惰的人，他将形成相应的行为模式。当孩子做出一些错误的行为或者当孩子缺乏行动的时候，父母应该尽可能评价孩子们的行为而不是他们的天性。比如，当孩子出现上述行为的时候，父母不应该说："你真懒。"而应该说："你应该完成你的作业。"父母必须小心谨慎地避免让孩子陷入错误的负面的自我身份认同中去。

为什么我们需要设立纪律来规范不良行为呢？为什么我们要建立制度来确保不良行为的重复呢？为什么这两者的结合如此重要呢？你需要通过纪律来约束不服从的孩子完成他的工作。同时，你也应该坚定地向孩子传达你的信念，那就是你相信你的孩子，他是一个听话又努力的好孩子。"我知道你下次一定会做得更好！"通过这句话让孩子知道你希望他做得更好。"你觉得怎么样才能使下次做得更好呢？"通过这句话让孩子思考一个现实的计划。父母通过这种方式帮助孩子看到并且相信自己一定能做得更好！

本文的建议基于"金"这一章中的第一点，在该文中我谈到了如何"捕捉"孩子优秀的一面。结合本文，捕捉"优秀面"有助于通过建立积极的道德价值观来改变孩子的身份认同。当孩子表现好的时候，不要吝啬你的赞美和认同。但更重要的是，当你在处理孩子的错误行为时，不要给孩子贴上宿命论的"负面标签"。我们培养孩子的终极目标是帮助他们认识到，即使他们这一次失败了，下一次他们仍然可以做出正确的选择！

94 学会宽恕

你知道吗？不懂得宽恕对我们的伤害远远大过伤害我们的人。

原则： 道德行为。不懂得宽恕或者抓住过去的错误不放，往往会对我们的人际关系造成伤害，只有放下过去才能迎接更美好的未来。

据说怨恨就像毒药，会恨不得对方去死。回忆过去的痛苦一无是处，只会毁掉我们享受当下的能力，只会阻止我们走向明天的步伐。我们希望孩子不要因为紧握怨念、无法原谅而毁掉自己的人际关系。对于长辈而言，要想教育孩子懂得宽恕很艰难；对于孩子而言，要学会宽恕则更加不易。

宽恕，并不意味着假装什么都没发生过。如果我们假装那些对我们造成过伤害的事情对自己毫无影响，这只是自欺欺人。忽视和否定我们的愤怒，只会将愤怒更深地埋进内心。承认自己受到了伤害是非常重要的。同样重要的是，我们必须直面曾经伤害过我们的人，告诉他们，他们的所作所为曾经给自己带来过糟糕的影响。也许伤害过你的人是无意的，如果你能够冷静地解释你的感受，他们可能会抓住这个机会向你道歉。

宽恕，并不意味着你允许其他人任意妄为。即使你原谅了向你道歉的人，也并不需要信任他们，给他们继续制造麻烦的机会。所以，有些时候，你必须要放下过往，宽恕，和那些找麻烦的人保持一定的距离。记住，有些人不值得你冒险！

宽恕，意味着你愿意欣然接受道歉，并且绝对不会怀恨在心。如果能够修补双方的关系当然更好。当愤怒的情绪得到宣泄、理解和释放，通过这种健康的方式，你将再次找回美好的感觉。

如果你自己是一个乐于宽恕的人，身教重于言教，孩子将从你身上学到宽恕的秘诀。当然，我有一些额外的建议，希望能帮助你教导孩子学会宽恕。

让孩子在纸片上写下伤害过他们的言辞和行为。在纸片的背面，让他们写下自己的情绪反应。当孩子写好以后，让他们把这些纸片撕碎、扔掉，给孩子们提供一个肢体表达的渠道，提醒他们放下受伤和愤怒的情绪。

如果冒犯孩子的人是朋友，让他们通过握手或者是互送小的纪念品，如动物折纸等，来表示彼此都愿意遗忘过去重归于好。这将有助于孩子们避免尴尬的"假装什么事儿都没有"。

让孩子知道每个人都不是完美的。通过探讨这个问题，帮助孩子从全新的视角来看待自己所遭受的不公正待遇，让他反思自己轻率粗鲁的行为或者言辞。如果他希望得到别人的谅解，他也应该要原谅别人。因为我们每个人都会犯错，都有伤害别人的时候——很多时候我们都是无意的——我们必须明白，每个人都有需要别人宽恕的时候！当然，这种办法也许只适用于处理那些每天都可能遇到的无伤大雅的冒犯。如果孩子遭受了不同寻常的严重伤害，可能就无法一笑置之了。

确保孩子不会过度谈论困扰他的事情。不停地谈论别人对你犯下的错误无助于扭转情势，而"沉默"和"八卦"一样于事无补！因为有时候沉默的"声音"和谣言一样大！同时，必须让孩子明白谣言对他人的伤害。当人们八卦某件坏事时，也许正在损害另一个人的名声，这和干坏事本身并没有什么区别！所以把别人对你的伤害四处宣扬正是"负负不得正"的典型例证。"两个错误加一起也不会使事情变正确"，这句谚语意味着报复伤害你的人也不可能把原来的错误抹掉，而只会使得整个情况变得更糟。

在心绪低落的情况下，仍然能够保持文明和礼貌，有助于培养孩子坚韧的性格。当大家看到孩子在回应别人的错误时依然表现得彬彬有礼，他们会佩服你家孩子的优良品行。每个人都会尊重举止优雅得体的人，而不是那些睚眦必报的人。

给孩子树立一个宽容大度的好榜样。如果在生活中，你常常谈论对别人的嫉恨，八卦你的老板，孩子很容易有样学样，从中学到你的小肚鸡肠。如果你希望孩子有一个好性格，最重要的是努力让孩子看到你的态度。当然，你可能也会控制不住你的愤怒，想要报复，不愿意原谅，因为你也不完美，不可能完全遵循自己的教育理念。如果这样，承认自己的错误，放下过去，一路向前吧！

95 该出手时就出手

你知道吗？见义勇为是最罕见和最有价值的品格。

原则：道德行为。有时候，从道德的角度，大家都知道这是错的，但是却没有人站出来说点什么或者做点什么。这正是见义勇为者闪亮登场的时候了！

我们从新闻里听到和看到过很多可怕的罪行和悲剧，最糟糕的莫过于旁观者未出手相助。最近，一位上了年纪的老妇人在德克萨斯州最繁忙的商业中心被人殴打和抢劫，而围观人群只是冷眼旁观甚至拿出手机拍摄，却没有人报警。为什么当人们看到别人需要帮助的时候却如此消极呢？是冷漠还是怯懦？

不幸的是，见义勇为是罕见的。尽管大多数人能够轻易地判断是非对错，但大多数人却不会采取任何行动。他们缺乏挺身而出的勇气。

为了正义挺身而出需要勇气，还要面对一定的风险。比如拨打911举报犯罪分子，你可能要担惊受怕一阵后才能鼓起勇气。对许多人而言，这样的风险他们觉得太大了！在学校里，孩子们通常不需要面对任何严重到需要打电话报警的事情，但是他们却要面对流言蜚语、恐吓、欺骗以及来自同侪的压力。每个人都知道这件事是错的，但是却没有一个人愿意冒险站出来提出反对意见。

当我还是学生的时候，有一群孩子总是喜欢恐吓班上其余的同学。他们讨厌我们的音乐老师，总想在她的课堂上搞破坏。有一天，他们要我们"假装不小心"把书掉在地板上，拒绝和老师一起唱。在上课前，他们以为每个人都会按照他们的计划来进行。确实，每个人，除了我！我说："我为什么要捣蛋呢？我要一个人唱！"我以为自己是唯一一个拒绝扰乱课堂的学生，但是我很快发现大多数同学都赞同我的观点，只是他们不敢表达而已。他们不想成为唯一一个挺身而出的人！在我站出来反对那帮坏学生的计划之后，班上其他同学都加入了，他们的破坏计划流产了！

怎么帮助孩子克服恐惧，培养挺身而出的勇气呢？

挺身而出是一种领导能力的体现。告诉孩子，当他们看到错误行为，他们应该勇于站出来表达以展现自己的领导能力。大多数时候，很多学生保持沉默只是因为他们不敢表达！如果你的孩子敢于挺身而出并且能大胆地指出错误，他将得到比自己预想更多的支持！

挺身而出必须冒一定的风险。帮助孩子搞清楚哪些风险是可以接受的。比如，你的孩子害怕被嘲笑，或者总是唯一一个不加入集体行动的，帮助他认识到这些都不算什么大不了的事情，尴尬不会让他受伤。如果孩子担心失去声望或者朋友，帮助他认识到真正的朋友是不会逼他去做错误的事情的。但如果事情很危险，孩子感受到了威胁，一定要确保孩子和大人交流，向大人寻求帮助，切记不要独自面对！

挺身而出需要有备而来。很多时候，孩子们往往会被眼前的错误"吓呆"，他们不知道该说什么或者做什么。也许因为他们不知道如何应对才会屈从于同伴的压力。这正是我们为什么要让孩子做好适当的准备的原因。通过一些想象的场景，训练孩子，帮助他们思考相应的对策，帮助他们学会说"不，我不想这样做"，帮助他们勇于表达"我认为你做的事情是错的"。如果他们知道如何应对来自同侪的压力，为了正义挺身而出就不再困难。

挺身而出是有价值的！当我说见义勇为很难得的时候，我确实是这样认为的！越是罕见越有价值。为了正义挺身而出在一开始可能显得格格不入，可能让你分外尴尬，但是很快你的勇气将赢得其他人的尊重和钦佩。让孩子明白你看重正义感看重见义勇为，同时也要向孩子展现你的勇气！

96 拒绝作弊

你知道吗？有相当一部分美国大学生承认自己在考试中作弊[1]。

有时候，我们发现妈妈小时候教的谚语和格言居然是错的。我的孩提时代常常听到一个谚语："骗子永远不会有好下场。"事实上，我们常常对着那些在游戏中作弊被抓的伙伴们又唱又跳地念叨这句话。我们还小，我们都相信只有失败者和不够成功的人才会作弊。现在我们长大了，在当今社会我们发现骗子也有好下场，甚至比很多诚实的人都要好得多。这正是我们痛恨腐败的原因。如果我们如此痛恨腐败，我们知道腐败的危害，我们为什么要容忍欺骗呢？

当孩子们在操场上做游戏的时候，他们要遵守游戏的规则。他们自然明白作弊是错误的，是不公平的，他们不需要任何人教就懂得这些道理。但是为什么当他们读完高中进入大学后，却有不少学生选择作弊呢？我认为学生作弊的两个主要原因是社会的冷漠和过大的校园压力。

一个容忍公民欺骗和撒谎的社会将会付出惨重的代价，特别是腐败对每个人的生活都造成影响的时候——这就是社会的冷漠。纽约市曾经对来自不同国家的国际外交官员的违章停车次数进行过统计和研究，结果发现来自腐败高发国的外交官的违停记录很多，而像挪威这些鲜有腐败的国家的外交官却很少甚至没有违停记录。事实证明，一个国家的文化将影响该国公民尊重规则的程度。当一种文化选择对作弊、撒谎和腐败睁一只眼闭一只眼时，腐败猖獗也就不足为奇了。当普通民众对作弊见怪不怪时，欺骗就会遍地开花。

给学生施加极端压力的教育系统也可能会导致作弊。事实上，有时候学生们觉得要想达到自己的目标除了作弊别无选择，尤其是当学生们发现自己的同学都在作弊的时候。在这种情况下，诚实的学生失败了，而作弊的学生却获得了成功。但问题是，当学生通过作弊考进了知名大学以后，他们除了继续欺骗以外别无他法。不作弊他们就进不了大学，进了大学不作弊就没办法继续学业，因为他们本身并不具备这种能力。很快，欺骗将占领他们生活的方方面面，他们会成为医生、飞行员和工程师等等。人们的生活将落入他们的掌握之中！他们将成为统治者和政治家。他们从不内疚，继续欺骗，加速腐败。作弊的学生将带来社会的腐败。

作为父母，我们应该怎样阻止孩子作弊呢？

父母必须诚实和正直。 让孩子知道你爱他们，你最骄傲的是他们都是好人，而不是他们能够实现最高目标。当孩子们知道父母爱他们，是因为他们就是他们而不是因为他们能够实现什么，将极大地减轻孩子们作弊的压力。研究表明，最讨厌欺骗的群体包括女性、中产阶级和老人。老人们讨厌欺骗是因为他们丰富的经验和智慧，所以他们知道欺骗的危害性。中产阶级讨厌欺骗是因为他们知道自己努力、诚实而别人欺骗是不公平的。他们觉得自己失去了公平竞争的机会，而事实也正是如此。女性讨厌欺骗是因为母亲总是眷恋自己的孩子，在她们的内心深处她们知道什么是对孩子最好的。如果爸爸妈妈期望自己的孩子变得诚实，孩子们通常也会尊重父母的意愿。

在学校发起一场关于诚实的运动。 请老师发表关于作弊的危害性的演讲。确保学校制定严格的政策来禁止作弊。当学生知道老师反对作弊，作弊将受到严厉惩罚的时候，他们就不会轻易地"闯红灯"了。

联手改善高风险考试带来的压力。 也许，父母们可以聚在一起讨论一下如何改变当前的考试项目。邀请大学或者政府部门的专家到学校进行讲座，传授减少作弊和减轻压力的办法。当我们携起手来，共同寻找解决方案时，将更能确保程序的公平性。我个人认为，使用智商测试来取代"过关性"考试作为大学入学的一个参考因素是合理的。我相信有许多教育专家的想法值得听取，值得进行广泛的论证。

改变人们对名声地位的看法。 有些人作弊是因为他们希望出名。是时候改变我们对名声地位的看法了，我们更应该看重良好的职业操守和优秀的道德品质，而不是有地位有高薪水的工作。当然，我也意识到这种想法只是我一厢情愿的乌托邦，不可能为社会上大多数人所接受。

即便如此，如果父母告诉孩子，我们钦佩像特蕾莎修女（一个住在贫民窟帮助穷人的修女）这样的人，或者还能列举其他一些伟大的人道主义者，我们的孩子可能会对名望有不同的理解。一个接一个，父母可以影响孩子，让他们更看重人道主义行为而不是名声或者财富。最终，我们将改变社会。

不要对孩子期望过高。 父母对孩子的期望值过高简直就是在逼孩子作弊。如果你对孩子的预期远远高过孩子的能力，他能有什么选择呢？要不就是无法实现目标，要不就是作弊。哪个孩子愿意陷入这样的境地呢？请给孩子准备第三条路，以保证孩子的目标是可以实现的。父母必须为孩子设定一个现实的目标。当父母和孩子共同设定了一个现实的目标，他将更容易获得成功，而成功将会给孩子带来正能量。这并不意味着放弃最高目标，现实的目标代表你的期望值，而如果能够达成最高目标将会给家庭带来额外的幸福感。如果孩子不能实现自己的最高目标，也不应该感到挫败。当孩子们实现了自己的目标时，一定要庆祝一下。如果他们能够超越自己的目标，那就更要好好庆祝了哦！

97 让孩子多给祖辈帮帮忙

你知道吗？当祖父母和孙儿女感情亲密时，两代人的抑郁情绪都会有所缓解。

主题：道德行为。

要承担大家庭的义务是很艰难的，尤其是当祖父母年龄日长，孩子要准备高考的时候，每一方都需要大量的照护时间。在美国，我们把那些既要照顾年迈的祖父母又要照顾上学的孩子的中年夫妻称为"三明治一代"。担心着孩子申请大学的情况，焦虑着祖父母的身体和生活，中年父母常常有种被榨干了的感觉。要想平衡工作和大家庭，对任何人而言都不容易。

当祖父母需要帮助时，父母常常觉得自己必须要亲力亲为，因为他们担心孩子在上学，没有时间。我们常常会看到妈妈一个人辛辛苦苦，一边要照顾一家或两家的祖父母，一边还得帮助孩子做好申请大学的准备工作。我也有过这种经历，所以我知道这种生活有多艰辛。

当我的公公生病以后，我把他接回了我们家。同时，我还要管两个孩子的学习（我的孩子是在家学习）。当我婆婆也卧病在床以后，我的工作变得更加困难，需要我处理的事情实在是太多了。我们需要一个特殊的起重设备，来帮助她换洗床单和上卫生间。与此同时，我的儿子正在准备AP和SAT考试，为申请大学准备材料。我首先想到的还是自己一个人把所有的工作都承担下来，让我的丈夫可以安心工作，儿子能够安心学习。但是我很快就意识到这是不可能的。

不过还好，我的孩子们非常乐于照顾他们的祖父母，而这种照顾给了他们更强的责任感和家庭归属感。因为这段特殊的经历，我的儿子希望能够进入医疗行业。通过帮助他的祖父母，他深刻地认识到人得了重病是什么样子，也了解了一个人如果生病了会给家庭带来什么样的影响。这对他的未来很有帮助，因为作为医生他必须了解病人的感受。因此我认为，即使孩子们在读书期间也应该承担适量的家务。

我衷心希望你的家庭不必经历严重的祖父母问题。但是随着爷爷奶奶们年岁渐长，他们会越来越依赖于你们，也许是你的陪伴，也许是购物，也许是在学习新手机的使用方法时遇到了困难。在每一个需要帮助的祖父母的背后，你都可以看到一个机会，一个学习帮助他人的机会。对孩子来说，更重要的是通过给祖父母帮忙了解老人的需求以及家庭的责任。尽管这些时间不是花在学习上的，但是却花在了更重要的社会生活中。帮助老人对培养孩子良好的品格能起到关键的作用。孩子必须学会关心他人，特别是需要帮助的家庭成员。

技术帮助。如果你像我一样，可能早就要孩子帮忙教你玩转高新产品了。询问孩子新产品的使用方式远比自己去读那本厚厚的说明书来得简单。爷爷奶奶常常要和新技术做斗争。如果祖父母住得很远，有一台电脑或者智能手机对他们就很重要了。因为这样，你就可以与他们用Skype、微信等这些程序来进行视频聊天。让你的孩子担任祖父母的技术助理。让祖父母在遇到问题的时候和孩子们联系，不但能够增加祖孙两辈人的感情还能为祖父母提供有用的服务。

采访祖父母。我的女儿曾就第二次世界大战期间的生活采访过祖父母和外祖父母。听那个年代的年轻人生活中发生的故事是非常有意思的。老人都喜欢谈论过去的故事，如果孙辈采访他们，对孙辈而言不但能够获取独特的历史信息，提高写作技巧，还能够让祖父母感到不那么孤独，这有助于增进家庭的紧密度。很可能孩子们还能从祖父母身上了解到许多你永远都不知道的事情。

向祖父母学习传统技艺。也许祖父母会一些不常见的传统技能，比如有机农业和手工缝纫。让孩子为祖父母的兴趣爱好助一臂之力。如果祖父种蔬菜，最好让孩子花点时间去帮忙，蔬菜可以长得好，孩子也能学一些传统的种植技艺。保持积极的心态和对兴趣爱好持续的热情对祖父母们的健康非常关键。有时候，孩子给予祖父母的一点小小的帮助就能起到很大的促进作用。

陪祖父母散步。当我公公患上老年痴呆之后，散步变得很危险，因为他经常会迷路。散步是他最大的爱好，让孩子陪着既能保证他的健康又能保证他不会迷路。

陪祖父母做饭。通常，爷爷奶奶都是好厨师，可能比爸爸妈妈更擅长做饭。即便如此，做饭和买食材还是很辛苦的。让孩子帮助烹饪祖父母的拿手菜，不但可以减轻祖父母的负担还让孩子们有机会学习烹饪技巧。我见过一些只会用电饭煲蒸饭的中国留学生，他们需要给长辈们打打下手，好好学学做饭。

照顾生病的祖父母。但愿全天下的爷爷奶奶们都身体健康。但事实上我们的祖父母因为年老体衰常常会受到病魔的侵袭。孩子应该了解疾病以及如何照顾病人。常见的老年疾病包括癌症、老年痴呆、中风和关节炎等。如果孩子会做家务，就能很好地照顾生病的祖父母。同时，他们的陪伴对祖父母来说也是一种极大的安慰。

98 掌握黄金法则

你知道吗？大多数文化中都有一些黄金法则。

主题：道德行为。

世界上大多数宗教和哲学对"互惠道德"都有一些建议。几千年来，人们一直从道德的层面上思考着应该如何对待他人。孔子曾经就这个问题发表过评论："子贡问曰：'有一言而可以终身行之者乎？'子曰：'其恕乎？己所不欲，勿施于人。'"换言之，你不应该伤害他人，也不应该做一些明知他人不喜欢的事情。

基督教也有黄金法则。最简单的说法是："你们愿意别人怎样待你，你们也要怎样待人。"这条准则暗含着一个积极的指令，它不仅仅要求你不做坏事，而且要求你尽力帮助别人。许多其他的宗教信仰也有类似的谚语，用最简单的方法，鼓励积极的道德行为并阻止消极的道德行为。

孩子在学校与同龄人频繁互动。他们面对的问题和成年人不同。家长教导孩子以黄金法则作为道德行为指南，将有助于孩子们思考如何把这些黄金法则用于学校、社区和家庭生活中。

家庭成员。通常情况下，我们最不可能用黄金法则来对待自己的家人，尤其是自己的兄弟姐妹。就我的两个孩子而言，争执是家常便饭，我经常听到他们冲着对方大喊大叫。当兄弟姐妹起了争执，正好为父母提供了一个完美的机会，问问他们自己对待兄弟姐妹的方式是不是他们自己希望被对待的方式。这种策略的好处显而易见：每当你指出他们的错误并开始说教的时候他们就不想听了，而当他们不得不用黄金法则检查自己的行为时，他们却不得不正视自己的错误，你甚至都不用开口说话。不过你也要时刻准备着，孩子也可能会指出你也有违反黄金法则的时候。如果出现这种情况，请承认自己的错误，重新开始。

同学。发现自己的孩子对待其他孩子很刻薄是一件非常糟糕的事情。如果孩子喜欢造谣生事、考试作弊等真是再糟糕不过了，你可能会尴尬万分，因为这会让整个家庭都被人看不起。如果你能够从黄金法则的角度和孩子一起讨论学校里发生的各种事情，将有助于孩子做出正确的决定。询问孩子在学校里发生的事情，比如他们可能会告诉你谁在学习上遇到了困难，考试成绩不好。在这种情况下，你可以问问他们："如果你遇到这样的困难，你希望别人怎么帮你呢？"孩子在回答你的过程中可以得到答案："我不希望别人在背后议论我的成绩。"一个不错的开始！你可以借此机会告诉孩子，他不应该散布别人的谣言。"我希望别人鼓励我！"看，这就是积极的行动！也许你的孩子可以对陷入困境的同学说上几句鼓励的话语，帮助他的同学重拾信心。在任何情况下，帮助孩子谋定而后动。

社区。生活在社区中，每个人都会遇到需要帮助的时候，也可能会遇到喜欢找人麻烦的邻居。你甚至可能和邻居发生冲突。让孩子想好每种情况下应该怎么应对。如果邻居病了，也许可以让孩子帮忙检查邮箱或者遛狗。如果邻居喜欢找麻烦，让孩子学会避免招惹这类人。

世界。我们的世界有太多的问题，单凭一己之力我们无法给世界带来什么改变。但是勿以善小而不为，从力所能及的小事做起。如果你发现了问题，如果你发现通过孩子的积极行动能够带来改善，鼓励孩子放手去做。

不要指望你能够满足所有人，这太不现实了。但是首先，我们可以确保自己不做伤害别人的事情，这是每个人都能想到做到的。在有机会的时候为他人做一些有益的事情，因为这也是你希望别人为你做的！

99 让孩子养个宠物

你知道吗？养个宠物对儿童有着许多令人惊讶的好处。

主题：正确看待他人。

美国人在宠物身上花了很多钱。2014年，美国的宠物护理费用为560亿美元。大多数美国家庭在生活的某个阶段中总会有宠物相伴。花这么多的时间和这么多的钱来养宠物，那么作为主人，其好处应该是显而易见的。我认为，花这些钱来养宠物的最大好处是从宠物身上找到了不同于照顾自己的感觉——一种感同身受的感觉。

养个宠物对孩子有好处。作为宠物的主人，你能得到一些令人惊讶的好处。

宠物对学习的好处。你肯定不相信宠物对孩子的学习有帮助，但事实证明确实有！通常情况下，狗常常用来帮助孩子进行阅读治疗，因为当孩子在阅读的时候，我们可以训练狗安静地坐在一旁，帮助孩子缓解压力，专注于学习。有一个叫作"摇尾巴的导师"的项目，专门训练狗安静地躺在孩子面前用心倾听孩子们的朗读。那些害怕朗读的孩子突然敢于开口是因为狗从来不嘲笑他们，在他们读错的时候狗从来不会皱眉，狗只是倾听和摇尾巴。孩子们被告知，他们可以给小狗"读故事"或者"教狗狗看书"，每个孩子都迫不及待地想要试一试。专注安静的狗喜欢坐在孩子们身边，成为真正懂得欣赏孩子们的不带任何偏见的听众。即使是那些善于学习乐于阅读的孩子也喜欢宠物的陪伴。

任何动物都能给孩子带来学业上的帮助，因为喜欢宠物的孩子会通过阅读有关宠物的书籍来加深对宠物的了解，学习宠物健康和营养方面的知识。

宠物对心理健康的好处。如今的生活即使对孩子而言也是压力重重，尤其是学生们。当孩子感到焦虑和沮丧的时候也许不愿意谈论自己的感受，动物有助于缓解压力和保护儿童的心理健康。家有宠物的孩子往往不会焦虑，不会畏畏缩缩。

对社交的好处。害羞和安静的孩子通常需要一些帮助才能够找到可以聊的话题。对于那些不善言辞的孩子而言，宠物往往是最好的话题！如果孩子带着自己的狗狗散步，很容易在公园或者在家附近碰到其他带着宠物散步的孩子，这真是个交朋友的好办法！

对培养责任感的好处。当然，养宠物的主要原因是培养孩子的责任感，帮助孩子们养成良好的品格。当孩子需要养活、照顾一只宠物，他们必须懂得不能那么以自我为中心。宠物有助于孩子提高共情能力，帮助他们理解他人的需要，即使"他人"只是一种动物。在中国，很多孩子都没有兄弟姐妹需要照顾。以前，人们通过承担照顾兄弟姐妹的义务而培养出亲密的手足情和责任感。当家里少了兄弟姐妹，独生子容易变得自私，不考虑其他人的感受，养宠物可以解决这个问题。反正最后每个孩子都必须学会照顾自己的家庭，所以为什么不先在宠物身上做个"实验"，尽早培养孩子的责任感呢？

对家庭关系的好处。拥有宠物有助于增强家庭的纽带关系。宠物给全家人提供了一个一起散步、一起欢笑、一起玩闹的机会。从另一方面来讲，通过增进家庭关系，也促进了全家人的心理健康。从长远来看，与家人共同参与的事情越多，家庭关系就会越牢固，家人的幸福感就会越强烈。如果你的家里多了一个"毛茸茸的"可爱的宠物，那好处是数之不尽的。与宠物的互动可以降低血压，降低胆固醇，减少心脏病发作的概率。当然，和宠物玩耍是减压的良方。有时候，宠物能给周围的人带来无数的快乐和欢笑。当家里每个人的压力都得到缓解时，彼此间的紧张和愤怒的情绪将得到更好的控制，为家里创造出更为轻松的环境。

养宠物前，做好必要的研究和准备。每个家庭的情况各有不同，什么样的宠物适合你的家庭取决于多种因素。在做出领养宠物的承诺之前做好相关的研究。咨询一下那些养过猫、养过狗或养过仓鼠的朋友，问问他们家有宠物的感受。你甚至可以带着孩子去拜访朋友，看看这些宠物适不适合你及你的家人。

100 用不经意的善良给人们带去惊喜

你知道吗？种下善良，收获善良。

主题：正确看待他人。

你知道善良会传染吗？你永远不知道善良的行为可能对另一个人的生活产生怎样的影响？对周围人的生活产生怎样的影响？研究告诉我们，人的行为会感染和影响周围的人，比方说自私就会传染，幸运的是，善良也能传递。这就是为什么很多美国人正在努力奉行"随机的善举"。

什么叫"随机的善举"呢？你有没有在开车或者排长龙的时候，有人微笑地看着你让你先走一步或者排在他前面呢？这种事情不常见，但是一旦碰上了，你一定会感觉到一股暖流冲刷掉积压在内心里所有的负面的紧张情绪。另一方面，你有没有在堵车的时候，还有人冲着你怒气腾腾地大吼大叫或者狂按喇叭呢？这种事情常常发生，遇上了会让你血压飙升，压力暴涨。大喊大叫按喇叭的人和微笑着让路的人所引发的连锁反应完全不同。一个随机的善举会为你紧张的一天带来一个意想不到的礼物，改变你的心理状态，给你带来愉悦而不是压力。

如果某个人刚刚对你特别好，你很可能也会对你遇到的下一个人特别好。这就是为什么善良的传染性会这么强。如果善良会传染，它只会带来健康而不是疾病。每周做五件好事能将你的幸福指数提高整整三个月！这还不是做好事的所有好处。增加你的活力，提高你的思维能力，增强免疫力，甚至是延长你的寿命，都和"做好事"息息相关。当你善待他人时，身体会产生大量的叫作"催产素"的激素，有助于释放一种降低血压、缓减压力和减少心脏疾病的物质。善待别人的孩子能够站在"助人者的高度"，感受到非同一般的幸福。不仅如此，善良和乐于助人的孩子更容易交到朋友。善良会让你变成一个更讨人喜欢的人！

如果你在把善行融入日常生活的过程中，遇到困难，记住这个组织——"随机善举基金会"（https://www.randomactsofkindness.org/）。这个组织进行了很多关于善良的益处的研究，讲述鼓舞人心的真实故事，提供计划和想法。他们有成百上千的想法，有着许多你能够做到的善待他人的小事情，其中最简单的莫过于对着陌生人微笑。

写一个月的幸福日记。想让自己和别人快乐，那就写幸福日记吧。每天都为别人做一件意料之外的好事，比如赞美对方。同时，做一件让你自己快乐的事情，比如唱一首你喜欢的歌。让全家人一起来记录。然后在月底，一起来讨论一下这个月做了些什么让你自己和他人快乐的事情。当我们回顾这一个月所做的好事所带来的影响的时候，你会得到更多乐趣！

学会感恩。向那些不指望获得感谢的人表达你的感恩之心也是一种善良的行为。也许你可以用手写感谢信给老师一个惊喜。也许你可以告诉清洁工你多么感激他的辛勤劳作。也许你从来没有对父母表达过你是多么感谢他们为你所做出的牺牲。也许你可以告诉某个你经常接触到的收银员或者服务员，表扬他的工作是多么出色。

慷慨地赠予。没有理由的慷慨大方和偶一为之的奢侈都是很有趣的善举。比如，你可以买一束鲜花然后分发给街上遇到的路人；你可以告诉收费站的收费员，你愿意为后面的人付款；你还可以向一个疲倦的或者没有什么客户的街头小贩购买一大包东西。

从小忙帮起。帮一个搬着重物的人拉住门很容易。一个小忙却能换来一张笑脸。帮邻居取信件和拿报纸不是什么大事儿。一点小忙不需要你付出额外的努力，关键在于你是否注意到这种机会并且能否抓住。发挥你的想象力吧！

良言一句三冬暖。人们总是喜欢听到简单而真诚的赞美。微笑和问候通常会使人会心一笑。面对熟人的时候，不要吝啬你赞美的话语。告诉某个陌生人她的孩子有多么可爱，告诉服务员他的工作有多么伟大。任何积极的语言都有助于打破人与人之间的障碍。

用小礼物表达善意。也许你喜欢做手工艺品。我有一个朋友，她喜欢制作漂亮的书签，我的另一个朋友喜欢织围巾，她们都喜欢做手工，也喜欢微笑着把自己的作品送人。毫无理由地收到礼物是一件很有趣的事情。我喜欢烘焙食品，有时候我会烤很多蛋糕或者饼干分给邻居和朋友，他们都很享受这种小小的款待！小礼物是一种姿态，传递着善意和快乐！

期待好事降临。当你的善意蔓延到别人的身上时，你将无法控制它对你产生的影响。善举总能找到回归的路，正如蝴蝶翅膀的一次微弱的扇动最终却能导致一场飓风，你的善举会传播出去，给你带来无限的快乐。

注释：

1. https://web.stanford.edu/class/engr110/cheating.html

推荐网站：

https://www.randomactsofkindness.org/

第101条建议

第101条建议主题： 你也许不知道，2/3的父母在回顾自己的育儿之路时，都希望自己能够采用不同的方式。

原谅自己

你也许不知道，2/3的父母在回顾自己的育儿之路时，都希望自己能够采用不同的方式。

既想要事业有成，又想要家庭美满，我想每个人的愿望都一样。但现实是无论哪方面想要取得成功都压力重重，有时候你的努力甚至与你的愿望背道而驰。似乎你做得再多也不够好，房间总是不够干净，父母总是没有被照顾好，升职总是不够快，孩子的教育总是不够全面……不幸的是，我们在自己最应该在乎和最需要成功的关键事情上却毫无建树——爱生活，爱自己身边的人！当我们面对社会压力时，我们情不自禁地想极力保持着一副完美和成功的形象，但是当我们扪心自问的时候，我们总觉得缺失了什么。即使每一对父母都尽可能做到"把每件事都做对了"，事实上大多数人还是觉得自己在养育子女的过程中力不从心。

如果你一路走来"压力山大"或者"满怀愧疚"，相信我，你不是一个人在战斗！几乎每一个为人父母者都期盼着上天给自己一个重来一次的机会。有些人对自己的批判简直到了无人可及的地步。其实，你大可不必如此内疚如此后悔。毋庸置疑，天下没有完美的父母，也没有完美的家庭，每个人都在和生活抗争。

如果你希望改变自己的生活状态，请先放下过去。你说过什么让自己追悔莫及的话吗？你做过什么让自己懊恼终生的事吗？我做过。如果那天我说了什么蠢话做了什么蠢事，我总是会失眠，然后把发生过的事情在自己的脑海里慢镜头回放。我会一遍一遍地回想，想要知道假如我换一种说法或者换一种做法，结果会不会完全不一样呢？尴尬、懊恼、悔恨像一浪高过一浪的洪水，冲刷着房子，掏空着地基，叫嚣着要把房子撕成碎片。带着遗憾回顾来路也许无迹可寻，这种感受很不好，完全占据了你的内心。但只有你不再执着于过去，并且鼓起勇气走向未来，你才能够一路向前。这就是为什么在你成为更好的父母之前，必须先原谅自己，原谅自己的不完美的原因了。

每个人心中都有一个"自我批评"的声音，那个声音存在于你脑海里，时刻提醒你，提醒你还不够完美。市面上有不少心理学方面的书籍可以帮助你关闭内心"自我批评"的声音。但是要逃离内心对自己过于苛责的境况，唯一的办法是顺从于这种自我批评，告诉自己："是的，我确实不完美，我也会犯错。不过这有什么关系呢？反正明天又是新的一天了！"

当你决定改变你的态度、确立新的目标后，你将把自己从"自我苛责"的无尽循环中解脱出来。当然，这并不容易。每个人所采用的办法也不尽相同。于我而言，我总是向上帝忏悔，请求他原谅我并指引我去寻找人生的真谛。有些人会通过诗歌，有些人会通过寻找自然之美，有些人会通过帮助弱者……人们通过这些方式保持内心的平衡，寻找生命的要义。希望我下面这些建议能帮助你忘记过去并接受自己。

为孩子祈祷

首先我必须承认，我常常杞人忧天。不仅如此，我还是个完美主义者。你可以想象一下，把这两种性格特征和养育孩子过程中的种种不确定性搅和在一起，我该是个什么样的母亲啊！那简直就是一场灾难！我不断地在生活中寻求安全感和确定性，我必须要完全掌控我的人生，我必须要完全掌控我孩子的生活！我的生活必须一丝不苟，我不能容忍任何错误，我的世界必须按照我的计划前进。事与愿违，生活怎么可能尽在掌握呢！我们的世界这么大，我们的世界充满了变化，甚至常常是危险的。当我全身心地虔诚地为孩子们祈祷时，我放下了一切包袱，我自由了！我学会了接受现实，我无法拥有改变世界的力量，我无法让这个世界安全可测。如果你无法改变世界，担心又有什么用呢？过度的担忧往往使人疲惫甚至病态。如果你不做祷告，你可以试着把你的担忧都写下来，再把这张纸撕得粉碎。通过这种象征性的动作，可以减轻你的压力。不要过度担心你无法掌控的事情，这样你就不会时时责备自己，因为这并不是你的错。这些方法将有助于你向着更积极的生活方向进发。

照镜子

当你照镜子的时候，你喜欢你所看到的那个人吗？我并不是说你喜不喜欢这个人的发型或者她的穿着打扮。我是想问问你喜不喜欢这双眼睛中反映出来的你自己呢？你能够诚实地面对自己吗？每个人都有优点，要承认自己的优点总是比较容易。但是每个人都有自己不愿意直面的过往和错误，甚至会因此对自己的美好产生怀疑。如果有这么一刻，你可以选择直面镜子。去吧，锁上浴室的门，面对这镜子，诉说你心中的美好。刚开始你也许会觉得有点怪怪的，相信我，你会很快找回自己的笑容！想想自己的美好吧！也许你非常爱你的孩子。你可以对自己说："你把孩子养得很好啊，谢谢你对孩子的照顾！"也许你工作非常努力，你可以对自己说："你工作那么努力，每天都坚持着，我真为你自豪啊！"也许你为家人准备了一顿可口的大餐，你可以谢谢自己："我相信你在做饭的时候一定加入了很多的爱心吧！真要谢谢你呢！"我们常常说要鼓励和表扬孩子们所取得的点滴进步，但是不要忘了即使是你我这样的成年人也需要鼓励啊！如果身边没有人给你加油，何不自己给自己一点鼓励呢！同时也不要忘了你的另一半，经常感谢一下对方以及他的付出！

感恩父母

感恩的力量是强大的！懂得感恩可以减轻我们的焦虑，帮助我们走出生命中的低谷。一颗感恩的心可以修复我们与他人的关系，可以治愈受伤的心灵。但是由于我们的过去，由于各种苦难的记忆，有时候我们很难表达真正的感激之情。也许你可以给父亲或者母亲选一张漂亮的卡片，写上你的感谢；也许你可以给他们写一首美丽的小诗，可以把那些父母为你做的不起眼的小事一一列举出来，大声地读给他们听，告诉他们你有多么感谢他们的帮助……不要想当然地以为你的父母知道你对他们的感激之情，你必须要表达！

向前看

当你学会了原谅自己，接受自己，接受自己的缺陷；当你学会了感激自己和感恩他人；当你学会了放手，不再计较那些你无法控制的事情时，你已经准备好了，向着未来前进吧！忘记过去，向前看！你希望拥有怎样的未来呢？你愿意把建立快乐的家庭放在人生的第一位吗？你希望帮助孩子们培养坚强的性格吗？你希望帮助孩子们找到自己的学习方向并且释放他们的学习热情吗？找准自己的人生方向然后脚踏实地的步步向前吧！写下自己的目标和如何实现目标的计划。你也许能从我的书里找到这个目标，你也许有自己的想法。但是不管如何，写下你的目标，努力去实现它！毕竟，老子曾经说过："千里之行，始于足下。"